江苏省社会科学基金后期资助项目（16HQ025）

江苏省博士后科研资助计划（1601102C）

U0611270

公正审判权研究

羊震 著

南京大学出版社

图书在版编目(CIP)数据

公正审判权研究 / 羊震著. —南京：南京大学出
版社，2018.12
ISBN 978-7-305-20332-9

Ⅰ.①公… Ⅱ.①羊… Ⅲ.①审判－研究 Ⅳ.
①D915.182.04

中国版本图书馆 CIP 数据核字(2018)第 124118 号

出版发行 南京大学出版社
社 址 南京市汉口路 22 号 邮 编 210093
出 版 人 金鑫荣

书 名 公正审判权研究
著 者 羊 震
责任编辑 王 宁 卢文婷 编辑热线 025-83592148
责任校对 王旌亦

照 排 南京紫藤制版印务中心
印 刷 盐城市华光印刷厂
开 本 787×960 1/16 印张 15.25 字数 250 千
版 次 2018 年 12 月第 1 版 2018 年 12 月第 1 次印刷
ISBN 978-7-305-20332-9
定 价 52.00 元

网址：http://www.njupco.com
官方微博：http://weibo.com/njupco
官方微信号：njupress
销售咨询热线：(025) 83594756

目　录

导　论

一、公正审判权研究的背景

　　权利是人类文明的实质性内容,也是人类社会不断发展所孜孜以求的目标,正如米尔恩所言:"享有权利是任何形式的人类社会生活的一部分,所以,如果要有人类社会生活,就必须有权利。"①将公正审判权作为本书的研究对象来自对审判萨达姆事件的关注。就在萨达姆被捕后,时任联合国秘书长的安南立即宣称,要求必须运用最高的国际标准对萨达姆进行审判。一些国际人权组织也纷纷发表声明,认为萨达姆应当受到"公正""公平"的审理。2004 年 7 月 1 日,萨达姆在伊拉克临时政府的特别法庭受审,这一审判更是引发了国际社会的强烈反响,其中伊拉克的局势和现状能否保证萨达姆的公正审判权成为人们所广泛关注的焦点。这在很大程度上凸显了公正审判权的重要地位以及世界各国对公正审判权的高度重视。实际上,公正审判权经历了一个漫长的逐步发展的过程,作为一种基本权利,它起源于西方法律文化,发展于近代法治国家,盛行于人权高扬的全球化时代。

　　公正审判权所要求的公正审判精神由来已久,在英美法中,至迟自1215 年《自由大宪章》开始,得到公正审判就成为臣民的一项基本权利。随着正当程序的不断发展,公正审判权也逐渐成为正当程序的组成部分。后来,美国联邦宪法修正案第 6 条明确将公正审判权作为一项宪法权利予以肯定。随着第二次世界大战后人权保障事业的发展,公正审判权逐渐成为国际社会普遍认可的一项基本人权。

---

　　①　[英] A.J.M.米尔恩:《人的权利与人的多样性》,夏勇、张志铭译,中国大百科全书出版社1995 年版,第 143 页。

1948 年 12 月 10 日联合国大会通过并公布的《世界人权宣言》第 10 条和第 11 条首次以联合国宣言的形式确立了公正审判权。随后,《欧洲保护人权与基本自由公约》(以下简称《欧洲人权公约》)、《公民权利和政治权利国际公约》(以下简称《公约》)、《美洲人权公约》和《非洲人权和民族权宪章》等人权公约相继将公正审判权确认为一项基本权利。其中,1966 年 12 月 16 日通过、1976 年 3 月 23 日生效的《公民权利和政治权利国际公约》是"国际人权宪章"的重要组成部分,是公民权利和政治权利领域中最为广泛、最为权威的国际法律文件,甚至被称为"可能是世界上最重要的人权条约"[①]。其中,《公约》第 14 条、第 15 条提出了关于公正审判权的最低标准。作为一项国际社会普遍认可的基本人权,公正审判权深刻折射出法治的基本精神和人权保障的水准,成为现代社会民主和法治发展程度的晴雨表。

根据《公约》第 48 条的规定,一国可以通过先签署后批准或加入的方式成为《公约》成员国。迄今为止,已经有 160 多个国家批准、加入或者继承了《公约》。可以说,在世界范围内,对于《公约》作为公民权利和政治权利的基本国际标准的地位和影响力,绝大多数国家已经达成了共识。[②]

1998 年 10 月,我国政府签署了《公约》,表明了中国政府对包括公正审判权在内的国际人权的高度关注和尊重。虽然《公约》尚未获得我国最高立法机关的批准,但是在《中国的民主政治建设》白皮书的第七部分"尊重和保障人权"中明确指出:"目前,中国有关部门正在加紧研究和准备,一旦条件成熟,国务院将提请全国人大常委会审议批约问题。"[③]可见,批准《公约》只是时间问题。全国人大常委会一旦批准《公约》,根据"条约必须遵守"的国际法原则,我国就必须认真落实《公约》的规定。因此,在批准之前,对《公约》中规定的公正审判权进行认真深入的体系化研究,是当前国内学界所面临的重大课题。

---

① Sarah Joseph, Jenny Schnltz, &Melissa Castan, *The International Covenant on Civil and Political Right: Cases, Materials, and Commentary* (Cambridge University Press, 2004), p. 4.转引自孙世彦:《〈公民及政治权利国际公约〉与国内法律制度——一些基本认识》,载《法治研究》2011 年第 6 期,第 80 页。

② 杨宇冠、崔巍:《〈公民权利和政治权利国际公约〉保留问题研究——刑事司法角度》,载《人权》2009 年第 3 期,第 43 页。

③ 人民日报评论员:《中国民主政治建设》,载《人民日报》2005 年 10 月 20 日,第 1 版。

二、公正审判权研究的现状

公正审判权是一个涉及面非常广泛而且具有相当理论深度的课题,是一座研究的富矿。对公正审判权的研究源于国家、国际社会对人权保障的重视。由于公正审判权与英美法系中法律的正当程序关系密切,因此,英美学者主要是从法律的正当程序角度来论证宪法确认公正审判权的必要性、方式和内容。二战后,许多大陆法系国家对基本人权保障的重要价值有了更加清楚的认识,1966 年通过的《公约》更是对公正审判权作了明确而详细的界定。在西方各国,公正审判权作为一项专门性的研究课题,已经成为学者所关注的热点问题,在英文法学论著中,出现不少以公正审判权为研究对象的研究成果。① 在这样的时代背景下,研究的重心主要集中于如何保证公正审判权的实现上。回溯二十世纪七十年代,意大利法学家卡佩莱蒂曾深刻指出各国政府均应切实担负起保障当事人公正审判权的责任,在此理论的影响下,世界许多国家开展了一系列轰轰烈烈的接近正义的运动。②实际上,"接近正义"(access to justice)就是对国际公约和各国宪法普遍确认的公正审判权要义的高度浓缩,而国际社会掀起的接近正义运动本质上包含对"公正审判权"具体措施保障的普遍建构。

法治国家对公正审判权的普遍确认,除了与英国普通法的历史传统和法国大革命之前的司法暴政有关以外,在法理上,主要是出于以下的理由:首先,公正审判权是国民借助于中立的司法力量维护所有其他基本权利的最终希望所在,如果没有这样一种权利,其他任何权利一旦受到侵害,将无法获得有效的救济,国民作为市民社会主体的地位将不复存在;其次,审判

---

① 例如:Stefan Trechsel, *Human Rights in Criminal Proceedings* (Oxford University Press, 2005); Ronald Banaszak, Sr., ed., *Fair Trial Right of the Accused: A Documentary History* (Greenwood Press, 2002); Dafid Weissbrodt, *The Right to a Fair Trial under the Universal Declaration of Human Rights and the International Covenant on Civil and Political Rights* (Martinus Nijhoff Publishers, 2001); Richard Clayton & Hugh Tomlinson, eds., *Fair Trial Rights* (Oxford University Press, 2001); Stephanos Stavros, *The Guarantees for Accused Persons under Article 6 of the European Convention on Human Rights* (Martinus Nijhoff Publishers, 1993); David J. Bodenhamer, *Fair Trial: Rights of the Accused in American History* (Oxford University Press, 1992).

② [意]莫诺·卡佩莱蒂等:《福利国家与接近正义》,刘俊祥译,法律出版社 2000 年版,序言。

作为一种司法救济手段,是和平时期国民抵制政府压迫的最后途径,如果涉讼国民不能获得公正的审判,那么和平的司法将被暴力的抗争所取代,法治秩序将难以建立或者无法维持;最后,公正审判权是宪政体制下国民权利与政府权力的平衡杠杆,它虽以保护国民的基本权利为出发点,但同时也有利于维护司法的权威以及政府权力所赖以正常运行的秩序,如果涉讼公民不能获得公正的审判,那么司法裁判必然缺乏应有的权威,政府无法实现通过裁判维护社会秩序的目的。

然而在中国,由于人们过去对人权持有意识形态上的偏见,学术界对《公约》的理论和实践研究一直不够,很长一段时间以来,除了少数学者对公正审判或者公正审判权问题进行过零星的研究,以及一些学者在研究程序公正或者国际人权公约时附带地提及公正审判或者公正审判权问题之外,大多数学者都没有对这个问题进行系统而全面的研究。近几年来,随着人权研究的深入,尤其是 1998 年 10 月中国政府签署了《公约》之后,公正审判权才逐渐引起了学术界的关注,已经陆续有相关的论文和专著发表。这些研究成果有的直接以公正审判权为标题,有的研究与刑事诉讼程序相关的公约权利,将公正审判权作为其中的一部分。① 客观上讲,这些成果对推动公正审判权的深入研究的确起到了十分重要的作用,但是这些研究成果中还存在着诸多不足,譬如对公正审判权理论基础、结构组成等分析研究有待

---

① 代表性著作有程味秋、〔加〕杨诚、杨宇冠主编:《〈公民权利和政治权利国际公约〉培训手册:公正审判的国际标准和中国规则》,中国政法大学出版社 2002 年版;陈光中主编:《审判公正问题研究》,中国政法大学出版社 2002 年版;杨宇冠:《人权法——〈公民权利和政治权利国际公约〉研究》,中国人民公安大学出版社 2003 年版;刘敏:《裁判请求权研究——民事诉讼的宪法理念》,中国人民大学出版社 2003 年版;徐亚文:《程序正义论》,山东人民出版社 2004 年版;莫纪宏:《国际人权公约与中国》,世界知识出版社 2005 年版;樊崇义等:《正当法律程序研究——以刑事诉讼程序为视角》,中国人民公安大学出版社 2005 年版;朱立恒:《公正审判权研究——以〈公民权利和政治权利国际公约〉为基础》,中国人民公安大学出版社 2007 年版;岳礼玲:《〈公民权利和政治权利国际公约〉与中国刑事司法》,法律出版社 2007 年版;张吉喜:《刑事诉讼中的公正审判权——以〈公民权利和政治权利国际公约〉为基础》,中国人民公安大学出版社 2010 年版。

代表性论文有熊秋红:《解读公正审判权——从刑事司法角度的考察》,载《法学研究》2001 年第6 期;黎晓武:《公正审判权入宪是实现司法公正的必然选择》,载《法学论坛》2003 年第 4 期;徐亚文:《欧洲人权公约中的程序正义条款初探》,载《法学评论》2003 年第 5 期;宁立标:《论公民的受审权及其宪法保护》,载《法律科学》2004 年第 2 期;赵建文:《〈公民权利和政治权利国际公约〉第 14 条关于公正审判权的规定》,载《法学研究》2005 年第 5 期;孙本鹏、王超:《公正审判权入宪初探》,载《法律适用》2006 年第 5 期;宁立标:《全球视野下公正审判权的宪法保障——外国宪法文本的比较及对中国的启示》,载《贵州社会科学》2008 年第 12 期。

进一步深入,研究时只偏重于某一具体的学科领域,研究触角的广延性不够、思维的发散性不强、拓展性还略显不足,等等。因此,在我国研究公正审判权不仅具有重大的现实意义,而且具有重要的理论价值。

三、公正审判权研究的价值及其研究方法

在党和国家明确提出"尊重和保障人权",大力推进平安中国、法治中国建设,落实依法治国基本方略,加快建设社会主义法治国家的新的时代背景下,研究公正审判权具有重大的理论意义和实践价值。

一是有助于提升人权的司法保障水平。公正审判权在人权体系中占有极其重要的地位,作为一项人人享有的基本人权,公正审判权在世界人权公约中已经得到了充分的确认,世界上大多数国家把它作为公民享有的一项宪法性权利而纳入国家的根本大法之中。2004年,在我国修宪过程中,"国家尊重和保障人权"的基本原则被郑重地纳入"公民基本权利和义务"篇中,这必将更加有助于基本权利的进一步发展和落实。公正审判权是公民应当享有的救济所有实体人权的基本程序权,就公正审判权与实体人权的逻辑联系而言,两者是救济与被救济的关系。而看一个国家是否真正尊重和保障人权主要是看其公民的宪法权利和其他法律权利在受到侵犯后是否能够得到及时、有效和公正的救济,因此,研究公正审判权对提升人权的司法保障水平有着十分重要的意义。

二是有助于凸显现代司法人本主义关怀本质。现代司法的本质在于给予每个人人本主义关怀,"让每个人成其为人"。现代司法不仅要确认公民所应享有的广泛的实体权利和自由,而且还要规定救济公民基本权利的司法救济制度,特别是与司法救济制度密切相关的公正审判权。一般而言,在现代法治社会中,司法审判被认为能够为公民提供真正有效的、终极意义上的救济。然而,值得注意的是,司法救济的真正有效性、终极性必须建立在公正审判权的牵引和制约的基础上,否则司法审判权就有专断和滥用的危险,司法公正也就无法保证。因此,公正审判权成为司法人本主义关怀实现的强力支撑。司法的人本主义关怀只有在确认公正审判权并建立了相应的保障实现机制后才可以深切感受。研究公正审判权就是要认清其在司法人本主义关怀中的核心地位,并采取切实有效的措施充分发挥其作用。

三是有助于推动法治化建设的进程。法治思想是公正审判权重要的理

论渊源之一,公正审判权与法治有着天然的、须臾不可分割的联系,充分有效地使民众接近正义成为二者共同的追求。从这个意义上讲,"法院和法律与公民之间的距离是判断一国法治秩序的基准。任何一个试图实现和维护法治秩序的国家都应当在这方面投入应有的关注和建构有效的保障措施"①。因此,对公正审判权进行研究,充分挖掘其中所特有的法治精神与内涵,并结合权利维护者观念上的积极转变以及诸多法律思维方法的运用,对不断推动法治化建设的进程有着极其重要的价值。

本书严格坚持马克思主义认识论和历史唯物主义立场和基本观点,围绕公民权利和人权的一般理论,运用马克思主义辩证法,以《公约》中公正审判权的规范性规定为基础,充分结合现实中的典型司法判例以及最新发展动向,对公正审判权认真进行体系化研究,努力做到历史与现实彼此交融、理论与实践互相辉映,力求在理论性、实用性、前瞻性上有所突破。具体来说,本书主要采用以下几种研究方法:

一是规范分析方法。即通过对法律文本的静态分析,对《公约》中有关公正审判权的规定进行全面、详细的解读,条分缕析,以便深刻把握公正审判权中诸多权利的具体含义、基本特征、发展演变等情况。由于公正审判权是对人的主体性权利的深切关注,在中国传统法律中能够与之匹配的规范资源较为稀缺,这就需要深入研究国外公正审判权的先进制度和经验,然后对照我国当下公正审判权法律规范中的不足,进而提出一些可行的对策建议。

二是文献分析方法。对公正审判权进行研究,需要借鉴其他学科的相关著述,需要查阅大量的社会学、政治学等多学科理论文献,需要收集、整理、归纳、分析前人的研究成果。因此,本书系统地调查和收集国内外以公正审判权为主题的研究资料,并进行整理、归纳和研析,以期形成科学合理的研究成果。

三是案例解析方法。在本书的实际论证中,需要经常引用一些典型案例以辅助加深对公正审判权中具体权利规定的内涵的认识、理解和把握,并通过对若干典型案例的解析,努力探寻公正审判权中若干权利的具体成因、发展以及实际运行效果,由此来深入研究该章节所要揭示的理论问题,为结论性意见的获得提供坚实基础。

---

① 杨春福:《论法治秩序》,载《法学评论》2011年第6期,第8页。

四是历史分析方法。公正审判权不是凭空产生的一个概念,它的形成是一个渐进的历史过程,因此对于公正审判权的研究离不开历史分析方法。本书借助历史分析的方法,系统有序地展现公正审判权生成、演进的过程,并从中深刻揭示出公正审判权得以形成的理论依据。

五是逻辑分析方法。为了避免资料的堆砌罗列,也为了避免本书成为公正审判权在立法与实践方面的资料汇编,本书在整理、归纳、研习相关资料的基础上,按照一定的逻辑关系,对公正审判权及其相关内容进行了深入剖析,以便尽可能地发现公正审判权的深层次问题。

六是价值分析方法。该方法搭建了公正审判权的实然性与公正审判权自身蕴含的公正、效率、和谐、人权保障等价值之间的桥梁,将公正审判权从实然范畴拓展至应然范畴,为公正审判权的准确定位提供了新的判断标准。公正审判权的价值分析方法主要包括公正审判权价值认知和公正审判权价值实现两部分,本书通过价值分析法试图为公正审判权的法治发展提供充沛的理论资源。

七是交叉学科方法。公正审判权问题不仅是法理问题,而且也是人权问题、宪法问题。因此,为了更加全面、深入地对公正审判权进行研究,本书还努力在法学基本理论研究的基础上,适当结合宪法学、诉讼法学、人权法学、国际法学等诸多学科的基础知识和基本理论,对公正审判权问题展开多角度的探讨。

四、本书的结构与主要论证思路

本书的主要观点是:公正审判权是一"权利束"(a bundle of rights),既是一个"总量"概念,也是一个"结构"概念。它是指由一系列与公正审判有关的、具体的权利组合而成的权利群或权利集合。在公正审判权的构成中,权利主体由直接主体和潜在主体构成。其中直接主体为被告人和诉讼当事人;潜在主体则为一切公民。在义务主体方面,法庭和国家成为公正审判权的义务主体。在法律属性上,公正审判权归属于基本人权,其宪法性和程序性特征尤为明显。在价值内涵上,公正审判权的基本价值是司法公正;工具性价值是司法效率;目的性价值是社会和谐;终极性价值是人权保障;通过丰富多彩的审判实践活动,公正审判权的复合性价值得以充分实现。围绕着上述观点,本书除导论和后记外,立足于公正审判权的体系化研究,涵盖了五个方面的研究内容。

第一章为公正审判权概观，主要对公正审判权的生成、演进及其理论依据进行了研究，辨析并厘清了公正审判权的概念，分析其构成，在此基础上对公正审判权的性质及价值进行了较为深入的阐述，对公正审判权的保留与解释问题进行了一定深度的探讨。公正审判权这一概念源于国际人权法，经历了一个从观念到制度的不断发展和丰富的过程。公正审判权作为一项基本人权首先被联合国所承认，《世界人权宣言》的第 10 条和第 11 条形成了公正审判权的雏形。1950 年的《欧洲人权公约》第 6 条对其内涵加以扩展，1966 年的《公民权利和政治权利国际公约》对其进行了进一步细化和扩充，公正审判权得以确立。除世界性国际公约之外，区域性人权公约以及世界大多数国家的国内立法对公正审判权也格外重视。为了让公正审判权惠泽天下，自《公约》颁行以来，国际人权机构一直在做解释、规范和统一标准的工作。特别是联合国人权事务委员会还通过处理申诉、审议国家当事人报告、处理大量案例等方式，对公正审判权的具体要求做出详细阐释，提出了一系列旨在加强公正审判权的建设性意见。经过长期努力，公正审判权在国际人权法领域得到长足发展，内涵不断丰富。

第二章为公正审判权的原则性内容。原则性内容包括《公约》第 14 条第 1 款、第 2 款、第 7 款以及第 15 条的规定。具体为：法庭前平等的权利，获得公正和公开审讯的权利，被推定为无罪的权利，免受重复追究的权利和不受事后制定的法律追究的权利。法庭前平等的权利主要包含以下五个方面的内容：人人皆有平等地在法庭或裁判所进行诉讼的权利；人人皆有实际利用法庭或裁判所的权利；人人在法庭或裁判所前的诉讼地位、诉讼权利义务平等；人人在法庭或裁判所前都不应享有特权；禁止对不同的人群建立不同的法院。获得法庭公正和公开审讯的权利位于"法律正当程序"的核心部分，该权利又含有以下两项权利：由依法设立的合格的、独立的和中立的法庭进行审判的权利和审判公开的权利。法庭的合格性包括法官和法庭组织两方面的合格性。独立性由法官个人独立和法院机构独立两方面组成。法官中立性要求法官有中立的心态，然而这并不意味着法官必须完全消极。审判公开的权利包括诉讼程序的公开和判决的公开两个方面的内容。被推定为无罪的权利包括以下内容：控方承担证实被告人有罪的证明责任；被告人应享有与被推定为无罪的权利相一致的待遇；所有公共当局都有义务不对审判的结果做出任何预先判断。免受重复追究的权利只与依一国的法律及刑事程序而被定罪或宣告无罪的情况相联系,在另一个国家被定罪或宣告无罪,则并不受该权利的保护。该权利的例外情况是:重大的程序瑕疵或存在着新的或新发现的事实。不受事后制定的法律追究的权利中的"法律"不仅指"国内法"还包括"国际法"(国际条约法和国际习惯法),它适用于所有的刑事犯罪,同时区分可逆转的刑罚和不可逆转的刑罚是至关重要的。该权利并不是绝对的,各国公认的一般法律原则可以成为追究行为人刑事责任的根据。

　　第三章为公正审判权的基础性要求。基础性要求包括《公约》第14条第3款所规定的权利,具体为:被告知指控的权利、准备辩护的权利以及与辩护人联络的权利、不被无故拖延受审的权利、辩护的权利、传唤和讯问证人的权利、获得译员免费援助的权利以及禁止自我归罪的权利。被告知指控的权利中的"指控"是指正式起诉,不适用于在提出起诉之前的刑事侦查阶段。该项权利要求在正式起诉作出后,以书面形式、用被指控者知晓的语言立即告知被指控者指控所依据的法律和一般事实。在准备辩护的权利以及与辩护人联络的权利中,充分的时间和便利成为基本要件,时间是否充足一般取决于案件的情况和复杂程度,律师的行为也是一个非常重要的考虑因素。查阅案卷和获得开庭通知是"便利"的应有之意,在查阅案卷中,"充分的便利"指的是被告人或其辩护律师被准予获得为准备辩护所必要的文件、记录,等等。如果被告人有律师,被告人的律师获得开庭通知也是"便利"之一。在不被无故拖延受审的权利中,期间始于指控的提起,结束于最后确定的判决。合理的时间(或是否无故拖延)取决于案件的具体情况和复杂性,同时还必须考虑提交人和国家当局的行为。该权利也对缔约国组建合适的司法机构和制度提出要求。辩护的权利由以下内容构成:亲自为自己辩护;选择自己的律师;被告知获得律师的权利;获得免费的法律援助以及出庭受审的权利。其中出庭受审并为自己进行辩护的权利处于极其重要的地位,该项权利赋予了被告拒绝律师帮助的可能性。为了充分地保障被指控者辩护的权利和获得指定辩护的权利,人权事务委员会特别强调律师辩护的有效性。原则上,缔约国对私人聘请的律师的行为并不负有责任。在死刑案件中,指定辩护适用于刑事程序的所有阶段。传唤和讯问证人的权利保障了控辩双方在讯问证人方面的平等武装,被告获得对其有利的证人讯问的权利不是绝对的,而应受到"与对他不利的证人相同的条件下"的限制。获得译员免费援助的权利在言词程序的任何阶段都适用,并要求法庭翻译具有足以保障公正审判的某种最低质量。该权利有绝对性,即不能在定罪以后要求被告支付由指定译员而产生的费用。免费提供翻译人员的宗旨在于保障不懂得法庭所用语言的被告得到公正的审判,因此,当被告人没有能力阅读起诉状、文件或其他书面证据时,应当为其提供免费的翻译。禁止自我归罪的权利仅与被告有关,即侦查机关不得为取得有罪供词而对被告施加任何直接或间接的身体或心理压力以获得有罪供述,而在另一方面,证人可能拒绝作证。人权事务委员会呼吁缔约国在其法律中设定对使用此类证据的相应禁止。

第四章为公正审判权的特别性规定。公正审判权的特别性规定是指《公约》第14条第4—6款,具体为:少年司法的特殊保障权、上诉权、因为误审而获得赔偿的权利。在少年司法的特殊保障权中,对少年犯罪不应以惩罚而应以教育措施加以应对。在适当的时候,应当采取非刑事程序处理未成年人案件。上诉权具有绝对性,主要表现在以下三个方面:一是上诉权适用于所有被判定有罪的人,即不仅仅适用于严重犯罪;二是上诉权不仅适用于在第一审中定罪的案件,还同样适用于上诉法院推翻一审无罪判决的案件;三是最高法院不能享有初审管辖权。上诉的审理范围要求缔约国对证据的充分性、定罪和量刑进行复审。获得赔偿的权利有两个基本条件:一是法院对刑事罪行作出了定罪的最后判决;二是其后定罪被推翻或被定罪的人被赦免。定罪被推翻或被定罪的人被赦免的原因主要有三:随后发现误审;被定罪的人没有过错;因为误审而接受了刑罚。

第五至七章为公正审判权的保障,包括公正审判权的观念保障、制度保障以及司法保障。公正审判权是动态的、开放的、发展的概念,从不僵化保守,也不曾故步自封,而是随着时代的进步始终向前发展,不断地扩充着自身的内涵。当前,随着人权理论研究的深化、国内人权保护的强化、人权观念和保护的全球化、人权运动的不断发展,公正审判权正面临一个良好的发展机遇期。我国已经签署《公约》,批准《公约》指日可待。为了使国内法和国际法有效衔接,我们应当在认真研究《公约》中有关公正审判权一系列规定及案例的基础上,做好以下工作:一是要做好公正审判权的宪法确认,公正审判权入宪是公民权利意识走向成熟的必然要求,不仅有助于我国公民宪法基本权利体系的完善,而且也顺应了公正审判权宪法化、国际化的潮流,更是履行国际承诺的需要。二是要在司法保障方面为公正审判权的有效行使做出积极探索。司法实践中的问题最终还要回归到司法实践中去,公正审判权的研究不能不回归到实践的道路上。作为一项基本人权,公正审判权需要司法实践中的审判权来切实地加以保障,而审判权本质上是以个案中的法律解释权与自由裁量权为内容,因此,对作为审判权一体两面的法律解释权和自由裁量权的适当行使对审判权的正当运用有着至关重要的意义。其中,利益衡量对法律解释权的正确行使价值重大,经验法则对自由裁量权的规范运用意义非凡,因此,要特别关注经验法则的良性运作和利益衡量的妥当运用对公正审判权得以顺利实施的保障作用。

第一章 公正审判权概观

一、公正审判权的生成、演进及其理论依据

(一)公正审判权的生成

法律上权利和义务的形成过程,实际上就是对不同主体在同一事物上的不同利益从法律上予以确认和界分的过程。[①] 研究公正审判权的生成必须认识到其特定的社会形态,认识到权利产生的一般规律,明确"一切法权现象只有理解了与之相适应的社会生活条件,并且从这些社会条件中被引申出来的时候,才能把握其底蕴"[②]。

公正审判权这一概念源于国际人权法,[③]最早规定于 1948 年 12 月 10 日联合国大会通过的《世界人权宣言》的第 10 条和第 11 条,[④]这两条形成了公正审判权的雏形。《世界人权宣言》的其他条款,比如免受任意逮捕的权利、获得有效救济或法律补救的权利、免受酷刑的权利、人身安全的权利和生活免受干扰的权利等,都与公正审判程序相关。[⑤] 1950 年的《欧洲人权公约》第 6 条对其内涵加以扩展,增加了受刑事指控者拥有的五项最低限度的

---

① 李步云主编:《法理学》,经济科学出版社 2000 年版,第 199 页。

② [英]马丁·阿尔布劳:《全球时代》,高湘泽、冯玲译,商务印书馆 2001 年版,第 24 页。

③ 黎晓武:《论公正审判权》,载杨海坤主编《宪法基本权利新论》,北京大学出版社 2004 年版,第 338 页。

④ 《世界人权宣言》第 10 条规定:"人人完全平等地有权由一个独立而无偏倚的法庭进行公正的和公开的审讯,以确定他的权利和义务并判定对他提出的任何刑事指控。"第 11 条第 1 款规定了辩护权和无罪推定原则:"凡受刑事控告者,在未经获得辩护上所需的一切保证的公开审判而依法证实有罪以前,有权被视为无罪。"

⑤ David Weissbrodt, *The Right to a Fair Trial under the Universal Declaration of Human Rights and the International Covenant on Civil and Political Rights* (Martinus Nijhoff Publishers, 2001), p.3.

人权保障。① 1966 年的《公民权利和政治权利国际公约》进一步细化和扩充了《世界人权宣言》的相关内容，②增加了反对被迫自我归罪、上诉权、禁止双重受罚、刑事错案赔偿等规定。《联合国少年司法最低限度标准》（《北京规则》）中也有类似规定。③

以《公民权利和政治权利国际公约》为代表的国际人权文件所规定的公正审判权与其他的权利略有区别，它所要求的是国家应当采取广泛的积极措施以确保这些程序性保障措施的落实，而不仅仅只是要求国家避免从事某些行为。④ 不过，《公约》第 14、15 条对公正审判权只是列举了内容，并没有下一个确切的定义。⑤除了世界性的国际公约，区域性的人权公约对公正审判权也给予了足够的重视。⑥

（二）公正审判权的演进

从古罗马时期的自然正义的两项基本要求到近现代英美法中程序公正的理念和正当程序原则，再到联合国大会多数成员国所通过的一系列法律

---

① 分别为：迅速告知被指控的性质和原因的权利、充分时间准备辩护的权利、获得律师帮助的权利、询问对方证人和要求本方证人出庭的权利、获得翻译的权利。在 1984 年通过的《欧洲人权公约》第 7 议定书中，增加了上诉权、禁止双重受罚、刑事错案赔偿的权利。1966 年《美洲人权公约》第 8 条作了与《公约》第 14 条相类似的规定，并且在一定程度上加强了对公正审判权的要求，比如规定"被告有权自由地和私下里与其律师联系""只有在不受任何强制的情况下，被告的口供才算有效"等内容。

② 《公民权利和政治权利国际公约》第 2、6、7、9、10、14、15 条，特别是第 14 条和第 15 条。

③ 其中第 7 条明确规定："在诉讼的各个阶段，应保证基本程序方面的保障措施，诸如假定无罪、指控罪状通知本人的权利、保持沉默的权利、请律师的权利、要求父亲或母亲或其他监护人在场的权利、与证人对质的权利和向上级机关上诉的权利。"

④ 徐显明主编：《国际人权法》，法律出版社 2004 年版，第 239 页。

⑤ See Gudmundur Alfredsson and Asbjorn Eide, *The Universal Declaration of Human Rights: Common Standard of Achievement* (Martinus Nijhoff Publishers, 1999), p.223.

⑥ 例如，1950 年签署的《欧洲人权公约》第 6 条规定："在决定某人的公民权利与义务或在决定某人的任何刑事罪名时，任何人有权在合理的时间内受到依法设立的独立与公正的法庭之公平与公开的审讯。"1969 年通过的《美洲人权公约》中也有类似的规定："除根据有关的缔约国宪法或依照宪法制定的法律预先所确认的理由和条件外，不得剥夺任何人的身体自由……不得对任何人任意地进行逮捕或关押……应当将被拘留的原因告诉任何被拘留的人，并应迅速地将对该人的一项控告或几项控告通知他本人。"《非洲人权公约》第 3 条规定："人人有权享有法律的平等保护……每一个人均有权享有人身自由与安全。除非根据事先已经制定好的依据和条件，任何人不得被剥夺自由。尤其是任何人不得被拘留或逮捕。"

文件中关于程序现代化的规则，①公正审判权经历了一个被逐步了解、逐步认同、逐步完善的演进过程。

自 1948 年公正审判权被确立以来，为了将公正审判权向世界推广，国际人权机构一直在坚持不懈地做有关公正审判权的解释、规范和标准统一等工作。1984 年，联合国人权委员会对《公约》第 14 条做了一个《关于"法庭面前平等和由依法设立的独立法庭进行公正和公开审讯的权利"的第 13 号一般性意见》，对条款的各个方面提出了明确的解释。其中在《关于公正审判权的原则框架及其救济草案》中对适用于所有法庭程序的条款、适用于刑事指控相关程序的条款和适用于逮捕和羁押的条款都分别做了明确规定。在《世界人权宣言》颁布的近七十年间，公正审判权得到了进一步的发展，许多组织，其中包括联合国的诸多部门，都对公正审判权及其相关的权利进行了解释和详细的阐述。② 可以说，在国际人权法领域，经过长时间的卓有成效的努力，公正审判权得到了长足发展，极大地丰富了公正审判权的内容，扩展了公正审判权的内涵。③

（三）公正审判权的理论依据

公正审判理念发轫于西方的"人权"理念，其实践路线主要是禁止审判歧视和推行公正审判政策。公正审判权的生成及变迁与现代人权观念的产生和发展一脉相承，密不可分。从一定意义上讲，公正审判权就是指受审判者平等地获得公正审判机会、公正审判待遇、公正审判保障等方面的权利，是受公正审判的机会平等与实质平等的统一。可以说，公正审判权是众多国际人权文件以及各国宪法所规定的平等原则及平等权利在审判领域的自然延伸。时至今日，公正审判权作为一项基本人权受到了各国法律的认可。

---

① 樊崇义:《论联合国公正审判标准与我国刑事审判程序改革》，载《中国法学》1998 年第 2 期，第 84 页。

② David Weissbrodt, *The Right to a Fair Trial under the Universal Declaration of Human Rights and the International Covenant on Civil and Political Rights* (Martinus Nijhoff Publishers, 2001), p.111.

③ 规范公正审判权的国际性文件，不仅包括《世界人权宣言》《公民权利及政治权利国际公约》和欧洲、美洲、非洲等区域性人权公约，而且包括联合国在司法领域尤其是在刑事司法领域的大量文件，如《关于司法机关独立的基本原则》《关于检察官作用的基本原则》《关于律师作用的基本原则》《禁止酷刑和其他残忍、不人道或有辱人格的待遇或处罚公约》《保护所有遭受任何形式拘留或监禁的人的原则》《囚犯待遇最低限度标准规则》《关于保护面对死刑的人的权利的保障措施》《联合国少年司法最低限度保障规则》，等等。

在《世界人权宣言》中,公正审判权的地位被提升到了前所未有的高度。正是由于人权思想的普遍传播和深刻影响,公正审判权才逐渐为世界各国所认可,并成为一种天经地义的基本人权。公正审判权的理论依据可以溯源至自然正义思想、正当法律程序思想以及法治思想三个方面。[①]

1. 自然正义思想

自然正义的理论基础是传统的自然法理论。亚里士多德比较早地提出了自然正义的概念,中世纪的一些哲学家,如奥古斯丁、托马斯·阿奎那等人发展了自然法学说。[②] 随着资本主义的兴起,文艺复兴、宗教改革运动的蓬勃发展,一大批古典自然法理论家登上了历史的舞台。他们利用"自然权利""天赋人权""社会契约论"等理论作为强有力的思想武器来要求推翻神学和封建统治,主张自由、平等,主张法治,从而使自然法学说成为资产阶级革命的思想旗帜,成为当时占支配地位的法律思想。[③] 根据美国学者博登海默的考察,古典自然法理论的发展有三个阶段。[④] 古典自然法理论在近代资产阶级革命尤其是对法国、美国的发展起到重要作用。经过几代思想家的集体努力,古典自然法哲学家已经为建构现代西方文明的法律大厦奠定了基石。[⑤]

自然法思想在历史中的发展也不是一路高歌猛进的,由于历史法学派

① 樊长春、朱立恒:《论公正审判权的思想渊源》,载《中南大学学报(社会科学版)》2008 年第 3 期,第 359 页。

② 例如,奥古斯丁将永恒法视为人格化的基督教上帝的理性和意志。永恒法变为神圣的理性,上帝的意志调整着万事万物的自然秩序,防止其混乱。永恒法是规定着万物秩序的上帝的理性,而人对永恒法则的领域就是自然法。因为这些法是完全正确的,所以奥古斯丁认为政治国家的世俗法必须符合自然法则,而自然法则又从永恒法取得效力。参见[英] 韦恩·莫里森:《法理学:从古希腊到后现代》,李桂林等译,武汉大学出版社 2004 年版,第 64 页。

③ 李庆钧、杨春福:《西方古典自然法的理性之维》,载《国家检察官学院学报》1999 年第 1 期。

④ 第一阶段是文艺复兴和宗教改革以后发生的从中世纪神学和封建主义中求解放的过程。其标志是宗教中新教的兴起、政治上开明专制主义的崛起、经济中重商主义的出现。其代表人物有格劳秀斯、霍布斯、斯宾诺莎、普芬道夫和沃尔夫等。他们的理论有一个共同点,就是他们都认为自然法得以实施的最终保障应当主要从统治者的智慧和自律中发现。第二阶段约始于 1649 年英国的清教改革。该阶段以经济中的自由资本主义、政治及哲学中的自由主义为标志。其代表人物有洛克、孟德斯鸠。他们都试图用一种权力分立的方法来保护个人的天赋权利,并反对政府对这些权利的不正当侵犯。第三阶段的标志是对人民主权和民主的坚决信奉。自然法因此取决于人民的"公益"和多数的决定。其代表人物为卢梭。参见[美] E.博登海默:《法理学:法律哲学与法律方法》,邓正来译,中国政法大学出版社 1999 年版,第 41—42 页。

⑤ [美] E.博登海默:《法理学:法律哲学与法律方法》,邓正来译,中国政法大学出版社 1999 年版,第 63 页。

和实证主义法学派的勃兴,在十九世纪中期到二十世纪初,自然法思想一直处于低潮。然而,两次世界大战的发生促成了自然法思想的复兴,尤其是二战的深重灾难以及法西斯的滔天罪行使得人们重新拾起了自然法思想。正是在此宏大的背景之下,公正审判权被《公约》明确确定为公民的一项基本人权。

2. 正当法律程序思想

得到法庭审判的个人权利和刑事诉讼中被告人的详细的最低保障的规定是以盎格鲁-撒克逊普通法中的"法律的正当程序"这一传统为基础的,这一传统可以追溯至 1215 年的《自由大宪章》。在历史的发展过程中,正当程序逐渐作为一项原则被确立起来。在起草《公约》第 14 条期间,美国扮演了重要角色,因为在其宪政历史中,核心被放在了实体上的和程序上的"法律正当程序"上。①

一般认为,英美法系国家诉讼程序的一个重要特征就是注重法律程序的正当性。② 在研究正当法律程序的经典文献中,美国法学家萨默斯于 1974 年发表的《对法律程序的评价与改进——关于"程序价值"的陈辩》为开山之作。③ 通过分析可见,萨默斯文章中的 10 项程序正义标准几乎都与公正审判密切关联。④ 另外两位法学家迈克尔·D.贝勒斯与马丁·P.戈尔丁对正当法律程序的认识与萨默斯的研究有异曲同工之妙。⑤ 研究表明,对

① 参见美国宪法 1791 年的第 5 修正案和 1868 年的第 14 修正案。一方面,"实体上的正当程序"大体上相当于欧洲大陆法中的合法性原则,基本权利对政府的立法、执法和司法部门具有约束效力。在另一方面,"程序上的正当程序"只是通过《欧洲人权公约》第 6 条才第一次为大多数西欧国家的国内人权思想所接受。这有助于解释在诸如奥地利、瑞士、法国、比利时与荷兰等国家在适用《欧洲人权公约》时,该公约第 5 条和第 6 条具有的突出重要性。

② 该理论体系的要义在于,法律程序是为保障一些独立于判决结果的程序价值而设计的,这些价值有参与、公平以及保障个人的人格尊严等;一项符合这些价值的法律程序或者法律实施过程固然会形成正确的结果,但是这种程序和过程的正当性并不因此得到证明,而是取决于程序或过程本身是否符合独立的程序正义标准。参见 Michael D. Bayles, *Procedural Justice* (Deidel Publishing Company, 1990). 转引自陈瑞华:《程序正义论》,载《中外法学》1997 年第 2 期。

③ 陈瑞华:《通过法律实现程序正义——萨默斯"程序价值"理论评析》,载《北大法律评论》1998 年第 1 卷第 1 辑;徐亚文:《程序正义论》,山东人民出版社 2004 年版,第 196—199 页。

④ 在公正审判权体系当中,赋予诉讼当事人辩护权与质证权是程序参与性的体现;由合格的、独立的和无偏倚的法庭进行公正、公开的审判体现了程序的正统性、和平性以及程序的公平性;无罪推定原则体现了程序的人道性和对人的尊严的尊重;不被强迫自证其罪体现了程序的协议性;迅速审判体现了程序的及时性和终结性;等等。

⑤ [美]迈克尔·D.贝勒斯:《法律原则——一个规范的分析》,张文显等译,中国大百科全书出版社 1996 年版,第 36 页;[美]马丁·P.戈尔丁:《法律哲学》,齐海滨译,生活·读书·新知三联书店 1987 年版,第 240—243 页。

于一项法律程序或者法律实施过程正当性和合理性与否的评判,不在于它对产生正确的结果有多大的帮助,而在于它对一些独立的内在价值的保护程度。[①] 程序价值本身就是为了达到一种独立的善的目标,判断某项法律程序是否正当、合理的标准就在于这些正当法律程序或者程序正义的独立内在价值。黑人领袖马丁·路德·金有句警世名言:"手段代表了正在形成之中的理想和正在进行之中的目的,人们不可能通过那邪恶的手段来达到美好的目的,因为,手段是种子,目的是树。"[②]由以上分析可见,正当法律程序思想是公正审判权重要的思想渊源之一。

3. 法治思想

国际人权事务委员会对公正审判权进行了详细的阐述,认为在法庭和裁判所前一律平等和获得公正审判的权利是人权保护的一项关键内容,是保障法治的一项程序手段。[③]《公约》第14、15 条旨在确保司法制度的妥当运作,并为此规定了一系列具体权利作为保障。内生于这些程序性保障的,是一步一步地使不同国家的国内法律制度适应民事和刑事审判中一种共同的"法治"最低标准的广泛潜在性。由此可见,法治也是公正审判权的重要思想渊源之一。

法治是一个理性的概念,它奉行"人变道不变"的哲学原则,是与人治相斥的。从不同角度理解,法治有着不同的含义,例如,法治可被视为社会最高权威的理念和文化,或一种意识、一种价值的体现,一种社会治理方式,等等。法治需要发挥的作用在于以其理性平息民主的激情,正如斯东所认为的,法治借助法律把一切私人的、公共的权力限制在必要的范围内,通过将民主法律化、制度化,把民主偏向激情的特性引导到理性发展的轨道上来,为民主创造一个稳固的发展运行空间,搭建了一个操作性很强的平台,为民主的发展起到保驾护航的作用,从而支持了民主秩序,保障了基本人权。[④]

总的来讲,现代法治的核心是一个权利的体系,以及对此体系中权利的有效保障。[⑤] 从根本上说,公正审判权孜孜以求的是公平正义,而法治最基

---

① 陈瑞华:《程序正义论》,载《中外法学》1997 年第 2 期。

② 胡平仁、李翔:《正当程序是公正审判的基石》,载《湖湘论坛》2009 年第 3 期,第 94—95 页。

③ 参见第 32 号一般性意见第 2 条。

④ [美] 斯东(I.F.Stone):《苏格拉底的审判》,董东山译,生活·读书·新知三联书店 1998 年版。

⑤ 张伟涛:《从功利到道义:当代中国权利观念道德基础的构建》,载《法制与社会发展》2012 年第 1 期,第 44 页。

本的价值也在于誓死捍卫公平正义。① 由此可见,公正审判权是法治的必然要求,法治成为公正审判权最主要的思想渊源之一。

二、公正审判权的概念辨析

(一)"公正"还是"公平":关于"fair"的理解

本书研究论题的英文表述为"fair trial rights"或"the right to a fair trial",中文对此有两种不同的表述,一种是"公正审判权"②,另一种是"公平审判权"③。出现不同表述的原因在于对"fair trial rights"中"fair"的解释与理解不同。在著名的 Longman 现代英语词典④中,"fair"作为形容词时有多种解释,其中的两种解释与本书的研究内容有一定的关联性:一是"fair"被解释为"reasonable and acceptable",又进一步解释为"a fair situation, system, way of treating people, or judgment seems reasonable, acceptable, and right";二是"treating everyone equally",并辅之以解释"treating everyone in a way that is right or equal"。由此可见,"fair"兼具"公正"(前一种解释)与"公平"(后一种解释)两种含义,因而,翻译过程中出现两种表述也就不足为奇了。那么,究竟哪一种解释更能贴近原意、能深刻解释此概念固有的内涵呢? 换句话说,公平与公正究竟有无区别,有什么区别,这种辨析值得深入研究。客观上讲,由于公正与公平这两个概念有些相近,以至于有不少论者在许多场合交替使用这两个概念,其实,公正和公平是有细微差别的。⑤ 公正意味着正当。公正往往是同"义"或"直"直接相连的;公平则是"一碗水端平""不偏不倚"的意思。由此可见,公正的含义就在于"给每个

---

① 杨春福:《和谐社会构建与法治保障》,载《南京社会科学》2006 年第 3 期,第 63 页。

② 熊秋红:《解读公正审判权》,载《法学研究》2001 年第 6 期,第 22 页;岳礼玲、陈瑞华:《刑事程序公正的国际标准与修正后的刑事诉讼法》(上),载《政法论坛》1997 年第 3 期,第 44 页。

③ 肖宏开:《公平审判权的国际标准与中国司法改革研究》,武汉大学 2006 年博士学位论文。

④ *Longman Dictionary of Contemporary English*. Retrieved from http://www.ldoce-online. cn/dictionary/fair_1,2012,November 28.

⑤ 根据《辞海》的解释,"公平"是指"处理事情合情合理,不偏袒哪一方面";"公正"是指"公平正直,没有偏私"。《说文解字》中的理解是:"正,是也","公,平分也"。这里,显然是将公正当成一种应当的价值取向,而将公平视为一种"不偏不倚"的行为。《辞源》对于公正的解释是:"不偏私,正直";对于正直的解释是:"不偏不曲,端正刚直";而对于公平的解释则很简洁:"不偏袒"。从含义上分析,公正包含了公平。

人他（她）所应得"；而所谓公平，则是指对待人或对待事重在采用同一标准，做到"一视同仁"。显而易见，公正有着明显的"价值取向"，所侧重的是社会的"基本价值取向"，并且强调这种价值取向的正当性。而公平的"工具性"意义突出，它所强调的是衡量标准的"同一个尺度"，至于尺度本身是不是合理、正当，则不是公平所顾及的范围。因此，凡是公正的事情必定是公平的事情，但是公平的事情不见得是公正的事情。这可以说是公正和公平的最为明显的区别。因此，对公正和公平的关系，大致可以表述为：其一，功能定位上的差异。公正所注重的是价值取向的正当性。同公正相比，公平则要简单得多，它强调客观性，带有价值中立的色彩，工具性强，注重操作层面。其二，公正掌控着公平的正向意义。而公平只是指同一游戏规则之下的一视同仁。①

由以上分析可知，尽管将"fair trial rights"或"the right to a fair trial"表述为"公正审判权"或者"公平审判权"皆可，但是二者的含义却相去甚远，前者涉及程序正当性的价值取向问题，含义深邃而意境高远，而后者只是强调对待当事人的标准整齐划一，因而仅具有工具性。两相比较，将"fair trial rights"或"the right to a fair trial"表述为"公正审判权"更为妥当，其内涵要比公平审判权广泛和全面。再从当前已有的文献看，"公正审判权"是目前使用较多的一类表述，因此本书也采用这样一种表述方法。

（二）公正审判权的含义

直至现在，权威的、较为系统的关于公正审判权含义的表述为《公民权利和政治权利国际公约》第 14 条和第 15 条之规定：

《公约》第 14 条规定：

一、所有的人在法庭和裁判所前一律平等。在判定对任何人提出的任何刑事指控或确定他在一件诉讼案中的权利和义务时，人人有资格由一个依法设立的合格的、独立的和无偏倚的法庭进行公正的和公开的审讯。由于民主社会中的道德的、公共秩序的或国家安全的理由，或当诉讼当事人的私生活的利益有此需要时，或在特殊情况下法庭认为公开审判会损害司法利益因而严格需要的限度下，可不使记者和公众出席全部或部分审判；但对刑事案件或法律诉讼的任何判决应公开宣布，除非少年的利益另有要求或

---

① 吴忠民：《"公正"与"公平"之辨》，载《光明日报》2007 年 8 月 14 日。

者诉讼系有关儿童监护权的婚姻争端。

二、凡受刑事控告者，在未依法证实有罪之前，应有权被视为无罪。

三、在判定对他提出的任何刑事指控时，人人完全平等地有资格享受以下的最低限度的保证：

（甲）迅速以一种他懂得的语言详细地告知对他提出的指控的性质和原因；

（乙）有相当时间和便利准备他的辩护并与他自己选择的律师联络；

（丙）受审时间不被无故拖延；

（丁）出席受审并亲自替自己辩护或经由他自己所选择的法律援助进行辩护；如果他没有法律援助，要通知他享有这种权利；在司法利益有此需要的案件中，为他指定法律援助，而在他没有足够能力偿付法律援助的案件中，不要他自己付费；

（戊）讯问或业已讯问对他不利的证人，并使对他有利的证人在与对他不利的证人相同的条件下出庭和受讯问；

（己）如他不懂或不会说法庭上所用的语言，能免费获得译员的援助；

（庚）不被强迫作不利于他自己的证言或强迫承认犯罪。

四、对少年的案件，在程序上应考虑到他们的年龄和帮助他们重新做人的需要。

五、凡被判定有罪者，应有权由一个较高级法庭对其定罪及刑罚依法进行复审。

六、在一人按照最后决定已被判定犯刑事罪而其后根据新的或新发现的事实确实表明发生误审，他的定罪被推翻或被赦免的情况下，因这种定罪而受刑罚的人应依法得到赔偿，除非经证明当时不知道的事实的未被及时揭露完全是或部分是由于他自己的缘故。

七、任何人已依一国的法律及刑事程序被最后定罪或宣告无罪者，不得就同一罪名再予审判或惩罚。

《公约》第15条规定：

一、任何人的任何行为或不行为，在其发生时依照国家法或国际法均不构成刑事罪者，不得据以认为犯有刑事罪。所加的刑罚也不得重于犯罪时适用的规定。如果在犯罪之后依法规定了应处以较轻的刑罚，犯罪者应予减刑。

二、任何人的行为或不行为，在其发生时依照各国公认的一般法律原则为犯罪者,本条规定并不妨碍因该行为或不行为而对任何人进行的审判和对他施加的刑罚。

由此可见,公正审判权是一"权利束",既是一个"总量"概念,也是一个"结构"概念。它是指由一系列与公正审判有关的、具体的权利组合而成的权利群或权利集合。①

三、公正审判权的构成

美国学者 R.J.文森特认为,"right 可以用作名词,也可以用作形容词。right(权利)可以作为一个人所拥有的东西,right(正当的)还可以用于描述一种讲道德的行为。……具有这种含义的权利可以包括五种主要成分:权利拥有者(权利的主体)可以根据某些原则理由(权利的正当性),通过发表声明、提出要求、享有或强制性实施等手段(权利),向某些个人或团体(相关义务的承担者)要求某种事物(权利的客体)"②。这一段对权利的论断阐明了权利所应具有的基本要素。公正审判权作为一项基本权利,理当具备这五项要素。此处所谓的"构成",主要是指围绕着公正审判权的权利属性,对公正审判权的主体(包括权利主体和义务主体)、客体以及内容加以分析。

"在哲学上,主体是指具有认识和实践能力的人。法律上的主体是指依法享有权利和承担义务的自然人、法人和国家。"③公正审判权是同诉讼活动息息相关的权利,所以只有那些进入诉讼过程中的人才能享有这项权利,

---

① 张吉喜:《刑事诉讼中的公正审判权——以〈公民权利和政治权利国际公约〉为基础》,中国人民公安大学出版社 2010 年版,第 28 页。关于公正审判权,也有人认为,"简单地说,公正审判权就是公民在审判过程中享有法院对案件进行公正的审理和裁判的权利",参见朱立恒:《公正审判权研究——以〈公民权利和政治权利国际公约〉为基础》,中国人民公安大学出版社 2007 年版,第 28 页。还有学者认为,公正审判权是裁判请求的重要内容之一,裁判请求权的基本内容应当包括诉诸法院(司法)的权利和公正审判请求权(接受公正审判的权利),尽管"诉诸法院的权利是裁判请求权的首要内容,然而,仅仅有诉诸法院的权利是不够的,诉诸法院的人还应当有获得法院公正审判的权利,即有公正审判请求权",参见刘敏:《裁判请求权研究——民事诉讼的宪法理念》,中国人民大学出版社 2003 年版,第 28 页。

② 具体关于这五项的论断参见[美] R.J.文森特:《人权与国际关系》,凌迪、黄列译,知识出版社 1998 年版,第 4 页。关于五种主要成分的内容是 R.J.文森特根据艾伦·格维尔茨的《人权:关于正当理由和应用的文章》改写。

③ 《现代汉语词典》,商务印书馆 1996 年第 3 版,第 1643 页。

公正审判权的主体包括两大类:一是权利主体,二是义务主体。

(一)公正审判权的权利主体

权利主体是权利构成的"龙头"问题,通向权利之路遍布荆棘,唯有权利主体才会奋起为权利而抗争,权利主体决定了权利寻求之路的方向。① 因此研究公正审判权,首要问题是确定权利的归属,否则,对公正审判权的研究就会失去意义。公正审判权的权利主体包括直接主体和潜在主体两种类型。

1. 公正审判权的直接主体

根据 1948 年《世界人权宣言》第 10 条②以及 1966 年《公民权利和政治权利国际公约》第 14 条第 1 款③规定,享有公正审判权的主体为"受到刑事指控的人"和"在诉讼案中其权利和义务有待被确定的人",显然,受到刑事指控的人事实上即为刑事诉讼的被告人。而对于"在诉讼案中其权利和义务有待被确定的人",虽然联合国人权事务委员会未做解释,但是,根据人们对诉讼当事人的通常理解可知,其实际上就是指诉讼当事人。原因在于,诉讼过程中,只有与案件有直接利害关系的诉讼当事人的权利和义务才处于有待被确定状态,成为法庭判决的对象。相比之下,其他诉讼参与人的权利义务只是基于诉讼程序而产生,不是法庭裁判的对象,和"有待被确定"的含义并不相符。再者,公正审判权的作用在于抵制国家公权力的滥用,所以只有那些受到可能被滥用的国家公权力威胁的人才能成为公正审判权的主体。其他诉讼参与人,如鉴定人、证人,他们并不面临国家公权力滥用的威胁,所以也不能成为公正审判权的主体。因此,公正审判权的享有者不仅包括刑事诉讼中的犯罪嫌疑人、被告人(他们并非是两种不同的人,只是由于诉讼阶段的不同而形成的对同一被追诉人的不同称谓:在立案之后、被正式向审判机关提起控诉之前被称为犯罪嫌疑人;被起诉之后、获得生效判决之前被称为被告人),而且包括民事、行政诉讼中的当事人(以下简称为直接权

---

① 伍浩鹏:《贫弱被追诉人法律援助权研究》,中国法制出版社 2007 年版,第 82 页。

② 《世界人权宣言》第 10 条的规定:"人人完全平等地有权由一个独立而无偏倚的法庭进行公正的和公开的审判,以确定他的权利和义务并判定对他提出的任何刑事指控。"

③ 《公民权利和政治权利国际公约》第 14 条第 1 款规定:"……在判定对任何人提出的刑事指控或确定他在一件诉讼案中的权利和义务时,人人有资格由一个依法设立的合格的、独立的和无偏倚的法庭进行公正的和公开的审讯……"

利主体）。

之所以赋予直接权利主体以公正审判权，这与社会的分层理论有密切联系。社会分层是社会学中的一个重要概念，其实质是社会资源在社会中的不均等分配，即不同的社会群体或社会地位不平等的人占有那些在社会中有价值的事物如财富、收入、声望、教育机会等。在直接权利主体内部也存在"社会分层"的现象，有的有钱、有势、有才、有地位，而与之相反，有的无钱、无势、无才、无地位。对此，美国弗吉尼亚大学教授布莱克曾精辟指出："分层也解释了法律，解释了法律的量和形式。例如，人们很久以来就认识到比较富有的人在法律上的优势：在各个国家里，法律的普遍精神是有利于强者而不有利于弱者。法律帮助那些拥有财产的人而反对没有财产的人。这种烦扰人的现象是无法避免的，也是毫无例外的。与此相类似，根据历史唯物主义的理论，生产资料的拥有者也拥有法律上的优势。"[1]因为加强弱势群体的权利保护是实现社会多元的基础，有利于社会整体的稳定和普通人权的保护，[2]所以必须要落实公正审判权，使得每一个直接权利主体都能得到法律平等的保护。从这个意义上讲，公正审判权是一项个体人权，而非集体人权。[3]

此外，民主社会一般意味着这个社会是一个平等的社会。不过，在现实社会中，"主要是从抽象的法律人格的意义上来要求平等对待一切个人，全然没有考虑到现实中各人所拥有的经济与社会地位"[4]，而"要求法律面前人人平等的实质恰恰是，尽管人们在事实上存在着差异，但他们却应当得到平等的待遇"[5]。因此，必须采取一定的措施使形式平等质变为实质平等。"主要指的是为了在一定程度上纠正由于保障形式上的平等所招致的不平等，依据各个人的不同属性采取分别不同的方式，对作为各个人的人格发展所必需的前提条件进行实质意义的平等保障。"[6]而赋予司法领域的弱者——

---

① ［美］布莱克：《法律的运作行为》，中国政法大学出版社 1994 年版，第 13 页。

② 杨春福、王方玉：《利益多元化与公民权利保护纲》，载《南京社会科学》2008 年第 3 期，第 79 页。

③ 关今华：《人权保障法学研究》，人民法院出版社 2006 年第 1 版，第 132 页。

④ ［日］大须贺明：《生存权论》，林浩译，法律出版社 2001 年版，第 34 页。

⑤ ［英］弗里德利希·冯·哈耶克：《自由秩序原理》（上），邓正来译，生活·读书·新知三联书店 1997 年版，第 103 页。

⑥ 林来梵：《从宪法规范到规范宪法：规范宪法学的一种前言》，法律出版社 2001 年版，第 107 页。

被追诉者以公正审判权就是为了真正实现平等的法价值。一言以蔽之,公正审判权平等理念的核心主旨是对形式平等的检讨和实质平等的追求。

2. 公正审判权的潜在主体

公正审判权的权利主体具有复杂而多层次的特质。将其直接主体界定为诉讼过程中面临国家公权力威胁的个人,并不意味着否定这项权利的普遍性。社会的每一个成员都是参加审判的潜在主体,因为一旦他或她因为这样或那样的原因而进入审判,那么受到公正审判的权利就会成为一种对其人身的保障。任何公民在国家权力面前都是潜在的被告人,一旦国家权力不受限制,任何公民都可能成为实际上的被告人。在被告人不享受人权或不充分享受人权的情况下,这种权力则不受限制,所有公民的人权也就得不到保障。[①] 因此,从根本上讲,公正审判权的潜在权利主体是一切公民,刑事被告人享有的获得公正审判的权利及其最低限度的保障措施关乎所有公民的基本权利。尽管《公约》突出了对刑事诉讼中被告人权利的保护,但是,这样规定的最终落脚点却体现了对所有公民人权保障的关注。从终极目标来说,被告人享有的作为公正审判权主干的最低限度的保障是关乎所有公民的权利。[②] 所以,强调公正审判权的主体是一切公民有深远的伦理价值意义。

另外,必须指出的是,公正审判权的潜在主体不仅包括本国公民,而且还包括受一国管辖的其他人。这里就有必要将"公民权利"(civil rights)与"公民的权利"(citizens' rights 或 rights of citizens)加以区分。civil 和 citizen 的区别在于,前者是市民社会的人,而后者是政治国家的人,前者先于政治国家而存在,后者后于政治国家而存在,是相对于政府的权力或职责而言的。正因为如此,"公民权利"往往只关系到私人利益,具有个体性、私人性、利己性,而"公民的权利"是公民"参与"国事、"参与"国家政治生活的权利,则具有较为明显的公共性、政治性、参与性、互动性、抗衡性。[③] "公民权利"的主体是人,它直接源于"人的尊严",即只要是人就享有"公民权利",而"公民的权利"的主体则是公民,是和公民身份(而不仅仅是人的身份)紧密相连的,"是由公民身份而产生的资格权利"。尽管从汉语的角度来看,公

---

① 谭世贵:《刑事诉讼原理与改革》,法律出版社 2002 年版,第 200 页。
② 黎晓武:《公正审判权入宪是实现司法公正的必然选择》,载《法学论坛》2003 年第 4 期,第 111 页。
③ 郭道晖:《公民权与公民社会》,载《法学研究》2006 年第 1 期,第 82—83 页。

正审判权很容易被误认为是属于"公民的权利",但是公正审判权其实是属于"公民权利"。由此可见,享有公正审判权的主体是整体人类社会的每一个个体——人,既包括本国公民,也包括不是本国公民的人(外国人、无国籍人和国籍不明的人)。① 我们应该充分考虑到公正审判权主体的广泛性,让公正审判权的和煦阳光普照在民主社会每一位公民的身上。

(二) 公正审判权的义务主体

权利的确立意味着国家或他人应当承担相应的义务,这也正如马克思所言,"没有无义务的权利,也没有无权利的义务"②。麦考密克指出:"权利是在法律上(或道德上)对一个人利益的保护和促进,并对其他人设定义务。"③换言之,一旦权利主体依据法律提出权利请求,义务主体就应当满足。

根据《公约》的规定,对权利主体的公正审判权进行充分展示、有效保护的,即进行"公正的和公开的审讯"的场域是"依法设立的合格的、独立的和无偏倚的法庭"。由此不难推断,公正审判权的义务主体是法庭,而且该法庭必须具备依法设立的、合格的、独立的、无偏倚的特征。笔者认为,除了法庭是公正审判权的义务主体之外,国家也是公正审判权的义务主体,对公正审判权起着重要的保障作用。下面逐一加以探讨。

1. 法庭

作为公正审判权重要的义务主体,法庭是个神秘的场域。公正审判权的实现需要法庭来保障,然而法庭是否能够保障公正审判权的充分有效实现有时人们是存有疑问的。在西方文明史上,苏格拉底审判给人们留下了极其深刻的印象。印象深刻的原因在于:一是苏格拉底没有犯任何罪行;二是苏格拉底是伟大的哲学家;三是古希腊是民主政体。这三个前提条件完全不能支持"苏格拉底应该被判死刑"的结论。④ 但事实恰恰是,在公元前399年的雅典,苏格拉底受审,罪名有两条:一条是谤神和引进新神;另一条是蛊惑和败坏青年。从庭审的情况来看,苏格拉底没有在通常意义上为自

---

① 杨宇冠:《人权法——〈公民权利和政治权利国际公约〉研究》,中国人民公安大学出版社2003年版,第4页。

② [德]马克思、恩格斯:《马克思恩格斯全集》(第16卷),人民出版社1964年版,第16页。

③ 沈宗灵:《法理学》,北京大学出版社1997年版,第236页。

④ 周利娜:《苏格拉底之死与民主——读斯东〈苏格拉底的审判〉》,载《民主与科学》2005年第2期,第46页。

已进行无罪辩护,因为他业已"在他的良知的法庭上宣告了自己无罪"。因此,他的辩护不是为了获得法庭的赦免。① 在由 500 人组成的陪审法庭对苏格拉底进行审理的过程中,对于苏格拉底的罪名和量刑,雅典公民进行过两次投票,第一次针对控罪进行投票,结果是280:220 宣告苏格拉底有罪;第二次针对刑罚进行投票,结果是360:140支持死刑判决。审理的结果是所控罪名成立,苏格拉底被判处了死刑,最后饮鸩而亡。

从苏格拉底之死我们不难看出审判苏格拉底的法庭——雅典陪审法院制度缺乏理性且存在如下缺陷:第一,组成人员的专业性不强。由于民主雅典独特的庭审制度赋予了成员主要来自下层公民的陪审团以极大的权力,②而人数众多的陪审员未受过专门的法律训练,他们进行判断的依据不是法律,而是他们的个人喜好,这使得判决带有极大的偶然性。第二,审判的独立性不够。在雅典的这种制度下,舆论要比法律和事实重要得多,舆论左右审判,谁主宰了舆论,谁就可以主宰审判。第三,审判缺乏公正性。在苏格拉底审判中,法庭没有进行任何调查和取证质证,最后的投票对有无犯罪和应受何种处罚具有决定性意义。这种通过投票来决定被告犯罪与否的审判既不公正,也不合逻辑。而正因为法庭的组成与运作失却公正性,不能有效保障被追诉人的公正审判权,才导致了苏格拉底之死。苏格拉底之死,正是有民主而无法治酿成的悲剧。

因此,作为公正审判权义务主体的法庭必须具备依法设立的、合格的、独立的、无偏倚的特征,这样才能保证公正审判权的实现。为了确定这样一个具有特定性质的法庭,需要借助罗尔斯的理论来进行设计。为了确立一种没有任何偏见的、真正的、不受任何群体利益左右的社会正义、社会公正的理念,在著名的"公平的正义"的命题中,罗尔斯设定了一种纯净的、纯粹的背景条件——"无知之幕"。罗尔斯指出,所谓无知之幕,是"假定各方不知道某些特殊事实。首先,没有人知道他在社会中的地位,他的阶级出身,他也不知道他的天生资质和自然能力的程度,不知道他的理智和力量等情形。其次,也没有人知道他的善的观念,他的合理生活计划的特殊性,甚至不知道他的心理特征……再次,我假定各方不知道这一社会的经济或政治

---

① 曾裕华:《哲学与政治:论苏格拉底的审判》,载《贵州大学学报(社会科学版)》2006 年第 2 期,第 12—13 页。

② 刘莘:《虔敬与苏格拉底审判的二重性》,载《重庆师范大学学报(哲学社会科学版)》2009 年第 3 期,第 23 页。

状况,或者它能达到的文明和文化水平"。罗尔斯特别指出,"原初状态的观念旨在建立一种公平的程序,以使任何被一致同意的原则都将是正义的"①。由此而产生的正义、公正的理念就是"公平的正义"。"无知之幕"亦即价值无涉的做法可以在很大程度上减少个人偏好,发挥限定各个"自我"的作用,使公正、正义理念的具体内容的形成过程展示出客观、真实的状态,从而更加容易让人接受最终产生的公正、正义的价值观念。

2. 国家

国家是公正审判权的保障义务主体,没有国家提供的保障,公民的公正审判权将成为"空中楼阁"。就对公正审判权具体条款的评注而言,这些程序性保障并不旨在要求国家避免从事某事,而是使它们有义务采取广泛的积极措施以确保这些保障的落实。《公约》第 14 条第 1 款中规定的平等获得法庭审判的权利使国家有义务设立独立的、无偏倚的法庭,并给予它们组织的和财政的构架,以使它们在所有类型的民事和刑事事务中能够进行公正的审判,并且给予所有被控告的人以第 14 条第 2 款至第 7 款保障的最低标准的权利。然而,许多这样的权利主张(如受审时间不被无故拖延、免费的法律援助和翻译、获得赔偿的权利,等等)吁求一种高度发达的法律制度,对此,贫穷的国家并不总是能够提供到必要的程度。②

当然,作为抽象的概念,国家权力的行使需要依靠国家机关之间的分工协作、密切配合。有人对国家相关权力的关系做了非常形象的比喻,认为"立法权是国家的心脏,行政权是国家的大脑,大脑指使各部分运动起来"③,因此,在立法权这个心脏强有力的搏动下,行政和司法得以正常良性运转。关于立法、行政、司法三机关,各自有以下的特点以及互动配合的关系:对于立法而言,它是由特定主体,依据一定职权和程序,运用一定技术,指定、认可和变动这种特定社会规范的活动。④ 立法应该对社会生活的发展变化保持高度关注,并及时跟进以满足人们的需要和期待。"如果法律不能充分解决由社会和经济的迅速变化所带来的新型争端,人们就会不再把法律当作

---

① [美]约翰·罗尔斯:《正义论》,何怀宏、何包钢、廖申白译,中国社会科学出版社 1988 年版,第 131 页。

② [奥]曼弗雷德·诺瓦克:《〈公民权利和政治权利国际公约〉评注》(修订第二版),孙世彦、毕小青译,生活·读书·新知三联书店,2008 年版,第 318 页。

③ [法]卢梭:《社会契约论》,商务印书馆 2003 年版,第 113 页。

④ 张文显:《法理学》,高等教育出版社、北京大学出版社 1999 年版,第 49 页。

社会组织的一个工具加以依赖。"①为了确保公正审判权的实现,立法机关应当在相关的法律中规定公正审判权以及制定、落实公正审判权的相关法律措施,这是公正审判权实现的前提。对于行政而言,行政权的性质特殊,极具腐蚀性和扩张性。阿克顿曾言:"权力导致腐败,绝对权力导致绝对腐败。"②而孟德斯鸠则指出:"一切有权力的人都容易滥用权力,这是万古不变的一种经验,有权力的人们使用权力一直遇到有界限的地方才休止。"③因此,一方面,要用法律对行政权加以约束,强力抵制其对司法审判的干预;另一方面,行政机关也要为公正审判权的实现提供充足必要的保障。对于司法而言,侦查、起诉及审判机关构成了司法的主体,它们对公正审判权的实现起到关键性的作用。公安机关在侦查案件过程中要切实承担起依法保护人权的责任;检察机关要在充分行使好控诉权的同时真正发挥法律监督的职能;审判机关要做到中立审判;公、检、法三机关之间要形成有效的分工协作、密切合作和相互制约的关系。

(三) 公正审判权的内容及分类

任何法律上的权利和义务,都是基于对社会主体利益的确认和界分而形成的。利益并非虚无缥缈的,它必然有自己的载体,必然表现在各种事物之上。④ 因此,对公正审判权内容的研究成为深刻理解和深入分析公正审判权的重要一环。

1. 公正审判权的内容

由于"公正审判权"是一个"权利的万花筒"⑤,不同的人可能出于不同的理解而在不同的意义上使用公正审判权,因此,当前关于公正审判权究竟包含哪些内容,国内外学者有诸多不同的看法:

(1)国内学者的观点。通过文献梳理,当前我国学者对于公正审判权所涵盖的内容有以下几种不同的观点。

第一种观点:12 种权利说。程味秋等认为公正审判权的内容由 12 种

---

① 李秀清主编:《法律格言的精神》,中国政法大学出版社 2003 年版,第 75 页。

② [英] 阿克顿:《自由与权力》,侯健等译,商务印书馆 2001 年版,第 342 页。

③ [法] 孟德斯鸠:《论法的精神》,商务印书馆 1964 版,第 154 页。

④ 李步云主编:《法理学》,经济科学出版社 2000 年版,第 199 页。

⑤ Christoph J. M. Safferling, *Toward an International Criminal Procedure* (Oxford University Press, 2001), p.30.

权利构成,分别为:法律面前人人平等权;不受任意逮捕或拘留权;辩护权与法律援助权;司法审查权;不得强迫其自证其罪和沉默权;不受酷刑或不人道待遇或处分的权利;接受独立而无偏倚的法庭审判的权利;及时和公开审判的权利;无罪推定的权利;传唤、询问及盘问证人和对质的权利;上诉权和复审权以及生命权等 12 项权利。① 对照《公约》的相关内容,该观点实际上认为《公约》第 6、7、9、10 以及 14 条的内容属于公正审判权的内容。

第二种观点:13 种权利说。宁立标认为受审判权即公正审判权由 13 种权利组成,包括:接近法院的权利;接受独立的、合格的和不偏不倚的法庭审判的权利;受到公开审判的权利;及时接受审判的权利;辩护权;无罪推定的权利;获得免费翻译的权利;在同等条件下传唤有利于己的证人及盘问不利于己的证人的权利;不自证其罪的权利;不受双重危险的权利;上诉复审的权利;补救权(即刑事错案赔偿权);不受溯及既往的法律定罪和应受较轻处罚的权利。② 该观点包含的公正审判权的内容与《公约》第 14、15 条规定的内容相一致。

第三种观点:14 种权利说。肖宏开认为公正审判权在内容上应包含以下 14 项权利:获得司法审判权;接受独立的合格的不偏不倚的法庭审判的权利;预审权(即接受司法审查的权利);及时审判的权利;平等审判的权利;公开审判的权利;辩护权;无罪推定和不自证其罪的权利;获得免费翻译的权利;与证人对质的权利;未成年人司法特殊保障的权利;上诉复审的权利;刑事错案的赔偿权利;一罪不二审的权利。该观点意在表明公正审判权的内容见《公约》第 9 条和第 14 条。③

第四种观点:15 种权利说。杨宇冠认为公正审判权由 15 种权利组成,它们是:平等权;司法独立(即接受独立法庭审判的权利);公开审判权;无罪推定权;被告知权;准备辩护与律师联络权;及时受审权;出席受审、辩护和法律援助权;与证人对质权;免费获得译员帮助权;不自证其罪权;未成年人司法特殊保护权;复审权;刑事赔偿权;一事不再理权等。④ 该观点实际上认

---

① 程味秋等主编:《公民权利和政治权利国际公约培训手册》,中国政法大学出版社 2002 年版,第 1—12 章目录。

② 宁立标:《论公民的受审权及其宪法保护》,载《法律科学》2004 年第 2 期。

③ 肖宏开:《公平审判权的国际标准与中国司法改革研究》,武汉大学 2006 年博士学位论文,第 15—16 页。

④ 杨宇冠:《人权法——〈公民权利和政治权利国际公约〉研究》,中国人民公安大学出版社 2003 年版。

为公正审判权的内容即是《公约》第 14 条的内容。另外,还有一些学者虽然未对公正审判权所包含的具体内容进行详细列举,但是,从其所发表的论文中,可以推断出其认为《公约》第 14 条的规定即为公正审判权。[①]

第五种观点:16 种权利说。张吉喜认为公正审判权由 16 种权利组成,分别是:法庭前的平等权;由合格的、独立的及中立的法庭审判的权利;审判公开的权利;被推定为无罪的权利;被告知指控的权利;准备辩护的权利以及与辩护人联络的权利;受审时间不被无故拖延的权利;出庭受审、辩护和获得指定辩护的权利;传唤和询问证人的权利;免费获得翻译人员帮助的权利;不被强迫自证其罪的权利;对未成年被告人的特殊保障;上诉权;因为误判而获得赔偿的权利;不受重复追究的权利以及不受事后制定的法律追究的权利。这 16 项权利见《公约》第 14、15 条的规定。

(2)国外学者的观点。从国外学者对公正审判权研究的现状考察,代表性观点可以概括为以下几类:

一是认为公正审判权的内容仅仅指《欧洲人权公约》第 6 条第 1 款,即《公约》第 14 条第 1 款。[②]

二是认为公正审判权的内容是指《欧洲人权公约》第 6 条,即《公约》第 14 条。[③]

三是认为公正审判权的内容是指《公约》第 9、14 条。[④]

四是认为公正审判权的内容是指《公约》第 14、15 条[⑤](或者是《欧洲人

---

① 熊秋红:《解读公正审判权——从刑事司法角度的考察》,载《法学研究》2001 年第 6 期,第 27 页;赵建文:《〈公民权利和政治权利国际公约〉第 14 条关于公正审判权的规定》,载《法学研究》2005 年第 5 期。

② Malgorzata Wasek-Wiaderek, *The Principle of "Equality of Arms" in Criminal Procedure under Article 6 of the European Convention on Human Rights and its Function in Criminal Justice of Selected European Countries: A Comparative View* (Leuven University Press, 2000), p.16.

③ Ibid.

④ Alfred de Zayas, "The United Nations and the Guarantees of a Fair Trial in the International Covenant on Civil and Political Rights and the Convention Against Torture and Other Cruel, Inhuman or Degrading Treatment or Punishment," in *The Right to a Fair Trial*, eds. David Weissbrodt & Rudiger Wolfrum (Springer, 1998), p.670.

⑤ M.Cherif Bassiouni, *The Protection of Human Rights in the Administration of Criminal Justice: A Compendium of United Nations Norms and Standards* (Transnational Publishers, Inc., 1994), pp.133 - 134.

权公约》第 6、7 条）。①

五是认为公正审判权的内容包括《公约》第 6、9、14、15 条。②

分析上述数种关于公正审判权究竟涵盖哪些内容的不同观点，可以看出国内外学者对于《公约》第 14 条第 1 款属于公正审判权的内容大都没有异议，主要的分歧集中于两点：一是《公约》第 6 条、第 7 条、第 9 条、第 10 条、第 15 条是否属于公正审判权的内容；二是《公约》第 14 条的 2—7 款是否也应归入公正审判权的内容。

《公约》第 6 条是关于生命权的规定，第 7 条是关于禁止酷刑的规定，第 9 条是关于人身自由与安全的规定，第 10 条是关于被剥夺自由的人的人格尊严和待遇的规定，上述的这些权利都是与公正审判权相并列的权利，相互之间并不存在从属关系，因此将其纳入公正审判权的范畴显然不妥。而《公约》第 15 条应当被纳入公正审判权的视域，因为该条是有关不受事后制定的法律追究的权利的规定，它与第 14 条"有直接关系"③。如果缺少此项规定，被告方将无法获得真正的公正审判。另外，刑事诉讼是公正审判权发挥重要作用的场域，因而刑事诉讼中的公正审判权也应当成为公正审判权的不可或缺的组成部分，所以，《公约》第 14 条应全部归入公正审判权的范畴。因此，那些认为公正审判权的内容包含《公约》第 14 条以及第 15 条的观点比较合理。

值得注意的是，公正审判权的外延相当丰富，具有发展性。公正审判权不是一个孤立的概念，它包含一系列的权利。在国际人权法中，公正审判权是由一系列确定的、相互关联的权利组合而成的一项权利，其含义未被具体界定。④ 尽管《公约》第 14 条和第 15 条明确规定的具体权利为公正审判权所包容，然而并不是说这就是公正审判权的全部内容。考察《公约》第 14 条

---

① Richard Clayton and Hugh Tomlinson, *Fair Trial Rights* (Oxford University Press, 2001), pp.73 - 74.

② David Weissbrodt, *The Right to a Fair Trial under the Universal Declaration of Human Rights and the International Covenant on Civil and Political Rights* (Martinus Nijhoff Publishers, 2001), p.2.

③ ［奥］曼弗雷德·诺瓦克：《〈公民权利和政治权利国际公约〉评注》（修订第二版），孙世彦、毕小青译，生活·读书·新知三联书店，2008 年版，第 375 页。

④ See Gudmundur Alfredsson and Asbjorn Eide, *The Universal Declaration of Human Rights：A Common Standard of Achievement* (Martinus Nijhoff Publishers, 1999), p.223.

第 1 款中"公正的和公开的审讯"的用语,不难发现其实际上蕴含了"公正审判的一般权利"(the general right to a fair trial)①或者"公正审判"的原则。②"公正审判的一般权利"与第 14、15 条的规定之间是一般与具体的关系,尽管"公正审判的一般权利"被若干具体权利细化,但是"公正审判的一般权利"要大于这些个别权利的总和,这种特征决定着公正审判权包括但不局限于《公约》有关条文的规定。与公正审判权的具体权利不同,"公正审判的一般权利"强调"从整体上"来评价程序。

公正审判权是一个极具张力的概念,③随着时代的发展,人权事务委员会和区域性人权机构通过对"公正审判的一般权利"的解释,不断地发展着公正审判权的内涵,这充分表明了公正审判权的发展性特征。例如,尽管从字面的含义来看,《公约》第 14 条第 2 款至第 7 款以及第 15 条仅适用于刑事案件,但是,联合国人权事务委员会通过对"公正审判的一般权利"的解释,将其中的某些规定适用于民事案件,如联合国人权事务委员会认为,公正审判的一个重要方面是审判的效率。《公约》第 14 条第 3 款第 3 项规定了刑事诉讼中受审时间不得无故拖延,而案件的复杂性以及当事人的行为等因素也不能使民事程序中的拖延正当化。如果此类拖延是资源缺乏和经费长期不足所造成的话,缔约国应当在可能的程度上为司法运行增补预算经费。④

2. 公正审判权的分类

《公约》第 14、15 条对公正审判权的内容进行了较为详尽的规定,能够使人们一览其概貌,而对于研究的系统化来讲,有必要依据一定的标准对其进行适当的分类。

当前,关于公正审判权的分类,国内外学者已经有了一些较为成熟的观

---

① Stefan Trechsel, *Human Rights in Criminal Proceedings* (Oxford University Press, 2005), p.83.

② [奥]曼弗雷德·诺瓦克:《民权公约评注:联合国〈公民权利和政治权利国际公约〉》,毕小青、孙世彦等译,生活·读书·新知三联书店 2003 年版,第 243 页。

③ 熊秋红:《解读公正审判权——从刑事司法角度的考察》,载《法学研究》2001 年第 6 期,第 31 页。

④ Concluding Observations, Democratic Republic of Congo, CCPR/C/COD/CO/3(2006), para. 21; Central African Republic, CCPR//C/CAF/CO/2(2006), para. 16. 欧洲人权法院也通过解释将某些刑事程序中的公正审判权适用于民事程序,较为典型的案例是 Airey 案件,在该案中欧洲人权法院将免费获得翻译人员帮助的权利扩展到了涉及重大利益的民事案件中去。参见 *Airey v. Ireland*, Judgment of 9 Sept. 1979, Series A no.32, (1979–80)2 EHRR 305.

点。概括起来,主要有六种分类方法。其中,国内学者关于公正审判权的分类大致有三种不同的观点:

(1) 两分法。该观点认为《公约》第 14 条为公正审判设计了两个方面的保障:组织性保障和程序性保障。组织性保障主要包括对司法机构和司法人员的要求,它是程序性保障的前提性条件;而程序性保障包含了程序公开和程序公正两项基本原则,①是指除了组织性保障之外的其他权利,可见这种分类是以公正审判权所包含的具体权利性质的差异为参照标准的。

(2) 三分法。其中三分法又有两种不同的观点:

一是以时间节点为标准,即按照时间的推移、诉讼流程的进行,将公正审判权分为三个相互衔接又各不相同的诉讼阶段:一是审判前的公正审判权,②主要包括接受合格的、独立的和不偏不倚的法庭审判的权利;接受司法审查的权利;与准备辩护有关的权利;获得及时审判的权利等。二是审判中的公正审判权,主要包括接受平等审判的权利;接受公开审判的权利;出席受审和辩护的权利;与证人对质的权利;免费获得译员帮助的权利;无罪推定与不得强迫自证其罪的权利;未成年人司法特别保障的权利等。三是审判后的公正审判权,主要包括请求复审的权利;发生误审后请求国家赔偿的权利;不得就同一罪名再予审判或惩罚的权利等。

二是按照权利的性质以及所涉的范围将公正审判权划分为基础性规定的公正审判权、最低限度程序保障的公正审判权以及规定的其他公正审判权。③ 其中,《公约》第 14 条第 1、2 款属于基础性规定,《公约》第 14 条第 3 款属于最低限度的程序保障,而《公约》第 14 条第 4—7 款以及第 15 条由于所涉及的内容纷繁芜杂,难以概括出共同的特性,因而放入兜底的其他规定之中。

国外学者对公正审判权的分类主要有以下三种观点:

(1) 三分法。即认为公正审判权由三个部分组成:机构保障、基本原则

---

① 熊秋红:《解读公正审判权——从刑事司法角度的考察》,载《法学研究》2001 年第 6 期。

② 肖宏开:《公平审判权的国际标准与中国司法改革研究》,武汉大学 2006 年博士学位论文。

③ 张吉喜:《刑事诉讼中的公正审判权——以〈公民权利和政治权利国际公约〉为基础》,中国人民公安大学出版社 2010 年版,第 28 页。

和法律目标。①

（2）四分法。即认为公正审判权由四个部分组成。四分法又可以细分为两种观点：一是认为公正审判权由程序的一般权利、被推定为无罪的权利、被追诉者的特定权利，以及不受事后制定的法律追究的权利组成。② 二是认为公正审判权包括法院和法庭的特征、审判的公开性、被告人在其辩护过程中享有的权利以及关于公正审判权的其他规定。③

以上的几种类型是学者们根据各自对公正审判权的理解，采取一定的标准所进行的分类。当然，任何分类都具有相对性，也不存在一种放之四海而皆准的分类方式。笔者认为，分类的目的主要是便于研究，因此可以遵循着《公约》文本的实际规定来进行，本着化繁为简的原则，按照各项权利所关涉的基本原则以及其地位与内容的不同将公正审判权分为三个部分：第一部分为公正审判权的原则性规定。包括了《公约》第 14 条第 1 款、第 2 款、第 7 款以及第 15 条。具体为：法庭前平等的权利；获得公正和公开审讯的权利；被推定为无罪的权利；免受重复追究的权利和不受事后制定的法律追究的权利。这些规定中蕴含了特定的原则，其中，法庭前平等的权利和获得公正和公开审讯的权利直接充分地贯彻了平等原则；被推定为无罪的权利是无罪推定原则的具体体现；免受重复追究的权利是一罪不二审原则的落实；不受事后制定的法律追究的权利直接与"法无明文不为罪"以及"法无明文不处罚"原则相关。第二部分为公正审判权的基础性规定，也是最低限度的规定，在一定程度上也可以被认为是公正审判权的"底线"。它包括《公约》第 14 条第 3 款所规定的权利，具体由以下七项权利构成：被告知指控的权利；准备辩护的权利以及与辩护人联络的权利；不被无故拖延地受审的权利；辩护的权利；传唤和讯问证人的权利；获得译员免费援助的权利；禁止自我归罪的权利。第三部分为公正审判权的特别性规定，即《公约》第 14 条第4—6 款，具体为：少年司法的特殊保障权；上诉权；因为误审而获得赔偿的

---

① Christoph J. M. Safferling, *Toward an International Criminal Procedure* (Oxford University Press, 2001), p.30.

② Richard Clayton and Hugh Tomlinson, *Fair Trial Rights*. (Oxford University Press, 2001), p.3.

③ David Harris, "The Right to a Fair Trial in Criminal Proceedings as a Human Right," *International and Comparative Law Quarterly*, Vol.16(April 1967), pp.352 - 378.

权利。其中,少年司法的特殊保障权中的主体特殊,这一规定是对少年这一特定主体做出的特别保障;上诉权是因为救济途径的特殊,它是为裁判所准备的一套"双保险"装置,通过由上级法院来审查下级法院的裁判从制度上来最大限度地避免裁判错误,充分保护当事人的公正审判权;至于因为误审而获得赔偿的权利纳入特别性规定主要是考虑到误审这一情形的特殊性,即该情形不是常态的,而是对特殊情况发生时的一种补救措施。

四、公正审判权的性质及价值分析

(一)公正审判权的性质

公正审判权是一项非常重要的权利,其重要性与公正审判权的性质密切相关,公正审判权的基本属性可以归纳为以下两个方面:

1. 公正审判权属于基本人权

欲阐明公正审判权的基本人权性质有两个前提性问题需要作答:一是要说明公正审判权的权利性质;二是要说明公正审判权的人权属性。阐明了这两点,讨论公正审判权的基本人权属性才有坚实的基础。

第一,公正审判权属于权利范畴。要理解公正审判权为什么属于权利范畴,首先有必要弄清楚权利的内涵。权利问题是当代世界人文社会科学的基本问题,[①]在政治理论里,权利已经成了一个最受人尊重而又确实模糊不清的概念。[②] 二十世纪世界最著名的法学家罗斯柯·庞德说过:"法学之难者,莫过于权利也。"[③]康德在谈及权利的定义时也说,问一位法学家什么是权利就像问一位逻辑学家什么是真理那样会让他感到为难。"他们的回答很可能是这样,且在回答中极力避免同义语的反复,而仅仅承认这样的事实,即指出某个国家在某个时期的法律认为唯一正确的东西是什么,而不正面解答问者提出来的那个普遍性的问题。"[④]

---

① 杨春福:《权利法哲学研究导论》,南京大学出版社 2000 年版。

② 夏勇:《人权概念的起源——权利的历史哲学》,中国政法大学出版社 2001 年版,第 41 页。

③ 程燎原、王人博:《权利及其救济》,山东人民出版社 2002 年版,序 2。

④ [德]康德:《法的形而上学原理》,商务印书馆 1991 年版,第 39 页。转引自夏勇:《中国民权哲学》,生活·读书·新知三联书店 2004 年版,第 308 页。

　　"权利是现代法理学的基石范畴"[①]，古今中外学者都曾经对权利作出过不同理解。[②] 由于各种学说有着内在的、难以克服的固有缺陷，它们"忽略了权利属性的多样性以及这些属性的内在统一性，以致割裂了各种属性之间的有机联系，割裂了对象的整体性"[③]，因此，在我国有不少学者倾向于从多角度或者综合因素去理解权利的概念，如张文显教授认为，权利是规定或隐含在法律规范中，实现于法律关系中的主体以相对自由的作为或不作为的方式获得利益的一种手段。[④] 张千帆教授从抽象、具体、规范、实证等四个角度对权利进行了多方位的考察和论述。[⑤] 夏勇教授则认为，权利的本质是由多方面的属性构成的，对于一项权利的成立来讲，这些属性是一些最基本的、必不可少的要素。[⑥] 根据夏勇先生的观点，权利的五个要素（即利益、主张、资格、权能和自由）必不可少，以其中任何一个要素为原点，以其他要素

---

　　① 张文显主编：《马克思主义法理学——理论、方法和前沿》，高等教育出版社 2003 年版，第124 页。

　　② 如资格说将权利看作资格，即去行动的资格、占有的资格或者享受的资格，而不管其客体是什么。主张说则把权利定义为法律上有效的、正当的、可强制执行的主张。自由说认为权利是法律允许的自由，即一种有限制的但受到法律保护的自由。利益说则主张权利的基础是利益，它来源于利益要求、权利及法律所承认和保障的利益。法理说认为权利是法律赋予权利主体的一种用以享有或维护特定利益的力量。可能说认为权利乃法律规范的有权人作出一定行为的可能性、要求他人作出一定行为的可能性以及请求国家强制力量给予协助的可能性。规范说主张权利乃是法律所保障或允许的能够作出一定行为的尺度。选择说认为权利意味着在特定的人际关系中，法律规则承认权利主体的选择或意志优越于义务主体的选择或意志。关于西方国家和中国思想史上对权利的理解以及西方学者对权利进行解释的几种有长期影响的学说，请参见张文显：《法哲学范畴研究》，中国政法大学出版社 2001 年版，第 282—305 页。

　　③ 张文显：《法哲学范畴研究》，中国政法大学出版社 2001 年版，第 306 页。

　　④ 张文显：《法哲学范畴研究》，中国政法大学出版社 2001 年版，第 309 页。

　　⑤ 张千帆教授认为，权利在抽象意义上是指正义或使法律带上正义特征的超然道德法则；权利在具体意义上是指人所具有的自由行动之能力；权利在规范意义上是指先于国家甚至社会而存在的一种不得被剥夺之能力；权利在实证意义上是指宪法或法律所实际赋予个体在某些方面的能力受到保护的实际状态。参见张千帆：《宪法学导论：原理与应用》，法律出版社 2004 年版，第481 页。

　　⑥ 这些要素包括：1. 利益。因为任何一项权利的存在都是为了保护某种利益。2. 主张。因为一种利益如果没有人提出对它的主张或者诉求，那么不可能成为权利。3. 资格。因为提出利益主张要有所凭借，这种凭借就是资格（包括道德资格和法律资格）。4. 权能。因为一种利益、主张或者资格如果缺少权威以及权利主体实现权利所需要的相应能力的支持，这种权利也就等于不存在。5. 自由。因为权利主体如果不能按照个人意志放弃或行使某项权利，而是被强迫放弃或者主张某种利益或者要求，则所谓的权利也就不再成为权利，而是义务。参见夏勇：《人权概念的起源——权利的历史哲学》，中国政法大学出版社 2001 年版，第 46—48 页。

为内容给权利下一个定义,都不能被认为是错误的。[①]

如果用上述标准来衡量,那么公正审判权显然具备这5个要素,因而可以成为一项权利。[②]"权利使法律本身更为道德"[③],能够给人们以充分的保障。以刑事诉讼为例:(1)公正审判权存在利益要素。这是因为设置公正审判权的一个重要目的就是为了保护刑事被告人免遭错误追诉和审判。(2)公正审判权存在主张要素。例如,在刑事诉讼中,即使被告人就是真正的犯罪者,他也有权要求一个合格的、独立的、无偏倚的法庭对他进行公开的审判,而不是由法庭直接对他定罪量刑。再如,在刑事审判过程中,被告人有权要求辩护律师帮助其进行辩护。(3)公正审判权存在资格要素。人之所以能够为人,是因为人具有与生俱来的不被剥夺的人格和尊严。在刑事审判过程中,尽管被告人被指控犯罪并最终被判定有罪,但被告人也是人,他与其他人一样也有资格享有人的尊严不受损害的权利。而公正审判权的存在正是为了使被告人能够在刑事审判过程中尽量受到公正的对待,从而保护其人格和尊严不因审判而遭到贬损。(4)公正审判权存在权能要素。例如,在刑事审判过程中,被告人有权行使辩护权,而国家也有义务保障被告人对辩护权的行使。如果被告人无法行使自己的辩护权,那么法庭的审判结果就应当是无效的。再如,按照公正审判权的要求,对被告人的刑事审判必须由合格的法庭来进行,如果对被告人的审判是由非法的法庭(如控诉人与裁判者组成的法庭)进行的,那么这样的审判结果同样无效。(5)公正审判权存在自由要素。例如,按照公正审判权的要求,在刑事审判过程中,被告人既可以聘请辩护律师帮助其行使辩护权,也可以自己亲自行使辩护权,甚至可以放弃行使辩护权。再如,按照公正审判权的要求,在刑事审判过程中,被告人既可以承认自己有罪,也可以不承认自己有罪,而控诉方不能逼迫被告人承认自己有罪。

第二,公正审判权属于人权范畴。二战后,世界范围内人权运动热情普遍高涨。世界各国基于其本国的历史传统和国情现状,对人权的理解不一,重视的程度不同,但人类文明发展到今天,重视人权、维护人权已成为世界

[①]　夏勇:《人权概念起源——权利的历史哲学》,中国政法大学出版社2001年版,第42—44页。

[②]　朱立恒:《公正审判权研究——以〈公民权利和政治权利国际公约〉为基础》,中国人民公安大学出版社2007年版,第38页。

[③]　[美]德沃金:《认真对待权利》,信春鹰、吴玉章译,中国大百科全书出版社1998年版,第3—4页。

人民的共识。① 由于公正审判权被规定在《公约》当中,因此,公正审判权显而易见属于公民所享有的一项人权。但是,这里需要探讨的是,公正审判权为什么会成为一项人权,或者说《公约》为什么将公正审判权纳入人权的范畴。毕竟,人权可以说是一种权利,但是并非所有的权利都是人权。因此,对于公正审判权为什么属于人权问题,还需要从人权的基本概念谈起。

人权是指每个人都享有或应该享有的权利。② 或者说,人权是“人”按其本质应该享有的基本权利和自由,是人按其本性或本质不可割让和不可剥夺的。③ 从历史渊源上考察,人权概念起源于西方。西方人权概念及权利理论肇端于 17 世纪风起云涌的资产阶级革命大潮。④ 自从 17、18 世纪欧洲资产阶级在反对封建专制制度的斗争中将人权作为一个政治概念提出以来,人们就没有停止过对人权概念的争论。正如英国学者米尔恩指出的那样,人权概念是当今西方最引人注目的政治辞藻之一。⑤

在早期,西方学者普遍从天赋人权或者自然权利的角度去理解人权,⑥认为人权是每一个人从出生开始就应该享有的不可剥夺的自然权利,如自由、平等、生命、财产等,剥夺或放弃这些权利,就是剥夺或放弃人的做人资格,是违反人性的。⑦ 资产阶级启蒙思想家潘恩系统地提出了天赋人权的理论,他认为:“所有人生来就是平等的,并且具有平等的天赋权利。”⑧法国当

---

① 人权的内容极为广泛,1948 年 12 月 10 日联合国大会通过的《世界人权宣言》和签署于 1950 年 11 月 4 日的欧洲《保护人权和基本自由公约》(即《欧洲人权公约》)的多个议定书中所规定的人权有“生命权”“禁止酷刑”“禁止蓄奴和强迫劳动”“自由和安全的权利”“获得公正诉讼的权利”“私生活和家庭生活受尊重权”“思想良知和宗教信仰自由”“表达自由”“集会和结社自由”“婚姻权”“获得有效救济权”“禁止歧视”“受教育权”“迁徙自由”等一系列基本人权,虽然不同国家关于基本人权的规定内容不完全一致,但是都以保护人的平等、自由、尊严、安全为宗旨。

② 夏勇:《人权概念起源》,中国政法大学出版社 2001 年版,导言:我们应该怎样理解人权,第 Ⅳ 页。

③ 董云虎、刘武萍:《世界人权约法总览》,四川人民出版社 1991 年版,第 75 页。

④ 刘茂林、秦小建:《人权的共同体观念与宪法内在义务的证成——宪法如何回应社会道德困境》,载《法学》2012 年第 11 期,第 34 页。

⑤ [英] A.J.M.米尔恩:《人的权利与人的多样性——人权哲学》,夏勇、张志铭译,中国大百科全书出版社 1995 年版,第 1 页。

⑥ 牛津大学约翰·菲尼斯教授指出,“人权”就是“自然权利”的现代用语。参见[英] 约翰·菲尼斯:《自然法与自然权利》,董娇娇等译,中国政法大学出版社 2005 年版,第 160 页。

⑦ 关于早期西方学者对人权概念的理解,可参见张文显:《法哲学范畴研究》,中国政法大学出版社 2001 年版,第 284 页;夏勇:《人权概念的起源——权利的历史哲学》,中国政法大学出版社 2001 年版,第 166—167 页。

⑧ [美] 托马斯·潘恩:《潘恩选集》,马清槐译,商务印书馆 1999 年版,第 11 页。

代思想家保罗·利科认为,天赋人权的理念意味着个人优先于国家而诞生。人权作为人的且仅基于人而固有的权利,而非依赖于作为实在法渊源的某种政治共同体成员所获得的权利。①

尽管天赋人权的观念对于解放思想和资产阶级夺取政权具有重大的历史进步意义,但从 18 世纪末开始,越来越多的人怀疑自然权利学说的真理性和客观性,并把"自然权利""天赋人权"斥为"谬误"。② 尤其是在第二次世界大战以后,西方学者开始对人权有了新的认识。在《牛津法律大词典》中,英国学者戴维·M.沃克认为,人权是指"人们主张应当有或者有明文规定的权利。这些权利在法律上得到确认并受到保护,以此确保个人在人格和精神、道德以及其他方面的独立得到最全面、最自由的发展。它们被认为是人作为有理性、意志自由的动物固有的权利,而非某个实在法授予的,也不是实在法所能剥夺或消减的"③。英国学者米尔恩认为,人权是一种最低限度的道德标准概念:对于某些权利,尊重它们是普遍的最低限度的道德标准要求。④ 沈宗灵教授在总结西方人权学说的基础上,曾经把西方人权学说有关人权概念的解释归纳为 10 类。⑤ 我国学者也对人权概念做出了诸多不同

---

①　[法]保罗·利科:《论公正》,程春明译,法律出版社 2007 年版,第 9—10 页。如 1776 年的《美国独立宣言》、1789 年的《法国人权宣言》、1789 年的《美国联邦宪法》都体现了这种"天赋人权"的思想观念。《美国独立宣言》首先将"天赋人权"写进资产阶级革命的政治纲领,其也成为人类历史上第一个人权宣言。它宣称:"我们认为这些真理是不言而喻的:人人生而平等,他们都从他们的'造物主'那边被赋予了某些不可转让的权利,其中包括生命权、自由权和追求幸福的权利。"《法国人权宣言》宣称:"组成国民议会的法国人民的代表们认为,不知人权、忽视人权或轻蔑人权是公众不幸和政府腐败的唯一原因,所以决定把自然的、不可剥夺的和神圣的人权阐明于庄严的宣言之中,以便本宣言可以经常呈现在社会各个成员之前,使他们不断地想到他们的权利和义务;以便立法权的决议和行政权的决定能随时和整个政治机构的目标两相比较,从而就更加受到他们的尊重;以便公民们今后以简单而无可争辩的原则作为根据的那些要求能经常针对着宪法与全体幸福之维护。"

②　张文显:《法哲学范畴研究》,中国政法大学出版社 2001 年版,第 288—289 页。

③　[英]戴维·M.沃克:《牛津法律大词典》,李双元等译,法律出版社 2003 年版,第 538 页。

④　[英] A.J.M.米尔恩:《人的权利与人的多样性——人权哲学》,夏勇、张志铭译,中国大百科全书出版社 1995 年版,第 7 页。

⑤　例如:英国学者麦克法兰认为,人权是那些属于每个男女的道德权利,它们之所以为每个男女所有,仅仅因为他们是人。美国学者范伯格认为,人权是基于人的一切主要需要的有效的道德要求。日本学者宫泽俊义认为,基于人仅因人微言轻这一事实而被认为当然具有的权利就是人权。美国学者韦尔曼认为,人权是作为面对国家的人的一种伦理权利。美国学者温斯顿认为,人权是平等地属于所有人的那种普遍的道德权利。美国学者唐纳利认为,人权是最高级的道德权利等。参见沈宗灵:《二战后西方人权学说的演变》,载《中国社会科学》1992 年第 5 期。

的理解。①

实际上,从根本上讲,人权的哲学基础与其在法律上和现实中的实现与发展都是一个辩证的、在大多数情况下呈现革命性的过程。随着一系列国际人权公约的出现,世界各国对人权概念的理解差异也逐渐缩小。在这方面,联合国做了大量的卓有成效的工作。1977 年 12 月 16 日联合国第 32 届会议通过了第 130 号决议,统一界定了在联合国系统内今后处理有关人权问题的工作办法所应当考虑的人权概念的内容。② 另外,时任联合国教科文组织人权与和平处处长、捷克人权专家卡雷尔 • 瓦萨克(Karel Vasak)在 1979 年还创造了“人权分代”(human rights generations)的表述用于来描述这一断断续续的过程,③提出了被人们所广泛接受的“三代人权”概念。④

---

① 例如:生存条件说认为,人权是指人的生存所必需的权利,凡是与人的生存有关或能使人成为人的条件都是人权的内容。观念说认为,人权就是这样一种观念:存在某些无论被承认与否都在一切时候和场合属于全体人类的权利,人们凭其作为人就享有这些权利,而不论其在国籍、宗教、社会身份、职业等特性方面的差异。价值确认说认为,人权是指主体行为自由价值的被确定。个体说认为,人权是指与个人相关而与群体无关的权利。人性说认为,人权是指人依其本性而享有的权利。参见林喆:《公民基本人权法律制度研究》,北京大学出版社 2006 年版,第 4—6 页。

② 具体内容为:1. 一切人权和基本自由都是不可分割和互为依存的,对于公民权利和政治权利以及经济、社会和文化权利的执行、增进和保护,应当给予同等的注意和迫切的考虑。2. 若不同时享有经济、社会和文化权利,则公民的政治权利绝无实现之日。实现人权如要达成长久进展,亦有赖于健全有效的国家和国际经济以及社会发展政策。3. 个人和各国人民的一切人权和基本自由是不可剥夺的。4. 人权问题应当在全球范围内加以审议,同时要考虑到发生人权问题的各种社会的全面情况,以及关于促进人的充分尊严和社会的发展及福利的需要。5. 在联合国系统内处理人权问题时,种族隔离、一切形式的种族歧视、殖民主义、外国统治和占领、侵略和对国家主权、国家统一和领土完整的威胁,以及拒绝承认民族自决和各国对其财富及自然资源的充分主权等大规模严重侵犯人权的事情,应作为优先事项,或继续作为优先事项,来寻求解决。6. 实现新的国际经济秩序是有效增进人权和基本自由的必要因素,应当给予优先地位。7. 鼓励联合国系统在人权领域树立标准的工作,并鼓励有关国际文书得到普遍接受和执行。8. 联合国系统的所有机构在其有关人权和基本自由的工作中,应当考虑到发达国家和发展中国家两者的经验和贡献。参见联合国第 32 届会议第 130 号决议——《在联合国系统内增进人权和基本自由的切实享受的各种可供选择途径、方式和方法》。

③ [奥]曼弗雷德 • 诺瓦克:《国际人权制度导论》,柳华文译,北京大学出版社 2010 年版,第 23 页。

④ 根据卡雷尔 • 瓦萨克的观点,第一代人权是指公民权利和政治权利,包括生命权、人身自由和安全权、私有财产权、选举权与被选举权、言论自由权等。由于上述人权的实现通常要求国家的不作为来保障,因此第一代人权属于消极权利。第二代人权是指经济、社会和文化权利,如工作权、劳动条件权、社会保障权、受教育权、健康权等。由于上述权利的实现往往需要国家采取积极的措施和步骤,因此第二代人权属于积极权利。第三代人权是指集体人权,包括民族自决权、发展权、环境权、和平与安全权、享有人类共同继承的遗产权等。关于“三代人权”学说的详细分析可参见徐显明主编:《国际人权法》,法律出版社 2004 年版,第 6—7 页。

　　在理解了人权概念的基础上,根据人权的基本属性可以得出公正审判权属于人权的观点:其一,公正审判权符合人权的平等性。人权是建立在对每个人的尊严和价值的尊重的基础上,它符合所有人的利益和要求,它应当平等而无差别地适用于所有人。^① 尽管从《公约》关于公正审判权的规定来看,它的享有主体是受到刑事指控的人和在诉讼案件中其权利和义务有待被确定的人,但是由于每个人都是潜在的诉讼当事人,因此,公正审判权并不违反人权的平等属性。而且,《公约》关于公正审判权的规定一开始就郑重指出,所有的人在法庭和裁判所面前一律平等。在判定对任何人提出的任何刑事指控或确定他在一件诉讼案中的权利和义务时,人人有资格由一个依法设立的、合格的、独立的和无偏倚的法庭进行公正的和公开的审讯。其二,公正审判权符合人权的普遍性。人权的普遍性是指,任何人,只要基于他或者她是人类一员这一基本的简单事实,就应当享有人权。^② 从渊源上看,公正审判权尽管缘起于西方国家的自然正义和正当法律程序,但是《世界人权宣言》和《公约》之所以将公正审判权纳入国际人权公约之中,就是因为公正审判权本身已经超越了国家之间的界限,能够成为全人类所共同享有的一项基本权利。正因如此,如果一个国家在审判过程中侵犯了当事人的公正审判权,该国就会受到国际社会的干预。其三,公正审判权符合人权的不可剥夺性。某项权利之所以能够成为人权,一个重要原因在于该项权利是人得以在社会中生存和发展所必不可少的条件。一个人之所以能够成为人的一个重要原因就在于人能够被当作人来看待。在刑事诉讼过程中,如果不将被告人当作人来看待,而是仅仅将其作为惩罚犯罪或者维护阶级统治的工具来看,被告人就不可能享有人权,也不可能成为人。如在古代社会野蛮司法时期,被告人就不能享有这方面的人权。而公正审判权存在的基础就在于让被告人能够像其他正常人一样受到公正的对待,而不至于使其丧失人格和尊严。其四,公正审判权符合人权的不可分割性。正如联合国决议所讲述的那样,一切人权都是不可分割和互为依存的,对某一种人权的侵犯往往会影响对其他人权的尊重和享有,或者一项人权的享有离不开对其他人权的保护。例如,人的生命与自由是人权的核心组成部分,如果离开了生命与自由,人就不可能作为人而存在。但是,人的生命与自由很有可

---

① 徐显明主编:《国际人权法》,法律出版社 2004 年版,第 10 页。
② 徐显明主编:《国际人权法》,法律出版社 2004 年版,第 14 页。

能遭到其他人甚至国家权力的侵害。为了防止国家和其他人对人的生命与自由加以剥夺与侵犯,应当通过其他一些人权予以保护。而公正审判权存在的目的就是为了防止公民的生命或者自由遭到无端的剥夺或者侵害。

第三,公正审判权属于基本人权。从基本人权所具有的特征分析,[①]公正审判权是符合基本人权特征的。因为没有公正审判权也就根本谈不上保护人的尊严和价值。"皮之不存,毛将焉附",一旦公正审判权缺损或被漠视,公民的实体方面的基本人权、其他人权等一切权利均可能失去保障,同样公正审判权也有着不可转让、不可剥夺以及稳定、永久的内在属性。因此,公正审判权所具有的普遍性、不可取代性、不可剥夺性、母体性、地位重要性,决定了它是人权体系中涉及人的基本属性和终极价值的基本人权,将公正审判权作为一项人人享有的程序性基础人权列入基本人权范畴,成为基本人权体系不可分割的一部分,实属应当。正是从这个意义上,有学者将司法上的人权区分为两种:基本人权——公正审判权,新兴人权——获得司法正义权(access to justice)。[②]《公约》中关于公正审判权的内容众多,其中有 6 款是关于刑事诉讼中犯罪嫌疑人或被告人人权保护的。从这个角度说,《公约》突出了对刑事诉讼中被告权利的保护。然而,正如前面的分析,对所有个人人权保障的关注是公正审判权的最终落脚点。因此,公正审判权是一项以突出保护刑事诉讼中犯罪嫌疑人或被告人人权的方式来保障所有个人权利的基本人权。

2. 公正审判权属于程序性人权

人权是衡量程序公正性的标准之一。从学理的角度,人权可以按照一定的标准做出分类。而将权利或者人权分为实体性权利与程序性权利或者实体性人权与程序性人权,是理论界研究权利或者人权时常常采用的一种分类研究方法。当前一般认为,实体权与程序权都是人权的题中应有之意。由于"在实体法与程序法之间不可能截然地画出一条线"[③],在具体的法律文

---

① 特征主要为:1. 被看作人的本质的基本构成要素;2. 是相互依存不可分割的;3. 不可转让,不可剥夺,失去任何一项不能成为完整的人;4. 基本人权是其他人权的基础;5. 基本人权具有稳定性和永久性。参见王永福主编:《中国人权百科全书》,中国大百科全书出版社 1998 年版,第 243—244 页。

② 徐亚文、孙国东:《普遍性与特殊性:现代司法理念的法理建构》,载《武汉大学学报(哲学社会科学版)》2005 年第 3 期。

③ [英]戴维·M.沃克编:《牛津法律大词典》,邓正来等译,光明日报出版社 1988 年版,第 521 页。

件中,程序规范与实体规范交叉共处,有的法律文件本身就是实体法与程序法的合体。对于实体性权利与程序性权利的区分标准主要是二者所体现的内容不同,而不是二者的法律形式。因此,应当从权利内容角度对实体性权利与程序性权利加以区分。

一般而言,"实体性权利是指人依法享有的具有直接的实际意义的权利,它可以直接表现为一定的物质利益或精神利益,如人身自由权、财产权、政治权利、名誉权、生命权等;而程序性权利是指人作为程序主体在实现实体权利或为保障实体权利不受侵犯时所享有的权利,如立法程序中众议员的言论豁免权,行政执法程序中的听证权,司法程序中的回避权、辩解权等"①。由此可见,程序性权利实际上包含丰富的含义。② 因此,在对实体性权利与程序性权利的含义进行充分比较研究的基础上,公正审判权程序性权利的属性得以明晰,主要理由是:第一,诉讼过程是公正审判权得以大显身手的"舞台",在这一具体的场域中,充分展示了公正审判权所包含的权利的具体内容。如果没有审判程序,也就谈不上公正审判权的问题。第二,从公正审判权在诉讼中所发挥的作用看,其项下的诸多权利主要围绕着确保司法公正、增强司法权威,使诉讼当事人尤其是被告人免遭无辜的起诉、审判来运作的。公正审判权尽管有助于保障诉讼当事人在实体上免受任意的或者非法的侵害,但是它们并不是实体利益本身,而是实现和保障实体利益的一种方式或者手段。最后,就公正审判权本身而言,其所包含的诸多具体内容(例如公开审判、获得法律帮助权、辩护权、质证权、上诉权等)本质上不是在诉讼程序之前并且独立于诉讼程序而存在的实体性利益,而只是诉讼程序当中的一个环节或步骤。

从公正审判权在人权公约中加以吸纳、体现的历史背景来考察,可以看出公正审判权的一系列规定旨在提供一种最低限度的程序性保障,这也为公正审判权属于一项程序性人权提供了佐证。有资料显示,早在 1948 年至

---

① 徐亚文:《程序正义论》,山东人民出版社 2004 年版,第 310 页。

② 包括:1. 程序性权利只有在法律程序当中才有可能产生,离开一定的法律程序,如立法程序、行政程序、司法程序等,程序性权利就无从谈起。2. 程序性权利尽管可以为其权利主体带来一定的实体利益,但这是程序性权利的间接作用,程序性权利本身并不直接指向这些实体利益。3. 程序性权利具有独立的价值。它尽管对实现或者保障权利主体的实体结果具有一定的作用,但是它在实体结果之外还具有独立的过程价值。例如,权利主体对法律程序的正常进行与发展所产生的独立影响。在某些情况下,权利主体行使程序性权利甚至不是为了期待实体性的结果,而是为了使自己得到应有的尊重。

1949年，人权委员会就着手规划最低限度程序保障的详细目录，这一目录构成了1954年形成的人权委员会草案第14条的基础，同时也构成了《欧洲人权公约》第6条和《美洲人权公约》第8条中几乎相同的规定的基础。

（二）公正审判权的价值分析

所谓价值，它是"现代西方政治学理论和法学理论中经常使用的一个概念，它既被用来指称各种有价值的事物，如幸福、财富、安全、荣誉，等等，也被用来指称人们用以评价各种事物的价值标准和价值观"[①]。

从哲学的角度考察，对价值（value）的概念需要把握以下两点：其一，价值表征了关系，即作为"主体"的人与作为"客体"的外界物即自然、社会等的实践——认识关系，并对人的实践活动的动机和目的做了解释。其二，价值表征了意义，表示事物所具有的对主体有意义的、可以满足主体需要的功能和属性的概念。[②] 下面，对公正审判权的价值内涵及其实现路径做一解析。

1. 公正审判权的价值内涵

（1）公正审判权的基本价值——司法公正[③]

司法公正制度伦理的核心是制度善，制度应当符合善的伦理价值，[④]只有在实现司法公正的情况下，才有可能实现法的正义、安全、秩序等价值，人们才有可能逐渐养成法律至上的信仰，法律的权威才有可能得到人们的确认。而不公正的司法，则是对法治的否定和背叛，它不仅混淆是非，不能扬善惩恶，而且会造成人们对法律权威性的怀疑，对社会公正的失望。如果说一次犯罪是污染了水流的话，那么一次不公正的审判则是污染了整个水源。

---

① 张文显主编：《法理学》，高等教育出版社2003年版，第362页。有西方学者认为"价值是内在的主观的概念，它所提出的是道德的、伦理的、美学的和个人喜好的标准"。参见［美］普拉诺等编：《政治学分析词典》，胡杰译，中国社会科学出版社1986年版，第187页。亦有学者认为价值观是"可能对立法、政策适用和司法判决等行为产生影响的超法律因素。它们是一些观念或普遍原则，体现对事物之价值、可追求的理想性等进行的判断。在存在争议的情况下，它们可能以这种或那种方式有力地影响人们的判断。这些价值因素包括：国家安全，公民的自由，共同的或公共的利益，对财产权的坚持，法律面前的平等、公平，道德标准的维持等。另外还有一些较次要的价值，如便利、统一、实用性等。"参见［英］戴维·M.沃克编：《牛津法律大词典》，北京社会与科技发展研究所编译，光明日报出版社1988年版，第920页。

② 张文显主编：《法理学》，高等教育出版社2003年版，第360页。

③ ［日］小岛武司：《司法制度的历史与未来》，汪祖兴译，法律出版社2000年版，第35页。

④ 周帼：《司法公正的制度伦理研究——基于制度善的视域》，载《江苏警官学院学报》2012年第3期，第89页。

这句来自西方哲人的形象而生动的比喻,十分确切地道出了公正司法的重要性,含义深邃,发人深省。

一般而言,司法公正要求法官理性、中立、独立、无私地审理案件,不仅要求符合程序正义,而且要求尽可能符合实体正义。[①] 在追求实体正义的过程中,如果违反了程序正义,所追求的正义本身也可能造成实质的不正义。公正审判权的所有这些条款都是为了保证司法公正。[②] 公正审判权对程序公正的积极作用一是体现在促进控审分离、法官居中裁判、控辩平等对抗的程序架构上。[③] 按照公正审判权的要求,负责审判的主体不是与控方存在利害关系的机构,而是独立的和无偏私的法庭。这就意味着,法庭在审判过程中是站在中立的立场上行使审判权,而不是向控方倾斜,如果偏袒追诉机关,那么就与"独立的和无偏私的法庭"背道而驰。二是体现在公正审判的独立价值上。德沃金说过,权利的真正根基是人的尊严与平等。如果权利不以人的"尊严"与"平等"为目标,它就是"无聊和错误的实践"。[④] 维护人格尊严受到尊重[⑤]对公正审判权的意义是重大的。[⑥] 这种认同对最终裁判结果有着非同寻常的积极意义。

(2) 公正审判权的工具性价值——司法效率

诉讼的特点决定了诉讼必须讲求效率。回溯性强是诉讼活动的重要特征,随着时间的流逝,证据毁损灭失的可能性逐渐增大,法官查明案件事实真相的难度将也随之加大。一旦出现案件事实真伪不明,裁判结果就极易出现错误。这不仅不能及时保护当事人合法权益,而且会严重损害司法权威,削弱司法公信力。此外,如果诉讼长期拖延,那么将会给涉案的当事人产生巨大的心理压力。尤其是在刑事诉讼中,被告人受到诉讼拖延的影响更大。一方面,无论是有罪的被告人还是无罪的被告人,在审判过程中都会

---

① 龚廷泰、何晶:《司法公信力与良性司法》,载《江海学刊》2009 年第 2 期,第 134 页。

② 杨宇冠主编:《联合国人权公约机构与经典要义》,中国人民公安大学出版社 2005 年版,第 188 页。

③ 王超:《分工负责、互相配合、互相制约原则之反思——以程序正义为视角》,载《法商研究》2005 年第 2 期。

④ Ronald Dworkin, *Taking Rights Seriously* (Cambridge: Harvard University Press, 1977), p.198.

⑤ 杨春福等:《自由·权利与法治——法治化进程中公民权利保障机制研究》,法律出版社 2007 年版,第 277 页。

⑥ 陈瑞华:《程序正义的理论基础——评马修的"尊严价值理论"》,载《中国法学》2000 年第 3 期。

因为过长的诉讼时间而使自己的命运始终处于待确定状态。而这种待确定状态持续的时间越长,就越有可能给被告人的生理、心理造成伤害。另一方面,对于那些被采取羁押措施的被告人来说,他们无不从心理上盼望能够早日从羁押当中解脱出来。尤其是对于那些客观上已经被冤枉的被告人来说,迟来的正义非正义,他们更希望早日摆脱人身自由受到剥夺或者限制的不应有的痛苦。

公正审判权在提高诉讼效率方面有积极作用。主要表现在如下几个方面:一是公正审判权有助于实现实体公正。案件一旦得到了公正审理,就会减少错误成本,提高诉讼效率。二是公正审判权的贯彻落实能够提升司法裁判的认同度。司法裁判的认同度愈高,诉讼的终局性特征就表现得愈明显。而诉讼的终局性正是诉讼效率的题中应有之义。三是在公正审判权所包含的诸多权利中,受审时间不被无故拖延是一项最低限度的权利保障。无论是在初审程序还是在上诉程序中,审判都应及时进行,这对于提高诉讼效率有积极意义。四是按照公正审判权的要求,刑事诉讼应当遵循禁止双重危险原则。这也符合诉讼效率的要求:一方面,该原则能够有效发挥裁判"定纷止争"的作用,诉讼的终结性和裁判的稳定性得到强化,诉讼效率得以大幅提升;另一方面,该原则可以明显减少重复审判、重复追诉现象,适度节制国家的诉讼活动,使有限的司法资源得以优化配置。① 特别是公正的司法制度及其司法实践作为一个可明显感知的效益系统,其效益程度也就在实际上反映着公众对司法的信任程度,它是检验司法及其公信力的客观指示器。

(3) 公正审判权的目的性价值——社会和谐

按照《现代汉语词典》的解释,和谐即配合得适当和匀称。有学者认为法的和谐价值是指法律追求整个社会的和谐,化解矛盾、缓和紧张。另有学者指出,法的和谐价值是在一定条件下,能够因势利导,使人们的需要和价值追求获得协调,使对立的东西得以统一,使相反的方面得以相成。② 前者着重于法作用于外部社会结构的效果,后者关注于法价值内部的协调,虽然学者们研究的基点不同,但是他们都表达了法和谐价值的关键点——协调。在法领域内的和谐,就是指通过对主体之间权利义务的合理配置及实现来促成社会的整体在结构上的协调。

---

① 张毅:《刑事诉讼中的禁止双重危险规则论》,中国人民公安大学出版社 2004 年版,第117—129 页。

② 孙国华:《简论法的和谐价值(提纲)》,载《东方法学》2006 年第 2 期,第 7 页。

公正审判权的贯彻落实可以在以下两个方面促进社会和谐得以实现：其一，公正的裁决结果也会对那些具有违法动机的人产生震慑作用。这种导向作用将会在客观上有利于维护社会和谐稳定的秩序。其二，公正审判权能够充分发挥诉讼结果正当化以及化解当事人不满的功能。对此有学者认为，"正当程序"本身能够对结果的正当性施加重要影响。这种效果是从程序过程本身的公正性、合理性产生出来的，它与来自判决内容的"正确"或"没有错误"等实体性的理由没有必然联系。在司法裁判得到高度认同的基础上，法院的审判不但能够有效地化解人们的不满，而且有助于恢复社会的安全和秩序，从而达到社会的和谐。

（4）公正审判权的终极性价值——人权保障

人权保障也是宪法立法和宪政建设的主要内容，是衡量一国宪政进步与否的重要标尺。公民的政治权利虽然是以公民的生存权为基础发展而来，但它是生存质量的更高体现。从某种意义上讲，政治权利的拥有和实现程度，更是其他宪法权利实现的根本保障。所以，政治权利是人权内容的核心，是人权保障的标志，是一国政治民主化的"生命线"。[①] 尽管在人们的一般印象中，人权是一个极其宽泛的概念，似乎包罗万象而又不可触摸。其实在一个具体的特定的研究领域中，人权是可以有比较明确的能够为人们实实在在地去把握的内涵的。人权反映在司法领域中，表现为各种各样现实的权利。这些现实的权利可以为法官所感知、把握。如果法官在审判时保障了这些权利，那么就意味着实现了该领域内的人权。公正审判权是从程序上对当事人权利进行的切实保障，充分体现了正当程序的内涵和特质，是最完善的人权保障。

2. 公正审判权价值的实现

公正审判权价值的实现是一种复合价值的实现，而不是哪一项价值的单独实现，价值之间是相互统一、相互补充、相互促进的关系。公正审判权的价值在于它有生命力，在于它是活着的、实践着的，而陈列的、纸面的公正审判权价值即使再完美无比，也不具有任何价值。这就是说，从法学理论上讲，对公正审判权价值概念的定义，不能是抽象的、僵化刻板的，而必须是体

---

① 参见董和平：《关于中国人权保障问题的若干思考》，载《法学》2012 年第 9 期，第 91、92 页；[日] 田口守一：《刑事诉讼法（第五版）》，于秀峰等译，中国政法大学出版社 2010 年版，第 18 页。

现于具体的司法实践中的、活生生的。从司法实践上讲,深刻理解事实和价值的相互联系是确立公正审判权价值首先必须面对的问题。而在理论层面抑或现实层面上,主观见之于客观的审判实践活动都对公正审判权的价值问题做出了最好的注解。

另外,在实际生活中,只有经历应然到实然的华丽转身,公正审判权的价值才能真正得到展现,迸发出巨大能量。然而,这个转变并非一蹴而就、一帆风顺的,还要受到各种因素的掣肘。即便如此,也不能因为在实现公正审判权价值方面遇到重重困难就畏首畏尾、裹足不前,原因就在于:第一,价值体现于丰富多彩的社会实践活动中,已经经过实践但尚未凸显的公正审判权价值也是具有一定价值的。第二,在享有权利和自由的同时,公正审判权价值主体对国家和社会也负有相应的责任和义务。公正审判权价值的实现既是诉讼参加者的目的,也是国家的目的,其充分的实现与国家的努力、诉讼参加者的自身能力、社会公众的整体素质以及社会法治环境等因素密切相关。

从一定意义上讲,公正审判权价值的社会作用及意义仅是公正审判权价值的外在体现,而不是公正审判权价值的内在目的。公正审判权价值意识是权利主体的主观映象,它不存在一个固定不变的点,而只存在于过程之中。公正审判权价值本身也必定以过程而存在,以过程而实现。这就为我们认识公正审判权价值的确立与实现提供了新的视角,同时也决定了公正审判权价值的确立与实现并不是绝对统一的。

总之,公正审判权价值的客观存在决定了公正审判权价值的理论构成,公正审判权价值实践活动的进步与发展,造就、更新着公正审判权价值的理论体系,公正审判权价值理论指导着公正审判权的实践活动,公正审判权的实践活动决定着公正审判权价值的最终实现。

五、公正审判权的保留与解释

保留与解释是公正审判权运用所面临的两个重要问题。其中,保留关注的是公正审判权在特定条件下能不能用的问题,而解释则是解决公正审判权在实际审判工作中如何用的问题。

（一）公正审判权的保留

根据《维也纳条约法公约》的相关规定,保留是指"一国于签署、批准、接受、赞同或加入条约时所作之片面声明,不论措辞或名称如何,其目的在于摒除或更改条约中若干规定对该国适用时的法律效果"①。显而易见,一旦某个缔约国提出了合法的保留意见,从立法的实施阶段起即排除公约的相关条款在其国内实施,国际人权法规定的某些义务就有可能在该国得到免除。理解保留含义的关键在于把握"摒除"(exclude)和"更改"(modify)的含义。所谓"摒除",是指排除保留国本来应承担的某些条约义务。所谓"更改",是指改变某一条约义务的内容。这种更改分为量的更改和质的更改两类。量的更改的常见形式是,通过限制某一条约义务的范围,使该条约义务只适用于条约规定情形的一部分,从而改变条约义务的内容。质的更改与上述不同,它既不像"摒除"那样完全排除某一条约义务,也不像量的更改那样限制适用条约义务,而是将原来规定适用条约义务的情形以完全不同的情形来代替。②

根据联合国人权事务委员会第 24 号一般性意见的解释,对公正审判权的某些具体规定提出保留意见,必须具备以下两个条件:一是要对保留意见进行审查。审查工作由人权事务委员会进行,以便确定某项保留意见是否符合《公约》的目的和宗旨。二是保留意见必须透明具体。

相较于一般的国际公约,人权公约自身具有一定的特点,因此,保留的范围不宜过宽,1993 年《维也纳宣言和行动纲领》指出,"尽可能精确和小幅度地拟定保留,确保保留与有关条约的目的和宗旨相一致"。根据人权事务委员会的一般性意见,"那些违反强制性规范(peremptory norms)的保留意见是不符合《公约》的目的和目标的"③。除此之外,人权事务委员会还强调:

---

① 见 1969 年《维也纳条约法公约》第 2 条第 1 项第 4 款的规定。

② 万鄂湘、石磊、杨成铭、邓洪武:《国际条约法》,武汉大学出版社 1998 年版,第 128—131 页。

③ 强制性规范是指那些为保护国际社会公共利益或维持各国承认的公共道德标准所必需的法律规则。据此,人权事务委员会指出,缔约国不得保留有权实施奴隶制,有权实施酷刑和其他残忍、不人道和有辱人格的待遇或者刑罚,有权任意剥夺生命、任意逮捕或者拘禁,有权剥夺思想、良知和宗教自由,有权推定一个人有罪,有权对孕妇和未成年人执行死刑,有权允许为国家的、种族的或宗教的仇恨辩护,有权剥夺已达婚龄男女的结婚权,有权剥夺少数民族享有自己的文化、信仰自己的宗教或使用自己语言的权利。从这里,我们可以明确看出,人权事务委员会已经将被推定为无罪的权利作为强制性规范的内容,不允许缔约国提出保留。

"虽然对于第14条的某些条文的保留意见可以令人接受,但是,对于公平审判权的一般保留意见则不是如此。"由此可见,成员国不能笼统地对公正审判权提出保留意见,而只能对《公约》第14条规定的某些具体权利提出保留意见。

此外,针对国际人权公约的保留问题,《公约》提出了一个相对特殊的保留原则,即通称的"克减条款"。克减(derogation)原意是指减免或者停止履行法律上的义务。[①] 就人权公约而言,克减是指在特殊局势下(包括出现公共紧急状态、国家危难和战争等情形),允许国家暂停或中止履行其承担的与某项人权有关的国际义务,从而使这些不履行人权公约义务的行为不构成对公约的违反。尽管从形式上看,克减是国家暂停实施其承担的国际人权义务,结果也通常表现为限制人权的行使以及减少或取消人权保障,然而,透过现象看本质,克减的只能是国家就某些人权所承担的国际义务,而人权本身是不得被暂停、中止或克减的。[②]

人权公约中规定的"人权行使的一般限制"和"克减"有明显的区别。主要表现在:一是适用条件有别。一般限制是在通常条件下对权利行使的一种要求,具有长期性、普遍性的特征;而克减则是在特殊情形下减轻或者免除国家义务,具有例外性、临时性的特点。二是适用目的不同。一般限制是在平时基于权利并非绝对的特点而对个人权利提出的规范,旨在防止个人权利的滥用;克减则是虑及国家在困难、危急时的特殊需要而暂时减轻国家保障个人权利的义务。三是程序性要求差异。一般限制不需要缔约国履行通知等程序性义务;而克减需要履行严格的国际通知义务,具有严格的国际法上的程序要求。[③] 可见,一般限制和克减在广义上是有密切联系的,从本质上看,克减是国家对人权的行使所施加的特别限制,是对人权行使的一般限制的补充。克减和一般限制一样,从深层次看均体现出个人权利和正常情形下的社会需要之间寻求平衡的要求。

(二) 公正审判权的解释

通常认为,条约是至少两个国际法主体意在原则上按照国际法产生、改

---

① Bryan A. Garner, *Black's Law Dictionary* (West Group, 2001), p.199.
② 徐显明主编:《国际人权法》,法律出版社2004年版,第192页。
③ 朱晓青、柳华文:《〈公民权利和政治权利国际公约〉及其实施机制》,中国社会科学出版社2003年版,第31页。

变或废止相互间权利义务的意思表示的一致。① 它是通过谈判获得妥协以调解分歧的产物。就多边条约而言,谈判国的数目越多,满足各方相互冲突的利益的需求、灵活起草条约的需要就越大,因此不可避免地产生了许多原则性、概括性的用词。《公民权利和政治权利公约》《欧洲人权公约》和《美洲人权公约》中的公正审判权就是以一种原则性、概括性的方式加以规定的。为了将公正审判权适用于具体的案件,对其进行解释是非常必要的。

1. 条约解释和分类

条约解释,是一个古老而容易引发学术争论的问题。② 所谓条约解释(interpretation of treaty),是指对一个条约具体规定的确切意义进行明白的剖析。③ 总的来说,在国际法中条约解释具有内外两种不同功能:"在内部层面上,条约解释能够澄清约文本身的含义,避免相关争议的产生;在外部层面上,在澄清约文含义的同时,条约解释还有助于解决本条约与其他条约之间的冲突。"④

根据解释主体的不同,条约解释可以分为两种:学理解释(doctrinal interpretation)和官方解释(official interpretation)。学理解释是国际法学者在其论著中所论述的关于条约解释的理论和原则;而官方解释则是条约当事国或其授权的国际机构所做出的对条约的解释。按照解释的效力,条约的解释可以分为有权解释(authentic interpretation)和非有权解释(non-authentic interpretation)两种。有权解释这个概念是从罗马法中"谁制定的法律谁就有权解释"(ejus est interpretari ejus est condere)这个原则承袭来的,因此,必须经条约当事国全体同意的解释和当事国一致授权的国际机构的解释才是有权解释。这样理解,不仅凡学理解释都是非有权解释,而且官方解释如果只是条约当事国一方的解释也不是有权解释。⑤ 由此看来,就

---

① 李浩培:《条约法概论》,法律出版社 1988 年版,第 1 页。1969 年《维也纳条约法公约》在说明用语的第二条中把"条约"(treaty)一词说明为"国家间所缔结并受国际法支配的国际书面协定,不论其特定的名称是什么"。这个规定只是意在说明该公约所使用的"条约"这个名词所具有的意义,而不能认为是条约的定义。

② Ian Sinclair, *The Vienna Convention on the Law of Treaties* (Manchester University Press, 1984), p.114.

③ 李浩培:《条约法概论》,法律出版社 2003 年版,第 334 页。

④ 廖诗评:《条约解释方法在解决条约冲突中的运用》,载《外交评论》2008 年第 5 期,第 103 页。

⑤ 李浩培:《条约法概论》,法律出版社 1988 年版,第 405 页。

《公约》而言,有权解释的情形只有两种:《公约》全体缔约国一致同意的解释和联合国人权事务委员会的解释。

2. 条约解释规则的学说

条约解释方法概括起来可以归入三类:意图说(Intentional Approach),原文说(Textual Approach)和目的说(Teleological Approach)。①

意图说(也被称作主观学派)是"一些国际法庭经常使用的方法"②。劳特派特(Hersch Lauterpacht)为该学说的典型代表,他认为,尽管条约表面清晰明了,然而在对条约意义产生争议的情况下,借助该条约的准备资料来详加探求缔约各方的真实意思是一个可以接受而且正当的方法。原文说(也被称作约文学派、客观学派)强调条约解释的唯一基础就在于条约文本本身。与意图说不同,该学派在对条约进行解释的时候很少利用条约的准备资料。代表人物是贝克特、表克奈尔,他们认为,利用准备资料会将不确定性因素带入国际关系中,从而松弛条约的拘束力。目的说(也被称作目的与宗旨学派)的历史与以上诸学说相比要短一些,其强调在对条约进行解释的时候,应特别注意务必使条约的目的与宗旨得以实现。《哈佛条约法公约草案》第19条第1款对这种解释方法做了较为明确的阐述。③ 一般认为,就适用条约的类型而言,宪法性条约与造法性条约特别适用于这一解释理论。尽管这三种解释方法各有千秋,但是相互之间也并不排斥,存在着一些共通之处。

3.《维也纳条约法公约》解释规则

《维也纳条约法公约》是现代国际法当中最为重要的多边条约之一,其主要内容是联合国国际法委员会拟定的关于条约问题的国际法一般规则,因而也被冠以"关于条约的条约"之美誉。④《维也纳条约法公约》所确定的

---

① 宋杰:《对〈维也纳条约法公约〉关于条约解释规则的再认识》,载《孝感学院学报》2007年第1期,第76页;张吉喜:《公正审判权的解释理论初探》,载《甘肃政法学院学报》2009年第7期,第79页。

② 李浩培:《条约法概论》,法律出版社2003年版,第341页。

③ 该条款规定:"对于一个条约的解释应按照该条约意在达成的一般目的。该条约的历史背景、准备资料、该条约缔结时缔约各方的情况、企图对这些情况作出的改变、缔约各方在缔约以后适用该条约规定中的行动,以及解释条约时所流行的情况都应联系该条约意在达成的一般目的来考虑。"参见李浩培:《条约法概论》,法律出版社2003年版,第346页。

④ 《维也纳条约法公约》是当今世界规范国家与国家之间条约行为、调整国家与国家之间条约关系的最为重要的法律文件。由于《维也纳条约法公约》规定了国际条约的解释规则而且被国际社会认同为"解释国际公法的习惯规则",因此,它是我们研究国际条约解释规则最为重要的资料。

条约解释一般规则,对主观学派、客观学派和目的学派所持的条约解释方法进行了调和并加以折中,吸收了三种学派中合理的因素,从而构建了相对合理的条约解释规则。《维也纳条约法公约》中有三个条文专门规定了条约解释规则。[①] 上述三种关于条约解释规则的学说在《维也纳条约法公约》中都有明显的体现。

《维也纳条约法公约》中所规定的有关解释规则的三个条文是:

第三十一条　解释之通则

一、条约应依其用语按其上下文并参照条约之目的及宗旨所具有之通常意义,善意解释之。

二、就解释条约而言,上下文除指连同前言及附件在内之约文外,并应包括:

(甲)全体当事国间因缔结条约所订与条约有关之任何协定;

(乙)一个以上当事国因缔结条约所订并经其他当事国接受为条约有关文书之任何文书。

三、应与上下文一并考虑者尚有:

(甲)当事国嗣后所订关于条约之解释或其规定之适用之任何协定;

(乙)嗣后在条约适用方面确定各当事国对条约解释之协定之任何惯例;

(丙)适用于当事国间关系之任何有关国际法规则。

四、倘经确定当事国有此原意,条约用语应使其具有特殊意义。

第三十二条　解释之补充资料

为证实由适用第三十一条所得之意义起见,或遇依第三十一条作解释而:

(甲)意义仍属不明或难解;或

(乙)所获结果显属荒谬或不合理时,为确定其意义起见,得使用解释之补充资料,包括条约之准备工作及缔约之情况在内。

第三十三条　以两种以上文字认证之条约之解释

一、条约约文经以两种以上文字认证作准者,除依条约之规定或当事国之协议遇意义分歧时应以某种约文为根据外,每种文字之约文应同一作准。

---

① 　其中第 31 条是关于"解释通则"的规定,包括四个条款;第 32 条是关于"解释的补充资料"的规定,只有一个条款;第 33 条是关于"以两种以上文字认证的条约的解释",也包括四个条款。一般认为,对于这三个条文的规定,第 31 条具有绝对的优先性,正因为如此,该条每款所使用的措辞都是"应该"(shall),而第 32 条所使用的则是"可以"(may)。

二、以认证作准文字以外之他种文字作成之条约译本,仅于条约有此规定或当事国有此协议时,始得视为作准约文。

三、条约用语推定在各作准约文内意义相同。

四、除依第一项应以某种约文为根据之情形外,倘比较作准约文后发现意义有差别而非适用第三十一条及第三十二条所能消除时,应采用顾及条约目的及宗旨之最能调和各约文之意义。

一般认为,根据国际法委员会的解释性注释,对第 31 条第 1 款的理解反映的是文本主义[①],换言之,文本是解释的基础。然而,值得强调的是,本条不仅反映了文本说的观点,该条实际上也是建立在意图说的基础之上,国外有学者是这样认识的。[②] 另外,其中也蕴含了目的与宗旨说。因此,更为全面、准确的结论恐怕是,它并没有对某一学说刻意排斥,而是建立在三种学说混合的基础之上,相关的研究也表明了这一点。[③]

第 32 条是关于解释的补充资料的规定。该条相对于上述第 31 条适用的强制性,仅仅处于适用上的补充地位。第 33 条是关于"以两种以上文字认证的条约的解释"。对于这一问题,公约的基本立场就是,在一般情况下,它不给予任何一种文本以优先地位,除非条约本身做出了规定。然而,在条约文本草拟过程中,由于工作人员知识背景等差异所带来的诸多问题,文本之间不可避免地产生冲突,有时甚至很严重,针对此种情形,第 33 条强调应该充分结合条约的目的和宗旨来做出恰当选择。

4. 公正审判权的解释

由于《维也纳条约法公约》中关于条约法解释规则的有关规定是国际社会长期接受的条约解释习惯法,因而被国际司法和仲裁机构所广泛地加以采用,[④]委员会在艾伯塔联盟诉加拿大案(*Alberta Union v. Canada*)中也明确地表示,《公约》的解释应遵循《维也纳条约法公约》中所规定的一

---

① 李浩培:《条约法概论》,法律出版社 2003 年版,第 351 页。

② See Maarten Bos, "Theory and Practice of Treaty Interpretation," *Netherland International Law Review*, 1980(XXVII), p.145.

③ See Constance Jean Schwindt, "Interpreting the United Nationa Charter from Treaty to Wod Constitution," *Davis Journal of International Law&Policy*, 2000(Spring), p.2.

④ 联合国人权事务委员会在解释《公约》,欧洲人权委员会、欧洲人权法院在解释《欧洲人权公约》时,也以《维也纳条约法公约》的规定为准。

般解释原则,①因此对公正审判权的解释也需要遵循《维也纳条约法公约》中所确定的解释规则。对公正审判权的解释重点要把握以下两个方面:

(1) 关于第 31 条在公正审判权解释中的运用。一是参照公约的上下文解释公正审判权。在实践中,借助上下文可以使得一部条约作为一个整体被理解,并且经常能够在条约前言所确立的各项目标中获得对解释的帮助。在解释公正审判权时用作参考的上下文可以有相当大的变化。在某些案件中,上下文仅仅由同一条的各款项组成;而在其他一些案件中,则包括前言和各项议定书在内的整个公约。人权事务委员会对《公约》第 14 条第 3款第 1 项适用范围的解释便是使用了这种解释方法。在保罗·凯利诉牙买加案(*Paul Kelly v. Jamaica*)中,人权事务委员会指出,第 14 条第 3 款第1 项中规定的告知要求只有在正式起诉作出后才适用,因为《公约》第 9 条第 2 款已经单独规定了告知逮捕的原因和提出的指控。虽然该条不适用于侦查阶段受到预防性羁押的犯罪嫌疑人,但是这些犯罪嫌疑人仍然受第 9条第 2 款的保护。二是参照公约的目的和宗旨解释公正审判权。例如,《公约》规定审判的程序应当公开,人权事务委员会在对审判公开的权利进行解释时,充分考虑到了公约的目的和宗旨,要求缔约国应当切实担负起为公众出席法庭审判提供信息和方便的义务。在范·梅尔斯诉荷兰案(*Van Meurs v. the Netherlands*)中,人权事务委员会强调,公开审判是一项缔约国应当承担的义务,该义务不取决于当事方的任何请求。② 又如,《公约》第 14 条第3 款第 3 项规定了"受审时间不被无故拖延"。尽管从字面上看该规定只适用于审判之前,但是人权事务委员会考虑到公约的目的和宗旨,强调该权利不仅适用于对被告提起指控与审判开始之前的时间,而且还适用于终审判决之前的时间。三是对公正审判权进行善意解释。该原则源于"条约必须遵守"这一国际法上的基本原则,③要求条约解释应该采取诚实信用立场,严

---

① ［奥］曼弗雷德·诺瓦克:《〈公民权利和政治权利国际公约〉评注》(修订第二版),孙世彦、毕小青译,生活·读书·新知三联书店 2008 年版,第 8 页。

② 对于缔约国来说,公开审判包括了如下义务:法庭必须使公众可以获得有关开庭的时间和地点的信息,并在合理的限度内,为感兴趣的公众出席法庭审判提供充分的便利。至于何为合理的限度,需要考虑若干因素,如公众对该案的潜在兴趣和审判的持续时间等。

③ 解释原则也叫解释格言。对于解释原则,正如沃尔多克所指出的:"它们在很大程度上仅仅体现逻辑规则与善意,仅能帮助人们探寻体现在文本中的意图。它们的适用是非自动的,而是解释者认为就案子的具体情况而言适用它们是适宜的。"在实践中,由于它们对解释者具体解释的指引与制约作用,其实际价值我们仍然不能忽略。See Waldock Third, "Report on the Law of Treaties," *Yearbook of the International Law Commission*, 1964(New York, 1965).

守条约约文的规定,不得任意进行曲解。①公正审判权的解释同样要做到这一点。从这个意义上讲,解释的起点是"善意",也应该回归到解释的终点上。

(2) 关于第 32 条在公正审判权解释中的运用。人权事务委员会对《公约》第 14 条第 5 款的解释是较为典型的例子。《公约》第 14 条第 5 款规定:"凡被判定有罪者,应有权由一个较高级法庭对其定罪及刑罚依法进行复审。"在解释该规定时,人权事务委员会认为,正如不同语言的作准文本所表明的那样,这一保障措施并不仅限于最严重的犯罪。《公约》第 14 条第 5 款的准备材料证实了这一解释:最初以色列在提出的草案中建议将轻微罪行作为上诉权的例外情况,但是其后由于锡兰的建议,这一例外被取消。②

上述研究初步表明,从解释规则的运用来看,这其实是一个司法认知的过程。以文本作为基点,解释者可在不违背这些条款的文字或其精神的情况下,通过利用这些解释规则得出不同的结论。③ 从这一角度而言,它确实反映了国际法中变动不居而又稳妥有序的生动实践。

---

① 关于条约的善意解释问题,真提利斯提到了一个很有名的例子:古罗马皇帝瓦勒里安向其敌国安提阿允诺,将归还其俘获的半数船舶,事后瓦勒里安却将每一艘船剖成两半,将每艘船的一半归还。这种故意歪曲的解释显然不符合善意解释的原则。参见万鄂湘等:《国际条约法》,武汉大学出版社 1998 年版,第 205 页。

② [奥]曼弗雷德·诺瓦克:《民权公约评注:联合国〈公民权利和政治权利国际公约〉》,毕小青、孙世彦主译,生活·读书·新知三联书店,2003 年版,第 263 页。

③ See Maarten Bos, "Theory and Practice of Treaty Interpretation," *Netherland International Law Review*,1980(ⅩⅩⅥ), p.36.

第二章　公正审判权的原则性内容

公正审判权的原则性内容包括《公约》第 14 条第 1 款、第 2 款、第 7 款以及第 15 条的规定。具体为：法庭前平等的权利、获得公正和公开审讯的权利、被推定为无罪的权利、免受重复追究的权利和不受事后制定的法律追究的权利。

一、法庭前平等的权利

公正审判权的重要权利之一——法庭前平等的权利来自对《公约》第 14 条第 1 款第 1 句规定"所有的人在法庭和裁判所前一律平等"的高度浓缩，该权利与《公约》第 26 条是一脉相承的关系，是对平等的一般权利的明晰化、具体化。法庭之前平等的权利并不见于其他任何的一般性人权条约。当然，尽管没有明确规定，但是该权利隐含于平等保护的一般原则之中。而在一些旨在消除针对某些人群歧视的专门性条约中，例如《消除一切形式种族歧视国际公约》，则明确地强调了不分种族、肤色、民族出身、家庭出身或性别，在法庭之前人人平等的权利。

《公约》第 14 条第 1 款的第 1 句对平等原则的强调归功于苏联的创议。该创议得到了其他的社会主义国家和第三世界国家的支持，却遭到西方国家的反对。反对的理由主要是该项权利已经被《公约》第 26 条（法律面前平等的一般权利）和第 16 条（从在任何地方有权被承认在法律前的人格）所涵盖，再做规定实属多余。而支持者们着重指出，所有人为的区分，特别是基于种族和财富的区分，均应被禁止。联合国大会第三委员会的讨论清楚地表明，大多数代表认为法庭前的平等是"法治"的一项十分重要的、根本性的原则。该原则通过"人人有权由一个依法设立的合格的、独立的和无偏倚的法庭进行公正的和公开的审讯"的特别规定，以及任何被指控犯有刑事罪行的人都有权根据《公约》第 14 条第 3 款"完全平等"地享有最低限度之保障，而得到更完善、全面的实施。从某种意义上讲,法庭前平等的权利是指司法机关对法律的具体适用,其含义已经超出了法律前平等的权利。

法庭前平等的权利主要包括五个方面的内容:人人皆有平等地在法庭或裁判所进行诉讼的权利;人人皆有实际利用法庭或裁判所的权利;人人在法庭或裁判所前的诉讼地位、诉讼权利义务平等;人人在法庭或裁判所前都不应享有特权;禁止对不同的人群建立不同的法院。

(一) 人人皆有平等地在法庭或裁判所进行诉讼的权利

这种权利是一种内在的接触法院的权利,这种权利非常重要。"在民事事项上,假如不存在一种接触法院的可能性,那么人们几乎不能够看到法治……通过某项原则,一项民事要求必须能够被提交给一位法官;这一原则位居受普遍承认的基本法律原则之一;对于禁止拒斥公正的国际法原则而言,也是如此。"[1]能够较为形象地说明解释此项权利的代表性案例是阿托·德尔·阿维拉纳尔诉秘鲁案(*Ato del Avellanal v. Peru*)。[2] 在该案中,作为已婚妇女的 Ato del Avellanal 由于租金问题向法院起诉租住其房屋的承租人,一审法院对案件进行审理后支持了 Ato del Avellanal 的诉请。但是该结果却被上诉法院推翻,主要的理由是《秘鲁民法典》第 168 条规定只有丈夫拥有在法庭前代表家庭婚姻财产的权利。上诉法院的裁判被最高法院维持。Ato del Avellanal 随后又申请特别保护(amparo),被法院裁定不予受理。联合国人权事务委员会认定该案存在着性别歧视的情形和对法庭前平等权利的违反。

(二) 人人皆有实际利用法庭或裁判所的权利

该项权利实际上是要求缔约国不得对希望启用法庭程序的人设置障碍,以使每个人事实上都可以将民事纠纷诉诸法院解决。在巴哈蒙德诉赤道几内亚案(*Oló Bahamonde v. Equatorial Guinea*)中,Bahamonde 陈述说,他遭遇了非法没收、财产征用以及专横的逮捕等一系列不公正的待遇,在寻求救济的过程中,由于总统对各个级别的司法机关全面掌控,他为此所做的争取赤道几内亚司法补救的多次努力均付之东流。人权事务委员会评

---

① [英] 克莱尔·奥维、罗宾·怀特:《欧洲人权法:原则与判例》(第 3 版),何志鹏、孙璐译,北京大学出版社 2006 年版,第 208 页。

② Communication No.202/1986, *Ato del Avellanal v. Peru.*

论说，"在法院和法庭前平等的观念蕴含着诉诸法庭的含义，对个人利用有权的司法机关解决其纠纷的努力加以蓄意妨碍的情况，有悖于《公约》第14条第1款规定的保障"①。

另外，该权利还与法律援助的提供与否以及诉讼费用的承担能力有很大关联。在1994年的库瑞诉牙买加案（*Currie v. Jamaica*）中，申诉人Currie认为其被判处死刑的审判是不公正的，理由是他为寻求宪法性补救措施所需的高昂的诉讼费用远远超过了实际承受能力，而国家也没有为他提起宪法动议提供法律援助，这就阻碍了他有效地诉诸宪法法院。人权事务委员会支持了申诉人的观点，认为，"在本案中，因缺乏法律援助，提交人丧失了在宪法法院的公正听审中审查对他的刑事审判是否符合规定的机会，因此牙买加违反了《公约》第14条第1款连同第2条第3款"②。在林登诉澳大利亚案（*Lindon v. Australia*）中，人权事务委员会认为，"如果缔约国的行政机关、检察机关或司法机关加于个人的费用负担在事实上阻碍了他们诉诸法庭的权利的行使，就可能产生第14条第1款下的问题"③。

类似的意见也体现在阿雷拉和纳卡拉雅维诉芬兰案（*Äärelä and Näkkäläjärvi v. Finland*）中，在该案中，国家森林和公园局授权一公司在一国有土地上进行伐木和修建公路，两名申诉人即萨米出身的饲养驯鹿者针对这一授权提起了公益诉讼，旨在维护作为少数民族享有自己文化的权利（根据《公约》第27条）。尽管初审法院支持了申诉人的部分诉讼请求，但是却被上诉法院改判，允许公司在有争议的土地上伐木，并根据严格法定义务，判决申诉人缴纳75000芬兰马克的诉讼费用。申诉人认为，在缺乏国家法律援助的情形下，让捉襟见肘的当事人承担高昂的诉讼费用"实际上妨碍了其他萨米人为维护其文化和生活方式而援引《公约》的权利"。基于本案情况特殊，人权事务委员会指出，"上诉法院作出的有关高额诉讼费用的判决，没有审慎考虑该判决对特定提交人的意义，或是对其他相似处境的申诉人诉诸法庭的影响，因此构成了对提交人根据《公约》第14条第1款连同第2条享有的权利的侵犯"④。

---

① Communication No.468/1991, *Oló Bahamonde v. Equatorial Guinea*, para.9.4.

② Communication No.377/1989, *Currie v. Jamaica*, para.3.3,12.2,13.3,13.4.

③ Communication No.646/1995, *Lindon v. Australia*, para.6.4.

④ Communication No.779/1997, *Äärelä and Näkkäläjärvi v. Finland*, para.2.4,3.2,7.2.

（三）人人在法庭或裁判所前的诉讼地位、诉讼权利义务平等

在诉讼中，双方的诉讼地位应该完全平等，拥有平等的武装，而法庭也要以平等的方式对待诉讼双方，要严格遵守"等臂原则"。在罗宾森诉牙买加案（*Robinson v. Jamaica*）[①]中，在开庭的当天，被告人的两位辩护律师都缺席，次日该二人都要求退出此案，被告人为了能够重新委托辩护人提出延期审理的请求，却被法庭拒绝。与此形成鲜明对照的是，在申诉人提出该请求之前，由于公诉方没有找到关键证人的住址而无法传唤这位证人，为此法庭已经 7 次延期。人权事务委员会认为，这种拒绝行为违反了《公约》第 14条第 1 款，等臂原则没有得到体现。

在菲诉哥伦比亚案（*Fei v. Columbia*）[②]中，一位西班牙妇女菲提出申诉，几个孩子被他们的父亲诱拐出走已经三年，而这几个孩子本应由她来监护。她的申诉牵涉到诉讼双方的待遇是否平等以及在程序上是否迟延的问题。人权事务委员会认为，该监护纠纷持续了 11 年之久，从应当迅速进行司法救济的原则来看，显然违背了该项原则。此外，人权事务委员会认为，对其丈夫的诉求，审判却要迅速许多，这就构成了对等臂原则和无迟延原则的违反。

（四）人人在法庭或裁判所前都不应享有特权

"所有的人在法庭和裁判所面前一律平等"客观上要求人人都有平等的被诉的可能性。而歧视和形形色色的特权对这种平等构成了阻碍，会不断地侵蚀平等的根基，从而将不可避免地导致平等这座宏伟巨碑的轰然坍塌。因此，必须禁止一切歧视，排斥一切特权，在法庭和裁判所面前不能出现某些人拥有诸多特权而将另一些人置于非常卑微、低人一等的位置的情形，防止戴"有色眼镜"来将不同人群以特权为标准进行区别。在这一点上，人权事务委员会关于赞比亚的结论性意见中明确指出，《赞比亚宪法》中所规定的禁止个人对总统的任何个人行为通过法院要求民事补救（第 43 条），是和《公约》第 14 条的精神相违背的。委员会对这项规定建议赞比亚作出符合《公约》精神的修改。

---

① Communication No.223/1987，*Robinson v. Jamaica.*

② Communication No.514/1992，*Fei v. Columbia.*

这里有一个值得研究的问题是,对于有资格的豁免(例如对总统、议员的职务行为的豁免)是否违背第 14 条第 1 款的规定,还是有不同的意见的。

(五) 禁止对不同的人群建立不同的法院

法庭前平等的权利应该与《公约》第 2 条第 1 款规定的"对歧视的一般禁止"联系在一起进行理解与领会。这就意味着所有的人都必须被赋予一项平等地诉诸法庭的权利,而不论种族、宗教、性别、财产等区别。[1] 从这个意义上讲,若对第 2 条第 1 款所列举的不同人群建立不同的法院,就从根本上违反了第 14 条的规定。人权事务委员会在是否允许军事法院、反恐法院和其他特别刑事法院这个问题上适用了相当严格的标准:

一是关于军事法庭。从世界范围来看,当今大多数国家设立军事法庭来审理涉及军人的案件,由于第 2 条第 1 款对平民与军人的区分并没有明确地反映出不赞成的态度,因此,只要军事法庭的审理程序遵循《公约》第 14 条的其他保障,其就有合理存在的理由。比较棘手的问题是,针对平民的指控能否由军事法庭处理,比如大量针对乌拉圭的来文中就涉及这一难题。人权事务委员会在归纳与该类情况有关的一般性意见时指出,只有在满足真正给予了公正审判的全面保障的条件下才是正当的。因此在众多类似案件中,委员会认定其违背了第 14 条的规定。然而,委员会也并不认同军事法庭不能裁决与平民有关事项的观点,前提是这类案件是一般的平民法庭无法审判的特殊类型的平民犯罪案件并且缔约国能够表明借助军事法庭的审判是必要的和正当合理的。[2]

二是关于特别法庭。例如,《爱尔兰宪法》第 38 条第 3 款规定依法设立特别法院,审理那些依照法律判定由普通法院审理"不足以保证有效的司法工作和维持公共和平与秩序"的罪行。根据《危害国家罪法》,爱尔兰在 1972 年成立了特别刑事法院,对司法部部长"认为不适合"由普通法院审理的、被指控犯有某些特别危险性罪行的人行使管辖权。在卡瓦纳诉爱尔兰案(*Kavanagh v. Ireland*)中,人权事务委员会认为,"案件由普通法院之外的其他法院审理本身并不必然是对公正审判权利的违反",然而,特别组成

---

[1] 《公约》第 2 条第 1 款规定:"本公约每一缔约国承担尊重和保证在其领土内和受其管辖的一切个人享有本公约所承认的权利,不分种族、肤色、性别、语言、宗教、政治或其他见解、国籍或社会出身、财产、出生或其他身份等任何区别。"

[2] Communication No.1172/2003,*Madani v.Algeria*,para.8.7.

的法院进行的任何审判,如果依据国内法剥夺了被告的某些程序性权利,比如由陪审团审理的权利,这种审判就会引起法律前平等的问题,尤其是法庭前平等的问题。考虑到首席检察官具有的、使申诉人受到特别刑事法院的管辖——对此没有任何有效的司法审查——的不受限制的自由裁量权力,人权事务委员会认定爱尔兰违反了第 26 条规定的法律前平等的权利和受法律平等保护的权利。不过,委员会认为它"没有必要"再审查第 14 条第 1 款规定的法庭前平等的权利是否被违反。①

在"图帕克·阿马鲁革命运动"前领导人鲍雷·坎泊斯诉秘鲁案(*Polay Campos v. Peru*)这一著名的案件中,一个根据专门的反恐怖主义立法设立的"由蒙面法官组成的法庭"对此案进行了审判,人权事务委员会必须认定该审判是否构成了对第 14 条的违反。1993 年 4 月,鲍雷·坎泊斯先生在靠近普诺(Puno)的偏僻的亚纳马约(Yanamayo)监狱接受了法庭的审判,该法庭的法官被许可蒙面以保证其匿名性,以防止法官成为恐怖主义团体活跃分子的袭击目标。鲍雷·坎泊斯先生获得法律代理和准备辩护的权利都受到了严厉的限制。他被判决犯有"严重的恐怖主义罪行",并被判处终身监禁。人权事务委员会在一致同意的决定中认定本案存在着对第 14 条第 1 款、第 2 款、第 3 款第 2 项和第 4 项的违反。

平等诉诸法庭的权利使缔约国负有义务一方面采取积极的措施组建其司法系统,以使每个人事实上可以将其民事纠纷诉诸法院裁决,另一方面,使缔约国不得对希望启用法庭程序的人设置障碍。在巴哈蒙德诉赤道几内亚案(*Oló Bahamonde v. Equatorial Guinea*)中,人权事务委员会认为,在法院和法庭前平等的观念蕴含着诉诸法庭的含义,对个人利用有权的司法机关解决其纠纷的努力加以蓄意妨碍的情况,有悖于《公约》第 14 条第 1 款规定的保障。

本·萨伊德诉挪威案(*Ben Said v. Norway*)涉及一名突尼斯公民,他与其挪威籍前妻生有两个子女,就其对两个子女的监护和探视问题,奥斯陆城市法院传唤他出席庭审。他为了能够出席庭审而申请赴挪威签证,但挪威当局以有迹象表明他于审判后不会自动离境为由,拒绝了他的签证申请。然而,他仍于开庭前两天抵达奥斯陆机场,但被拒绝入境并被遣送回突尼斯。他宣称其在行使诉诸法庭和获得公正审判的权利上受到了不同于欧洲

---

① Communication No.819/1998, *Kavanagh v. Ireland*, para.10.1 - 10.3.

人的待遇,这使他成为歧视的受害者。人权事务委员会原则上认为,在一件诉讼案中获得公正审判的权利可能要求缔约国允许当事方出庭参加审判,即使当事方并不是在该国居住的外国人。然而,由于该案中他的代理律师并没有为了使申诉人亲自参加诉讼而要求延期审理案件,所以人权事务委员会没有认定对《公约》第14条第1款构成违反。

二、获得公正和公开审讯的权利

一般而言,在所有的诉讼案件和刑事案件中,获得法庭的公正和公开审讯的权利位于"法律正当程序"的核心部分。《公约》第14条第2—7款和第15条都是对"公正审判"在刑事案件中的具体描述。

(一) 由依法设立的合格的、独立的和中立的法庭进行审判的权利

《公约》第14条第1款包含了一项制度性的保障,并要求国家采取一切积极、全面而广泛的措施来保证实施。最主要的制度性保障集中于一点,即在民事诉讼或刑事指控中的权利和义务不能由政治机构或受到上级指示限制的行政机关来审理和决定,而应该由一个依法设立的、合格的、独立的和无偏倚的法庭来完成。

《公约》第14条第1款第2句规定:"在判定对任何人提出的任何刑事指控或确定他在一件诉讼案中的权利和义务时,人人有资格由一个依法设立的合格的、独立的和无偏倚的法庭进行公正的和公开的审讯。"该款中规定了由合格的、独立的和中立的法庭审判的权利。《欧洲人权公约》也有类似规定。《欧洲人权公约》第6条第1款第1句规定:"在决定某人的公民权利和义务或者在决定对某人确定任何刑事罪名时,任何人有权在合理的时间内受到依法设立的独立而公正的法院公正且公开的审讯。"两个公约规定之间的区别在于,《公约》要求法庭是"合格的"(competent),而《欧洲人权法院》却没有类似的规定,但是在《欧洲人权公约》中"合格的"可以被解释为包含在"依法设立的"(established by law)之内。① 根据《公约》第14条第1款的规定,法庭必须具有三个方面的特征:依法设立并具有合格性;独立性;中

---

① Stefan Trechsel, *Human Rights in Criminal Proceedings* (Oxford University Press, 2005), p.45.

立性。

第一，法庭必须依法设立并具有合格性。这里的依法设立中的"法"，应当从狭义上进行理解，即是由立法机关所制定的法律，而不包括由行政机关所制定的从广义上的"法"。这些法律必须能被其管辖的所有人知晓。法庭的合格从内容上至少包含两点：一是法官的合格性；二是法庭组织的合格性。

关于法官的合格性。审判人员必须是符合法定资格和条件、严格依照法定程序选择的人员。1985 年 11 月 29 日和 12 月 13 日在联合国第七届犯罪预防和罪犯待遇大会上通过的第 40/32 号决议以及第 40/146 号决议核准的《关于司法机关独立的基本原则》，较为全面系统地对法官地位及资格、选任、职业秘密、豁免等事项的标准，以及法官应当享有表达自由和结社自由(第 8 条、第 9 条)、应当免受不正当的纪律处罚(第 17—20 条)等作出了规定。赞比亚、立陶宛、罗马尼亚等国法官的任命和罢免方式等问题为人权委员会所关注。比如，人权委员会指出立陶宛的法官要在 5 年之后由行政机关审查后才能得到永久任命。委员会希望这种行政机关审查关注的重点应放在法官的司法能力上。对美国的法官选举制度，委员会喜忧参半，一方面赞赏美国某些州采用的基于品质的法官选举制度(merit-based selection systems)，而另一方面，对某些州现行的由选民普选法官的制度表示担忧。①

关于法庭组织的合格性。这意味着法庭的组织和法庭的管辖权都必须符合法律规定。对于伊拉克内政部长和总统办公室可以任意地向可以判处死刑的特别法院提交这些法院原本并无管辖权的案件所产生的影响问题，人权委员会表示了特别的关注。②

第二，法庭必须是独立的。③ 作为法官，用德沃金的话来讲，"法院是法律帝国的首都，法官是帝国的王侯"，"每一种判决都是向法律帝国理想所投的一张赞成票"。④ 在人权事务委员会看来，他们更强调独立性的要求，尤其是指程序和委任法官的条件，任用直至法定退休的年龄，或在有规定的情况

---

① Concluding Observations of the Human Rights Committee: United States of America, A/50/40, paras. 266 - 304(1995).

② Concluding Observations of the Human Rights Committee: Iraq, U. N. Doc. CCPR/C79/ Add. 84(1997).

③ 这里的独立从一定意义上讲可以理解为自立。自立就是法院和法官抗拒干预，依法独立行使审判权。参见王安异、毛卉：《论审判的自治与控制》，载《法律科学》2000 年第 1 期，第 45 页。

④ ［美］德沃金：《法律帝国》，李常青译，中国大百科全书出版社 1996 年版，第 361、364 页。

下任期届满的保障,晋升、调职、停职和中止职务的条件,以及不受行政部门和立法机构的政治干预。各国应采取具体措施来充分保证司法机构的独立性,制定或通过法律明确程序以及客观标准,详细规定司法人员的任命、薪酬、任期、晋升、停职和中止职务以及采取纪律制裁的各项内容,以保护他们在裁决中不受政治干扰以及避免其他不当影响。有些情况,诸如司法机构和行政机构的职能和权限混淆不清以及行政机构能控制或指挥司法机构等,是不符合独立法庭的概念的。为了保障他们的独立性,有必要保护法官不受利益冲突和恐吓之影响,法官的地位,包括其任期、独立性、安全、适足薪酬、任职条件、养恤金和退休年龄均应根据法律适当作出规定。① 由此可见,在人权事务委员会看来,对独立性的要求主要针对执行机关,但是从较窄的范围上看,也针对国家的立法机关。尽管法官或法庭的其他成员并不必须终身任职或不可弹劾,但是他们必须被任命或经选举任职一个相当长的时期(至少几年),并且在履行其职务时不能受到任何指令的制约,或以任何其他方式依赖于国家的其他机关。在帕斯图科夫诉白俄罗斯(*Pastukhov v. Belarus*)一案中,涉及一名宪法法院的法官,他在 1994 年被议会选任为法官,任期 11 年,但是 1997 年却由于一项总统令而被免职,理由是随着新宪法的生效其任期也相应地结束了。人权事务委员会认为这一解职违反了《公约》第 14 条第 1 款,显然是对司法机关独立性的破坏。②

独立性既包括法官的个人独立,也包括法院的机构独立。在人权事务委员会对独立性提出的三项要求中,前两项针对的是法官的个人独立,最后一项针对的是法院的机构独立。关于法院的机构独立,《公约》缔约国已经没有争议,因此,人权事务委员会也没有做过多阐述,只是在巴哈蒙德诉赤道几内亚案(*Oló Bahamonde v. Equatorial Guinea*)③中,人权事务委员会指出,司法和行政的功能和管辖范围没有被明确区分的情形,或后者能够控制或指导前者的情形,都不符合《公约》第 14 第 1 款中"独立的和无偏倚的法庭"的概念。

第三,法庭必须是中立的。要求法庭具有中立性在一定程度上与审判

① 参见人权事务委员会第 32 号一般性意见第 19 段。

② Communication No.814/1998, *Pastukhov v. Belarus*, para.7.3.

③ Communication No.468/1991, *Oló Bahamonde v. Equatorial Guinea*.在该案中,申诉人陈述说,在遭受非法没收、财产征用和专横逮捕之后,他争取赤道几内亚法院司法救济的多次努力均告失败,主要原因是总统全部控制了各个级别的司法机关。

权的易扰性特征有很大关联。① 因此,作为审判案件和执行法律的个体,有独立的法律人格是法官的必备要素,能够有独立作出决定的权力而不受各方面意见的干扰和影响。② "法官凭自己的良心行使职权,在没有证据足以证明有罪前,从无罪方面考虑,只有在掌握充分证据的情况下,才能裁判有罪。"③ 人权事务委员会在其第 32 号一般性意见中指出,中立性有两点要求:一是法官不得允许他们的裁判受个人歧视或偏见(personal bias or prejudice)的影响,不得预断裁判的案件,也不得不适当地以有损另一方当事人的方式提升一方当事人的利益。④ 二是对于理性旁观者而言,法庭也必须中立。例如,根据国内立法无资格担任法官的人员参与并施加实质影响的审判一般也被认为是不公正的。⑤ 由此可以看出,中立性具有客观性和主观性两个方面的内涵。法官中立性的主观标准是指法官在主观上是否有偏见,法官中立性的客观标准是指在理性的旁观者看来法官是否有偏见。只要法官不符合其中的任何一项标准,都是不符合《公约》第 14 条第 1 款规定的。

　　法官中立性的主观标准要求法官有中立的心态,尽管每一个法官"应当追问理性和良心,从我们最内在的天性中发现正义的根本基础"⑥,然而,在实践中这是难以判断的。人权事务委员会只是强调法官不得允许他们的裁

---

　　① 审判权具有易扰性,审判权赋予当事人双方以抗辩的机会,同时又因为审判权是最后权,审判结果对双方利益关系甚大,所以双方总是积极、最大限度地影响审判机关及法官,以使其主张能得到支持。正因为这一特点,审判权的易扰性不可避免。当事人双方总是用最强有力的影响来干预审判活动:论辩、舆论、监督,更有甚者,钱、权、色、暴力也粉墨登场。参见王安异、毛卉:《论审判的自治与控制》,载《法律科学》2000 年第 1 期,第 47 页。堪称司法独立楷模的美国也不能免俗,正如美国学者 B.杜鲁门所言:"美国社会中的法官的审判工作同样不能避免来自集团政策的影响。"参见[日] 棚濑孝雄:《纠纷的解决与审判制度》,王亚新译,中国政法大学出版社 1994 年版,第 160 页。

　　② 谢佑平、万毅:《关于审判公正的法哲学思考》,载《法学论坛》2002 年第 2 期,第 105 页。

　　③ 龚祥瑞等:《西方国家的司法制度》,北京大学出版社 1980 年版,第 115 页。

　　④ 在司法过程中,伦理是法律的基础。"如果在事实上和出于公众的理解,司法活动都无法遵守严格的伦理标准的话,司法独立也将荡然无存。司法独立可以被外部的袭击所击垮,而同样可以确信的是,它也能从内部被侵蚀。没有别的什么事比法官们违背在致力于法治的任何社会中法官们都谨遵的司法伦理规则,能更快地侵蚀司法的根基。"See Kennedy, Judicial Ethics and the Rule of Law, 40 St. Louis U.L.J., 1067(1996).

　　⑤ 参见人权事务委员会第 32 号一般性意见第 21 段。有资料表明,古希腊哲学家亚里士多德最早提出审判中立的观念:"诉诸裁判者就是诉诸中间,人们有时把裁判者称谓中间人,也就是说,如果得到中间,也就得到了公正。公正就是某种中间,所以裁判者也就是中间人。"参见[古希腊] 亚里士多德:《尼各马科伦理学》,中国社会科学出版社 1990 年版,第 96 页。

　　⑥ [美]本杰明·卡多佐:《司法过程的性质》,苏力译,商务印书馆 1998 年版,第 45 页。

判受个人偏见或歧视的影响,不得对他们裁判的案件有预断,也不得不适当地以有损另一方当事人的方式提升一方当事人的利益,但是并没有具体表明应当怎样判断是否存在上述情形。[①] 法官中立性的客观标准是指在理性的人或普通公民看来,法官是否是有偏见的。Howard 法官所说的名言:"正义必须被实现,而且应当明显且无疑地以看得见的方式被实现,这不只是有点重要,而是非常重要",是对中立性客观标准的精辟描述。

缺乏客观中立性的最典型的表现之一是法官先前参与了其当前正在审理的案件。在卡尔图宁诉芬兰案(*Karttunen v. Finland*)[②]中,申诉人最终被判处犯有破产欺诈罪。根据芬兰法律,该案应当由 1 名职业法官和 5 名陪审员组成的法庭进行审理。申诉人认为,陪审员中有两名参与过本案先前的程序,不应该参与审理此案。申诉人在一审过程中没有要求这两人回避,上诉时他提出了这个问题,但是上诉法院驳回了他的主张,理由是尽管其中 1 人依法应当回避,但该缺陷并未影响案件审理的结果。人权事务委员会认为,如果法律规定了法官的资格问题,那么法庭有义务在事前考虑该问题,替换那些不合格的法官。根据第 14 条的含义,如果根据国内立法,没有资格参加审判的法官参加了审判,那么这个有瑕疵的审判一般不可能被认为是公正的或中立的。

值得强调的是,中立性并不意味着法官必须完全消极。在莱特诉牙买加案(*Wright v. Jamaica*)[③]中,申诉人声称在对其谋杀罪的审判中,忽略了关键的专家证据。在该案中,检验发现了被害人被枪击死亡的时间,而那时申诉人已经被警察羁押。人权事务委员会认为该证据如此重要,以至于考虑到该证据的重要性,法庭应当提醒陪审团注意该证据,尽管辩护人没有提到该证据。从所有这些情况来看,尤其是考虑到审判的是可能判处死刑的犯罪,委员会认为,这一疏忽必须被看作对正义的漠视,因此违反了《公约》第 14 条第 1 款。尽管向陪审团出示该证据可能不会改变他们的裁决和案件的结果,也是如此。

---

① 欧洲人权法院通常假定法官是中立的,需要有非常充分的证据才能说服欧洲人权法院推翻这种假定。欧洲人权法院第一次接受存在个人偏见,即缺乏主观中立性的案件是凯纳里诉塞浦路斯(*Kypnanou v. Cyprus*)案。在该案中,申诉人是一位律师,在其交叉询问证人过程中被法官打断。他愤怒地与法官进行了争论。法官被激怒了,申诉人当场被判处 5 天监禁。欧洲人权法院认为,只要法官处罚曾经冒犯过他的人就足以证明其缺乏主观中立性。

② Communication No.387/1989, *Karttunen v. Finland*.

③ Communication No.349/1989, *Wright v. Jamaica*.

由合格的、独立的及中立的法庭审判的权利是《公约》第 14 条中规定的最重要的保障措施,因为如果没有该项权利的存在,《公约》中规定的其他各项权利都很难得到切实保障。正是基于此,人权事务委员会认为,第 14 条第 1 款中由合格的、独立的及中立的法庭审判的权利是一项绝对的权利,没有任何例外。

(二)审判公开的权利

《公约》第 14 条第 1 款规定:“在判定对任何人提出的任何刑事指控或确定他在一件诉讼案中的权利和义务时,人人有资格由一个依法设立的合格的、独立的和无偏倚的法庭进行公正的和公开的审讯。由于民主社会中的道德的、公共秩序的或国家安全的理由,或当诉讼当事人的私生活的利益有此需要时,或在特殊情况下法庭认为公开审判会损害司法利益因而严格需要的限度下,可不使记者和公众出席全部或部分审判;但对刑事案件或法律诉讼的任何判决应公开宣布,除非少年的利益另有要求或者诉讼系有关儿童监护权的婚姻争端。”该款规定了审判公开的权利及其例外。

公开性的要求——其目的在于使司法工作公开透明——是公正审判权的一个要素,在民主社会中尤其如此。在联合国大会第三委员会起草第 14 条期间,法国代表博坎(Bouquin)将这一原则的宗旨(对应于过去普遍的秘密审判)总结为含义极为丰富的短语——“正义不能是秘密”。除人民的民主控制这一宗旨之外,内在于公开性的程序要求的,还有更好地发现真相的理念。第 14 条第 1 款区分了在正式的程序意义上的司法机关的诉讼程序——法庭达成其裁决的方式——的动态公开和作为对已经完成之诉讼程序进行监督的一种方式的判决的静态公开。除了因为某些原因,公众可以被排除在诉讼程序之外,裁决的公开性的原则几乎没有适用上的限制。这种对静态公开性的更强保护归功于美国在人权委员会的创议。

第一,诉讼程序的公开。第 14 条第 1 款的第 2 句话保障了在民事和刑事审判中各当事方获得法庭的公正和公开审讯的权利。但是第三句以若干例外限制了这一权利。这一特别表述可以追溯到 1949 年菲律宾在人权委员会的一项动议,该动议在人权委员会和联合国大会第三委员会被广泛讨论并被反复修正。1950 年,一项美国的提议以明显的多数获得通过,该提议与最后的文本很相近但强调了少年的利益。在事关“诉讼当事人的私生活的利益”时排除公开性的一般性理由以及“民主社会中”的用语归功于法国的倡议。在联合国大会第三委员会上,只插入了"公共秩序"(ordre public)这一附加说明的用语以与第 12 条第 3 款保持一致。考虑到在拉丁美洲很普遍地进行书面审判的实践,阿根廷试图取消公开审讯的原则,并代之以书面文件的公开,但没有成功。①

公开审讯的权利因此意味着所有民事和刑事案件的审判在原则上都必须口头地和公开地进行。② 在奥莱塔·塞特莉诉乌拉圭案(*Violeta Setelich v. Uragua*)中,Violeta Setelich 代表其丈夫 Raul Sendic Autonaccio 向人权事务委员会提出申诉,因为实际申诉人 Raul Sendic Autonaccio 被军事法庭以不公开审判的方式判处了 30 年监禁。在埃斯特雷亚诉乌拉圭案(*Estrella v. Uragua*)中,Estrella 是一位钢琴家,他被军事法庭秘密审判并以阴谋推翻宪法制度的罪名判处 4 年半的监禁。在这两个案件中,人权事务委员会都认为,如果不能说明正当理由,秘密审判就违反了《公约》第 14 条第 1 款。③ 在范·梅尔斯诉荷兰案(*Van Meurs v. The Netherlands*)中,人权事务委员会强调,这是一项国家的义务,即审讯应公开进行,该义务不取决于当事方的任何请求。

尽管公开审讯的原则并不仅是诉讼当事方自己的权利——他们可以放弃这样的权利,而且也是民主社会中公众的一项权利。但是,也有诸多例外:

一是它并非适用于审判的所有阶段。该权利只适用于审讯,即适用于对立当事方就某一具体问题的辩护陈述。因此,一个审判中不涉及决定事实的部分,例如仅限于法律问题的上诉程序,则既没有必要以口头进行,也没有必要公开。在 R.M.诉芬兰案(*R.M. v.Finland*)中,人权事务委员会的一般性意见认为,在上诉程序中(即在上诉法院的刑事案件中)没有进行口

---

① 但是,《美洲人权公约》第 8 条第 5 款考虑到了拉丁美洲的实践,该款只要求在刑事诉讼中的公开性,"除非为保护司法利益所必需"。《非洲人权和人民权利宪章》第 7 条没有对公开性义务作任何规定。

② 在联合国大会第三委员会基本没有争论的是"公开审讯"这一术语要求口头审讯。参见人权事务委员会第 32 号一般性意见第 28 段。

③ 赵建文:《〈公民权利和政治权利国际公约〉第 14 条关于公正审判权的规定》,载《法学研究》2005 年第 5 期,第 140 页。在若干案件中,来文的提交人被乌拉圭的军事法庭以书面审判的形式秘密地判刑,人权事务委员会认定其中存在着对公开审讯权利的违反。在所有这些镇压政权反对者的秘密司法的典型案件中,乌拉圭政府甚至没有努力援引第 14 条第 1 款所列举的任何一个原因来辩解其把公众排除在外的做法。在一项涉及扎伊尔(现称刚果共和国)通过国家安全法庭的秘密司法将 8 名前议会成员定罪的来文中,情况是相似的。

头审讯并不引起《公约》第14条之下的任何问题,但这一意见似乎与该规定的用语不相一致。如果上诉程序的性质在于决定一项刑事指控或民事诉讼中的权利和义务,就必须保证公开审讯的权利。在布里恩诉挪威案(*Bryhn v. Norway*)中,人权事务委员会认为,筛查上诉请求的程序可以不以口头的方式进行,只要这种筛查程序能够根据第14条第5款提供对判决的充分审查。

二是公众(包括新闻界在内)可以因为各种各样的原因而被排除在整个审判或其某些部分之外,这些原因中的一些也可以在《公约》的其他限制性条款中发现。在某一具体案件中排除公众的命令应由有关法庭作出,但是这需要在有关程序规则中存在相应的法律基础——尽管第14条对此没有明确声明。排除的原因可以是因为道德而将公众排除在如有关性犯罪的审讯之外;可以是涉及国家安全,比如为了保护重要的军事秘密(比如在间谍案的审判中)或为了保护法官免受恐怖分子的袭击。① 但是,后两个原因只有在民主社会的原则被遵守时,才能引起对公众的排除。② 当诉讼当事人之私生活的利益有此必要时,公众也可以被排除。1952年,人权委员会根据法国的倡议插入了这一段,取代了美国草案中提议的对少年利益的保护。③ 这可以包括家庭事务、性犯罪或其他案件——在这些案件中公开性可能侵犯当事方或受害者的私领域或家庭领域。

最后,为了司法利益也可以排除公众。然而,这一权力只在"特殊情况下"并且只在"法庭认为严格需要的限度内"才是有效的。因此,对公众的排除只在极为例外的情况中才是允许的,例如,出现了旁听者情绪性的反应危及了审判的持续进行等情形。除了这些特殊情况之外,法庭审判必须向新闻媒体和一般公众公开,不得将法庭审判公开的对象限定于特定群体。

---

① 关于在秘鲁由"蒙面的法官"进行的审判。在鲍雷·坎泊斯诉秘鲁案中,人权事务委员会强调"由'蒙面的法官'在偏远的监狱进行审判,这种制度的本质就是为了要排除公众参与诉讼"。在对恐怖主义嫌疑分子的审判中——就像秘鲁和哥伦比亚的情况一样,这些审判有可能严重威胁到法官,人权事务委员会承认可以基于国家安全的原因而将公众排除在外,但是同样认定了对获得公正审判权利的各种违反。

② "在民主社会中"的限制是人权委员会于1952年根据法国的以《欧洲人权公约》第6条第1款为模式的倡议插入的,这一插入以9票赞成、7票反对和1票弃权的微弱多数通过。在联合国大会第三委员会,这一点——除其他原因外——受到了印度代表的批评。随后,法国代表提出,这些用词构成了对基于公共秩序或国家安全原因而进行干预的相对模糊的权力的不可或缺的限制。

③ 在《欧洲人权公约》第6条第1款中,可以发现这两个限制原因是并列的。

第二,判决的公开宣布。《公约》第 14 条第 1 款的措辞和历史背景都显示出,这一规定中对静态公开性的保护要强于对审判的动态公开性的保护。早在人权委员会的辩论中就有人强调,在若干情况中,某些因素可以作为进行秘密审讯的正当理由,然而,绝不能作为对判决保密的理由。1949 年,一些国家提交了一份在很大程度上和《欧洲人权公约》第 6 条第 1 款的第二句话("判决应……")相同的草案,该草案没有异议地被通过;在此之前,没有包含在《欧洲人权公约》第 6 条中的一项规定,即审判包括判决可以不公开,以 3 票赞成、6 票反对和 6 票弃权的表决结果被否决。① 1950 年,这一规定根据美国的动议被重新起草,创建了为了少年的利益可以对判决的公开宣布作出例外规定的可能性。根据法国的倡议,要求判决的公开性应同等地适用于民事和刑事审判的规定被(重新)插入。英国动议将例外情况扩展至婚姻争端和有关儿童监护问题的诉讼,人权委员会以 11 票赞成、4 票反对、3 票弃权通过了该动议。就这一问题而言,有人指出这种对公众的排除不仅仅服务于少年的利益,并且不必然意味着将新闻界排除在外。②

　　尽管在联合国大会第三委员会,以色列和一些拉丁美洲国家的代表批评对静态公开性的更进一步的保护,但是多数国家仍然支持这种区分。人权委员会的《公约》草案曾经规定的是"任何判决应公开宣布"(Judgment shall be pronounced publicly),后来阿根廷成功地将"任何判决应公开宣布"的短语替换为"应加以公开"(shall be made public)。③ 这是为了确保静态公开性的原则不仅能够在公开开庭中以口头宣布判决的方式实现,而且还能以公布书面判决的方式实现。④ 从《公约》英文作准文本"any judgement…… shall be made public"的字面含义来看,可以通过两种途径确保静态公开的实现:在公开开庭中以口头宣布判决的方式和公布书面判决的方式,或是兼采两者。公布书面判决可以通过在法院公告栏张贴判决,公众在法院获得相关判决的复印件等方式来实现。如果判决只能为某一群

---

① 条文表述为:"判决应公开宣布,但为了……的利益,新闻媒体和公众可以被排除在整个或部分审判(包括判决)。"

② 然而,英国代表团后来的解释没有被包括在这一规定的表述措辞之内。这绝不表明新闻媒介享有特权。

③ 阿根廷的最初文本为"每一判决应给予适当的公开性";随后又被改成"任何判决均应公开";到了最后,才插入了"加以"(made)一词。

④ 尽管这一改变的目的在于考虑拉丁美洲不公开审判的实践,但是即使欧洲人权法院现在也以这种注重实用的意义来解释《欧洲人权公约》第 6 条第 1 款中对公开宣判的明文要求。

体的人所知晓,①或必须根据特别的利益才能查阅判决,就违反了第14条第1款。

《公约》第14条第1款也规定了一系列的例外。特别是,当公布判决与少年的利益相冲突时——如在监护问题的诉讼中,即不必公开。再者,有关离婚的判决或是在婚姻争端中的类似裁决,也没有必要公开。最后,在静态的和动态的公开性之间有某种逻辑联系。比如说,如果为了当事人私生活的利益而将公众排除在审判之外,那么对判决的某些部分保密就是正当合理的需要,这一点可以通过在判决中不指明当事人的姓名或公布判决的删节版本来完成。任何人都可以主张公布判决的权利,即该权利并不仅为当事人所享有。因此,这一权利还不能被当事人所限制,即使他们自己放弃了这一权利。在涉及乌拉圭的秘密军事审判的各种案件中,人权事务委员会认定不仅存在着对动态公开性的违反,还存在着对公布判决的义务的违反。

三、被推定为无罪的权利

《公约》第14条第2款规定:"凡受刑事控告者,在未依法证实有罪之前,应有权被视为无罪。"②该款规定了无罪推定这一公正审判的基本原则。人权委员会试图将这一原则和刑事审判中被告人的其他权利一并处理,但是联合国大会第三委员会在1959年根据英国的一项动议,决定将无罪推定的重要性置于单独一款中加以考虑。

《公约》第14条第2款的规定也暗含了该权利时限的内容:在定罪判决生效之前,被指控者都享有被推定为无罪的权利;在被指控者被最终定罪后,被推定为无罪的权利终止。根据表述可见,被推定为无罪的权利不适用于民事诉讼。然而,如果在民事法院进行的赔偿诉讼与先前的某一刑事审判有直接联系(针对审前拘禁、误审或诉讼费用的赔偿诉讼),并且,尽管刑事审判中作出无罪判决,但民事法院仍推定有罪,那么这样的裁决就可能构成对无罪推定的违反。根据一般的,也得到在斯特拉斯堡的欧洲人权机构

---

① 例如,奥地利最高法院的判决(只要还没有被包括在正式出版物中)以前仅为学术目的开放给法学学者。这一规定被奥地利宪法法院于1990年6月28日的一项决定取消。
② 《欧洲人权公约》第6条第2款的规定与《公约》第14条第2款相同。《美洲人权公约》第8条第2款规定:"被指控犯有罪行的每一个人,只要根据法律未证实有罪,有权被认为无罪。在诉讼的过程中,人人都有权完全平等地享有下列最低限度的保证:……"

的裁决确认的观点,无罪推定以及第 14 条中绝大部分的其他权利,不仅应被赋予按该词的严格意义上的被告人,还应给予在提起刑事起诉之前的任何被指控的人。一个人"在未依法证实有罪之前",即直到最后的上诉之后,定罪判决生效之前,都有此项权利。

人权事务委员会在其关于《公约》第 14 条的第 32 号一般性意见中阐述了被推定为无罪的权利的内容。[①] 下面分别论述:

第一,无罪推定的最大重要性是在刑事审判本身表现出来的,检察官必须证实被告人有罪。在有疑问的情况下,按照疑罪从无(in dubio pro reo)的古老原则,被指控的人必须被认为无罪。而证实有罪的方式最终而言则是一个国内法的问题。[②] 再进一步,法官在进行刑事审判时,不能事先对被告人有持有有罪或无罪的先入之见。原则上,拒绝保释审前被监禁的人并不影响无罪推定。然而,在卡加斯等人诉菲律宾案(*Cagas, et al. v. Philippines*)中,人权事务委员会得出结论认为,超过 9 年的过长的预防性拘禁的时间,的确影响到被假定为无罪的权利,因此违反了第 14 条第 2 款。

第二,被告人应享有与被推定为无罪的权利相一致的待遇。人权事务委员会在其第 32 号一般性意见中指出,在审判期间被告人一般不应当被戴镣铐,或被置于囚笼中,或以表明其可能是危险的罪犯的方式出现在法庭上。这里有必要说明一下未决羁押的要求。未决羁押从本质上并不违反被推定为无罪的权利,因为未决羁押的基础是《公约》第 9 条。但是未决羁押的性质和条件必须与被推定为无罪的权利相一致,未决羁押不允许超出必要的限度。在未决羁押上,违反被推定为无罪的权利的最典型的表现是,以被控罪行的严重性来考虑未决羁押的期限。人权事务委员会考察了意大利

---

① 根据第 14 条第 2 款,凡受刑事指控者,在未依法证实有罪之前,应有权被视为无罪。无罪推定是保护人权的基本要求,要求检方提供控诉的证据,保证在排除所有合理怀疑证实有罪之前,被告应被视为无罪,确保对被告适用无罪推定原则,并要求根据这一原则对待受刑事罪行指控者。所有公共当局均有责任不对审判结果作出预断,如不得发表公开声明指称被告有罪。被告通常不得在审判中戴上手铐或被关在笼中,或将其指成危险罪犯的方式出庭。媒体应避免作出会损及无罪推定原则的报道。此外,预审拘留时间的长短并不能说明罪行情况和严重程度。拒绝保释或在民事诉讼中的赔偿责任判决并不会损及无罪推定。

② 菲律宾在人权委员会动议插入"超出合理怀疑"的词语,但是该动议以 8 票反对、2 票赞成和 3 票弃权的表决结果被否决,尽管如此,在此仍然可以吸收这一普遍承认的法律原则。因此,法官或陪审团只有在对被告有罪没有合理的怀疑时,才能判他或她有罪。

的相关制度,在意大利,在审判前和审判中都可以对被追诉者进行"预防性羁押"。这种羁押的最长时间需要参考被告人被控罪行可能判处的刑罚,可以持续 6 年之久。人权事务委员会认为,意大利的该项制度违反了被推定为无罪的权利。人权事务委员会建议意大利取消被告人被控罪行和羁押的长度之间的联系。人权事务委员会在其第 32 号一般性意见中继续强调,审前羁押的长度不应当被看作有罪和罪行程度的标志。另外,被推定为无罪的权利还要求被羁押者不得被迫劳动,有权利穿着自己的服装,可以叫自己的食物。

第三,由无罪推定派生的义务并不仅仅适用于刑事审判本身中法官的行为。在对第 14 条的一般性意见中,人权事务委员会强调了所有公共当局都有责任"不对审判的结果作出预断"①。特别是,部长们或其他有影响力的政府官员在这方面可能违反第 14 条第 2 款。在过分的"媒体正义"或存在其他强有力的社会团体对业余或职业法官施加不被允许之影响的危险情况下,国家还有相应的确保无罪假定的积极义务。在格里丁诉俄罗斯联邦案 (*Gridin v. Russian Federation*)中,警察局长宣称,他确信被告就是那位恐怖的"电梯男孩凶手",而且这一说法还在电视上播放了。另外,侦查人员呼吁公众派出社会公诉人,而在审判期间,法庭上挤满了人,他们叫喊着应判处 Gridin 先生死刑——他此后不久的确被判处了死刑。委员会提出了它的一般性意见,并考虑到俄罗斯最高法院没有对有关这些方面的申诉予以特别的处理,认定了构成对第 14 条第 2 款的违反,因为当局"未能进行限制",而这些限制是无罪假定对它的要求。这里需要特别注意的是,尽管媒体一般情况下不属于公共当局的范畴,但是人权事务委员会的第 32 号一般性意见同样要求,媒体应当避免作出有损无罪推定的新闻报道。

然而,在大多数情形下,事实上很难证明无罪推定的权利被违反的指控。委员会实际上曾经处理过大量的针对乌拉圭和许多其他国家的明显是任意的和存在偏见的刑事案件,但是除了上面引用的案件和另外两个针对乌拉圭的案件以外,其他案件中委员会没有明确认定对第 14 条第 2 款的明显违反。

---

① 参见第 32 号一般性意见第 30 段。

四、免受重复追究的权利

《公约》第 14 条第 7 款规定："任何人已依一国的法律及刑事程序被最后定罪或宣告无罪者，不得就同一罪名再予审判或惩罚。"人权事务委员会在其第 32 号一般性意见中指出，《公约》第 14 条第 7 款体现了"一罪不二审"的原则。"一罪不二审"原则，即既判案件禁止双重归罪的原则，它所禁止的是终审判决以后就同一犯罪进行重复追诉和审判，因而兼顾了多数国家的国内法。[①]

1959 年，在联合国大会第三委员会中发生的讨论表明，这一原则的具体表述是一个长期争论的问题。意大利与日本草案只包含了"任何人不得就同一罪行受两次审判"的原则。根据锡兰、加拿大和巴基斯坦的倡议，引入了各种不同的修正提议，这些提议促成了七个国家支持的极为接近于最后通过的文本的一项动议。[②] 按照这七个国家的动议，"最终定罪或宣告无罪"表示所有通常的司法审查和上诉的方法已经被穷尽，而且所有等待期间都已过期。但是这一界定在文本中没有被采纳以避免其中出现过多的说明性的解释。取而代之的是厄瓜多尔提议附加的"依一国的法律及刑事程序"这样一段话，该提议以微弱多数被通过。按照第 14 条第 7 款，"一罪不二审"的原则禁止一个人就其已经被最终定罪或宣告无罪的罪行被再次审判或惩罚。但是，被定罪或宣告无罪的要求只与依一国的法律及刑事程序而定罪或宣告无罪的情况相联系。在另一个国家被宣告无罪，如果其法律制度与有关国家的法律制度并不一致，则并不因此导致"一罪不二审"原则的适用。在 A.P.诉意大利案（*A.P. v. Italy*）中，人权事务委员会将"一罪不

---

① 它并不见于 1954 年的人权委员会草案或《欧洲人权公约》第 6 条。它是根据意大利和日本的倡议被规定在《公约》第 14 条第 7 款中的。随后，该规定也为《美洲人权公约》第 8 条第 4 款和《欧洲人权公约第七附加议定书》第 4 条所采用。《美洲人权公约》第 8 条第 4 款规定："经一项不可上诉的判决而宣判无罪的被告不得因相同的原因（the same cause）而受到新的审判。"《欧洲人权公约第七附加议定书》第 4 条分为三款对此作了规定。该条的具体内容是："任何人已依一国的法律及刑事程序被最终宣告无罪或定罪，不得因同一犯罪在同一国家的刑事程序中再一次被审判或惩罚。""前款规定不能阻止重新依该国的法律和刑事程序开始程序，如果有新证据或新发现的事实，或如果先前的程序中有根本缺陷，就可能影响案件结果。""不能根据公约第 15 条的规定对该条的规定进行克减。"

② 加拿大、锡兰、伊朗、意大利、日本、约旦和巴基斯坦联合提交的七国草案称"任何已被最终定罪或宣告无罪者，不得就同一罪名再予审判或惩罚"。

二审"的原则解释为对于在其他国家进行的诉讼没有任何效果。① 但是这一解释看起来相当笼统且过于绝对。美国政府对第 7 款规定的禁止双重归罪的理解是,这仅仅适用于对由同一政府区划——无论是联邦政府还是地方政府——的法院就同一理由作出的无罪判决进行新的审判的情况。这种"理解"与第 14 条第 7 款连同第 50 条的用语明显相抵触,因此,必须将其解释为美国对第 14 条第 7 款的一项保留。

在许多国家,在极为特殊的情况中,允许进行一项新的刑事审判,即使该审判将不利于被宣告无罪的或已经被定罪的人。其原因包括重大的程序瑕疵(伪造文件、贿赂证人或法官等)或存在着新的或新发现的事实。基于这一原因,欧洲理事会的专家委员会建议对该款提交保留,有数个西欧国家遵从了这一建议。② 《欧洲人权公约第七附加议定书》第 4 条第 2 款中采用了类似的限制。然而,人权事务委员会在其对第 14 条的一般性意见中采取的立场是,在极为特殊的情况下有正当理由的新的刑事审判,并不表示对"一罪不二审"原则的违反。③ 尽管如此,委员会要求国家根据这一解释重新考虑其保留的意见迄今没有为任何政府所听从。

五、不受事后制定的法律追究的权利

《公约》第 15 条规定:"一、任何人的任何行为或不行为,在其发生时依照国家法或国际法均不构成刑事罪者,不得据以认为犯有刑事罪。所加的刑罚也不得重于犯罪时适用的规定。如果在犯罪之后依法规定了应处以较轻的刑罚,犯罪者应予减刑。二、任何人的行为或不行为,在其发生时依照各国公认的一般法律原则为犯罪者,本条规定并不妨碍因该行为或不行为

---

① 在该案中,申诉人于 1979 年 9 月 27 日在瑞士因企图兑换一笔大额意大利里拉被判两年监禁,这笔钱是他于 1974 年在意大利绑架一个人的赎金。申诉人被判处 2 年监禁,刑满释放之后他被瑞士驱逐出境。1981 年意大利就绑架罪对申诉人进行了起诉。在意大利被起诉后,他从意大利逃到法国。1983 年 3 月 7 日,意大利米兰上诉法院在其缺席的情况下判决他有罪。他向人权事务委员会申诉,称意大利违反了《公约》第 14 条第 7 款,因为他已经在瑞士为此事被判罪并服刑。申诉人声称,第 14 条第 7 款禁止对同一犯罪进行第二次审判,应当被广义地解释为适用于不同国家的司法裁判。人权事务委员会驳回了申诉人的主张。人权事务委员会的意见是,第 14 条第 7 款不适用于该案,因为这是两个国家的司法机关的处罚,该款规定仅禁止在一个国家内对一项犯罪行为的双重处罚,即不受重复追究的权利对于在其他国家进行的诉讼没有任何效力。

② 如奥地利、丹麦、芬兰、冰岛、荷兰、挪威和瑞典的相应保留。

③ 参见第 32 号一般性意见第 56 段。

而对任何人进行的审判和对他施加的刑罚。"该条的内容是对溯及既往刑法的禁止，规定了罪刑法定原则的基本内容，可以表述为不受事后制定的法律追究的权利。

对溯及既往的刑法的禁止与第 14 条中所规定的正当程序和公正审判权以及该条中所列举的在刑事审判中对被告人的最低限度的程序保障有直接关系。由于其对符合法治原则的刑事审判，以及一般而言对法律确定性的特殊重要性，对溯及既往的刑法的禁止被单独规定在《公约》中，而与刑事审判中的其他程序保障分开。[①]

早在联合国人权委员会起草"国际人权宪章"最初几稿之时，就已经决定将禁止溯及既往的刑法规定为国际人权公约中一项普遍的和不可克减的权利。在起草委员会完成了初步起草工作之后，人权委员会中负责这方面工作的工作小组在 1948 年提交了一份草案，其中已经包含了在后来被正式通过的第 15 条中的主要原则，包括该条第 2 款中所重申的纽伦堡宪章和判决中所体现的原则。这一表述在 1950 年几乎原封不动地被规定在《欧洲人权公约》的第 7 条之中。值得注意的是，联合国人权委员会在同一年决定在该条第 1 款中补充一项例外规定，即如果在犯罪之后依法规定了应处以较轻的刑罚，犯罪者应予以减刑。虽然人们提出了各种修改动议并进行了长时间的讨论，但是联合国大会第三委员会最终还是未加任何修改地通过了第 15 条。1969 年《美洲人权公约》第 9 条在作出微小改动的基础上采纳了《公约》第 15 条第 1 款的所有原则，包括有关较轻的刑罚的例外规定，但是它却没有采纳该条第 2 款中的例外规定。

以上这些规定包含了"法无明文不为罪"以及"法无明文不罚"这两条长期以来一直得到承认的刑法原则——虽然这两条原则在约文中并不明显。

（一）法无明文不为罪原则

第 15 条第 1 款第一句规定："任何人的任何行为或不行为，在其发生时依照国家法或国际法均不构成刑事犯罪者，不得据以认为犯有刑事罪。"这

---

①　同样，《欧洲人权公约》第 7 条和《美洲人权公约》第 9 条也单独规定了该原则。对此现象的一种可能的解释就是：这一禁止在上面所提到的这三个公约中都是不可克减的（《公约》第 4 条第 2款、《欧洲人权公约》第 15 条第 2 款和《美洲人权公约》第 27 条第 2 款）。而《世界人权宣言》第 11 条则将对溯及既往的刑法的禁止与无罪假定的原则放在了同一条之中。《非洲人权和人民权利宪章》第 7 条第 2 款也将这一原则与被告人的其他权利放在一起加以规定。

一规定不仅在狭义上禁止了溯及既往的刑法,而且还为缔约国规定了以下这个一般性的义务:通过法律对所有刑事犯罪进行准确定义,以确保法律的确定性,并且禁止用类推的方法扩大刑法的适用范围。

在国内法中对犯罪的定义必须通过严格意义上的法律——由议会制定的一般抽象法律或与此相当的不成文的普通法规范——加以规定,并且这种法律必须是所有受其约束的人都能够获知的。在第 15 条第 1 款中对国际法的提及归功于 1949 年乌拉圭和法国在人权委员会上提出的建议。这些建议的提倡者认为,在该条中提及国际法的目的是防止有些人以其本国的国内法没有规定对其所犯的国际罪行的惩罚为理由逃避惩罚。此外,从联合国大会第三委员会的讨论中可以看出,"国际法"一词既包括国际条约法,也包括习惯国际法。

需要指出的是,在人权事务委员会看来,《公约》第 15 条的规定不适用于程序法。在都·加德诉特立尼达和多巴哥(*Dole Chadee et al. v. Trinidad and Tobago*)案中,在申诉人被审判期间,该国特别针对该案件颁布了两项程序法律。第一项法律规定了潜在陪审员(potential jurors)的数量不受限制,另一项法律允许使用已经死亡的证人的证言作为证据。人权事务委员会认为,该案没有违反《公约》的规定,因为《公约》第 15 条第 1 款只规定禁止溯及既往的刑法,没有规定禁止溯及既往的程序法。

正如在第 15 条第 2 款中一样,在该条第 1 款中对国际法的提及也构成了对该条所保障的权利的一种限制。如果一个人的行为或不行为在其发生时虽然根据可适用的国家法律不构成刑事犯罪,但是只要依照当时有效的国际条约法或习惯国际法构成了犯罪,那么就可以据以判定其有罪。①

"法无明文不为罪"这一原则适用于所有的刑事犯罪,即它同样地适用于行为和不行为。在针对乌拉圭政府提出的各种案件中,一些反对派成员被军事法庭以"参加颠覆性组织"为由判刑入狱(实际上是因为他们曾是一些后来被禁止的政党的成员)。人权事务委员会认为在这些案件中乌拉圭政府违反了"法无明文不为罪"的原则。在基文马诉芬兰案(*Kivenmaa v.*

---

① 国际条约法中规定的刑事犯罪的条款包括 1948 年《防止及惩治灭绝种族罪公约》第 1 条、1973 年《禁止并惩治种族隔离罪行国际公约》第 2 条、1949 年《日内瓦第三公约》中有关违反战争法的第 130 条以及 1998 年在罗马通过的《国际刑事法院规约》中所定义的战争犯罪和反人类罪。但是,对国际法的提及不仅代表了禁止溯及既往的国内刑法这一原则的一个例外,它同时也保护个人不受溯及既往的国际刑事规范的追究。

Finland)中，申诉人因未经事先通报而组织了一次公共聚会而被根据 1907 年《公共聚会法》判定有罪。她声称这一判决违反了《公约》第 15 条，因为"没有任何法律规定组织政治性示威为犯罪行为"，而对她的罚款构成了通过类推的方式对刑法的溯及既往的适用。她还争辩说，这一过时、含糊和模棱两可的法律被警察用作干涉她的表达自由的法律依据。委员会认定了这是对第 19 条和第 21 条的违反，但是指出该案与第 15 条无关。

荷兰的一些和平主义活动家在其申诉中也提出了法律确定性的问题以及国家以明确和可以预见的方式定义所有犯罪的义务。在德·格鲁特诉荷兰案(de Groot v. The Netherlands)中，申诉人于 1988 年参加了反对军国主义的非暴力抵抗运动，其行为包括参与在军事基地附近的和平扎营活动、散发传单，以及有一次在一辆军用车辆上涂画和平标志。他因此被逮捕并且在一审法院因在公共场所实施暴力而被判处罚款。上诉法院以其在公共场所实施暴力的指控缺乏准确性而撤销了这一指控，但是认定申诉人参与犯罪组织的罪名成立，并判处其一个月监禁(缓刑两年)。申诉人声称这一判决违反了《公约》第 15 条，理由是《荷兰刑法典》中的相关条款非常模糊，以至于他无法预见到这些条款适用于他的情况。在该案中委员会也没有对这一声称作出反应，而是宣布该来文不可受理。在罗杰森诉澳大利亚案(Rogerson v. Australia)中，一名律师因未遵守一项法院禁止令而被判定犯有藐视法庭罪并被从执业律师名单中删除。由于在该行为发生时，根据澳大利亚法律违反法院禁止令而藐视法庭已经构成犯罪，因此委员会没有认定对 15 条第 1 款的违反。

在有些案件中，委员会驳回了有关违反第 15 条的指控，原因是案中所涉及的行为并非"刑事犯罪"。在斯特瑞克诉荷兰案(Strik v. The Netherlands)中，申诉人是一名受到纪律处分的市政府雇员。他首先被减薪，然后又被解雇。委员会根据属事理由宣布他的有关荷兰当局违反第 14 条和第 15 条的指控不可受理，因为委员会认为《公约》中的这些条款是有关刑事犯罪的，而该案中涉及纪律惩罚措施，并且提交到委员会的材料并没有显示这些纪律惩罚措施与第 14 条和第 15 条在意义上和"刑事指控"或"刑事犯罪"有任何关系。

(二) 法无明文不罚原则

1. 关于"刑罚"的含义

正如"刑事犯罪"一样，"刑罚"一词也需要解释。在范·杜曾诉加拿大案(van Duzen v. Canada)中，加拿大政府认为，第 15 条仅指"刑事处罚"，而不包括民事或行政处罚。加拿大政府争辩说,因为批准假释纯属行政行为,而剥夺假释也属于行政处罚,所以对此不适用第 15 条。虽然委员会强调应该以独立于加拿大法律的方式来解释"刑罚"一词,但它还是拒绝了这一来文——申诉者已经重新获得假释,因而得到了他要求得到的利益。

对"刑罚"的解释与对"刑事犯罪"的解释紧密相关。任何不仅仅具有预防性,而且还具有惩罚性和威慑性的制裁都可以被称为刑罚,而不管其严厉程度如何,以及法律或施加这种处罚的机关为它所规定的正式条件是什么。① 但是,以强制性监督为条件的假释无论如何也不能被看作第 15 条意义上的刑罚。在 A.R.S.诉加拿大案(*A.R.S.v. Canada*)中,委员会认为,根据《加拿大假释法》追溯适用强制性监督下的假释这一措施并不是第 15 条意义上的刑罚,而是旨在使罪犯得到改造的社会援助措施。②

2. 所加刑罚不得重于犯罪时适用的规定

第 15 条第 1 款不仅禁止施加在犯罪发生时的法律中没有规定的刑罚,而且还禁止施加比犯罪时所适用的法律所规定的刑罚"更重的刑罚"。③ 对于同一类型的犯罪来说,判断某种惩罚是重于或轻于犯罪时所适用的规定并不会引起严重的问题。如果规定的刑期长于或罚款重于犯罪发生时所适用的法律所规定的刑期或罚款,那么就违法了第 15 条。比较困难的是不同类型的刑罚之间的比较。在这里,有关人员的主观看法也是非常重要的。对有些人来说,两个星期的监禁没有较大数额的罚款严重;而对另一些人来说则恰恰相反。因此,只能根据具体案件中的各种相关的条件来判断是否违反了第 15 条。

委员会在一些案件中处理了有关施加比犯罪时所适用的法律规定更重的刑罚这一问题。在这些案件中,有关的刑法规定在有关的犯罪发生之后,但是在相关人员被定罪或判刑之前,发生了改变。在威斯特曼诉荷兰案(*Westerman v. The Netherlands*)中,申诉人是一名基于良心拒服兵役者。他的相关申请遭到荷兰当局的拒绝,并且因为他在 1990 年被征兵入伍后完全拒绝从事任何军事服务而被判处 9 个月的监禁。虽然法院是根据 1991 年的新《军事刑法典》对其定罪的,并且该罪行的性质在新旧法典中并不相

---

① 参见第 32 号一般性意见第 2 段及其他参考资料。

② Communication No.91/1981,*A.R.S.v. Canada*,para.5.3.

③ 人权委员会 1948 年草案(E/800)提到了"更严厉的惩罚";菲律宾的将"重于"一词改为"不同于"的提议在人权委员会上以 13 票反对、1 票赞成和 1 票弃权的投票结果被否决。

同(在旧法典中只有完全拒绝从事任何军事服务的行为才构成犯罪),但是委员会认定有关当局没有违反第15条,理由是9个月的监禁并不比犯罪发生时所适用的刑罚更为严厉。

另一个较为典型的案例是宫伯特诉法国案(*Gombert v. France*),此案涉及法国反麻醉品立法的修改。根据提交人于1994年被指控时适用的旧法律,非法进出口麻醉品以及阴谋实施这种行为可以被判处10—20年监禁。而新的刑法典规定,非法进出口麻醉品可以被判处10年监禁,但是如果这一罪行是由犯罪组织实施的,那么有关人员可以受到被判处30年监禁的严厉处罚。提交人因作为犯罪组织成员进出口麻醉品而于1998年被根据新刑法典判处15年监禁,后来刑期被减为13年。提交人争辩说,在他实施犯罪时,作为犯罪组织成员这一加重处罚的情节尚未在刑法中规定;而对于非法进口麻醉品这一普通犯罪而言,根据刑法典第15条第1款最后一句规定,他有权被适用规定了最高10年监禁的新法典。尽管如此,该来文还是被委员会宣布为不可受理,因为提交人被判处的刑罚并不重于犯罪时适用的规定,而且他也没有权利根据新刑法典中的过渡性规定得到较轻的判决。

3. 应适用较轻刑罚的例外情况

《公约》第15条第1款为缔约国规定了适用在犯罪发生后生效的对该犯罪规定了较轻刑罚的法律的义务,这与使刑法更为人道化的现代趋势是相一致的。但是,由于这一规定的具体措辞非常模糊,因此其解释出现了很严重的问题。该款第三句的基础是埃及于1950年提出的一个建议,该建议在人权委员会和联合国大会第三委员会都引起了很大的争议。[①]

根据字面上的解释——没有时间限制的解释,在犯罪发生之后生效的法律所规定的较轻的刑罚可以追溯适用于最终的决定性的有罪判决,甚至服完刑期之后。在后一种情况下,犯罪人可以根据《公约》第9条第5款提出赔偿要求。但是,在这里区分可逆转的刑罚和不可逆转的刑罚是至关重要的。例如,根据《公约》第6条第4款和第6款的规定,在犯罪实施之后生效的废除死刑的法律必须追溯适用于死刑执行之前的任何一个时间。同样

---

① 英国提出的一个将此规定从第15条中删除的动议在人权委员会上以10票反对、5票赞成和3票弃权的投票结果被否决。挪威在联合国大会第三委员会上提出了一个类似的修正案,但是它最终被予以撤回。英国提出的一个修正案试图将追溯适用较轻的刑罚的期限限制在定罪之前,但是该修正案以34票反对、28票赞成和18票弃权的微弱差距被否决。

的原则适用于违反第 7 条的肉刑或无期徒刑。而另一方面,对于其他监禁和罚款来说,最终的和决定性的有罪判决必须被看作缔约国追溯适用较轻刑罚的义务的终结点。但是,作为禁止溯及既往刑法原则的一个例外,这一规定也可以在此之后的某一时间被适用。

总的来说,这意味着在各个级别上的刑事法院在每个案件中都必须追溯适用在犯罪行为实施之后生效的、规定了较轻刑罚的法律。[①] 在作出"最终的和决定性的有罪判决"之后,这一原则仅适用于那些不可逆转的刑罚。另外,尽管有"既判事项原则",其他刑罚在其执行完毕之前——在有些情况下,甚至在此之后——都可以根据第 15 条第 1 款第三句规定予以减轻。

正如上面所述,人权事务委员会曾在三个针对加拿大的案件中处理了有关违反这一规定的指控。在范·杜曾和麦基萨克案(*van Duzen and Maclsaac cases*)中所遇到的棘手的问题是:《1977 年加拿大刑法修正案》中对有关假释规定的放宽(在假释期间如果重新犯罪只是取消假释,而不是自动丧失已度过的假释期间对刑期的折抵)是否应该适用于那些仍然按照旧的制度服刑但是根据新的制度可以获得假释的人员,委员会并没有论及这些案件中所出现的法律问题。委员会在范·杜曾案中决定:由于申诉人在此期间已经被释放,因此他已经得到了他所寻求的利益。在麦基萨克案中,委员会认为申诉人没有能够证明《刑法修正案》的追溯适用在实际上意味着对他的提前释放。即使委员会对该案进行实质性的分析,他们还是会驳回这一申诉,因为根据前面所描述的观点,有关实施监禁的判决——包括必须重新服满由被取消的假释期间所折抵的刑期的决定——在《修正案》生效之前已经是最终和决定性的判决了。

值得一提的是,《公约》第 15 条第 2 款也为禁止溯及既往的国内刑法的原则规定了一个例外情况,即如果某一行为或不行为在其发生时根据习惯国际法构成犯罪,则不适用该原则。[②]《公约》的准备工作材料表明,第 15 条第 2 款主要与《纽伦堡宪章》和纽伦堡判决中所承认的那些国际法原则有

---

① 例如,金森诉澳大利亚案(*Jensen v. Australia*),在该案中,由于在昆士兰州所通过的一项新的立法,申诉人的判决被从 11 年监禁减为 8 年监禁。作为对澳大利亚政府有关评论的回应,申诉人撤回了其根据《公约》第 15 条所提出的权利要求。

② 《欧洲人权公约》第 7 条第 2 款就像人权委员会 1949 年草案中的第 14 条第 2 款一样,使用了"文明国家所承认的一般法律原则"这一表述。而《公约》第 15 条第 2 款则使用了"各国公认的一般法律原则"这一较少具有欧洲中心主义色彩的表述。这一规定的基础是比利时和菲律宾共同提交的一个草案。

关。这些原则在联合国大会第 59(Ⅰ)号决议得到了各国一致的确认。①

第 15 条第 2 款的法律意义很模糊,因为第 15 条第 1 款已提到了国际法,而这一概念同样适用于国际条约法和习惯国际法。正如第 1 款一样,这一规定的例外性质仅仅与以下这种情况有关:在某一行为或不行为发生时根据习惯国际法构成犯罪的条件下对溯及既往的国内刑法的禁止。这意味着《公约》的缔约国可以适用溯及既往的国内刑法来惩罚战争罪、反人类罪和反和平罪以及诸如奴役和酷刑等违反国际法的行为。但是国际法本身(尤其是国际条约法)并不能使得某些刑事犯罪受到具有追溯性的惩罚。

《公约》第 15 条第 2 款的采用在人权委员会和联合国大会第三委员会都引起了争议,因为它否定了不受事后制定的法律追究的权利。实际上,国际刑事立法有一个从产生、发展到完善的过程,国际社会通过事后公认某种行为为国际犯罪只是在国际刑事立法尚不健全、不完善的阶段产生的一种偶然情况,它是为弥补刑事法律规范的不足而出现的一种应急办法。随着国际刑事法律规范的不断完善,这种情况将会逐步消失。现代国际刑事立法的发展趋势是要尽可能清楚、明确地将预防、禁止和惩治国际犯罪的国际刑法规则加以编纂,为不受事后制定的法律追究的权利在国际刑事法律规范中的完全确立打下坚实牢固的基础。

---

① 然而,该条第 2 款的采用却在人权委员会和联合国大会第三委员会引起了争议。阿根廷提出的删除这一规定的动议遭到了强烈的反对,最终以 51 票反对、19 票支持和 10 票弃权的表决结果被否决。

第三章 公正审判权的基础性要求

公正审判权的基础性要求包括《公约》第14条第3款所规定的权利,具体由以下七项内容组成:被告知指控的权利、准备辩护的权利以及与辩护人联络的权利、不被无故拖延地受审的权利、辩护的权利、传唤和讯问证人的权利、获得译员免费援助的权利、禁止自我归罪的权利。

一、被告知指控的权利

《公约》第14条第3款第1项规定:"迅速以一种他懂得的语言详细地告知对他提出的指控的性质和原因。"该项规定的权利被称为被告知指控的权利。[①]

《公约》中被指控的人被告知对其提出的指控的性质和原因的权利在文字上和《欧洲人权公约》第6条第3款第1项相同,联合国大会未经修正就通过了人权委员会草案中的这一权利。这一表述可以回溯至1949年菲律宾提出的草案。告知的义务与指控或起诉的性质和原因相联系。根据英国的一项倡议,在1952年插入了详细一词。因此,第14条第3款第1项规定的告知义务比第9条第2款对被逮捕者的有关规定要更为精确和全面。[②]这同样也适用于自由的人。刑事指控的性质和原因所指的不仅是对罪行的精确法律描述,还包括构成这一罪行的事实。[③] 这一告知必须充分,足以使被告根据第14条第3款第2项准备辩护。

---

① 在《欧洲人权公约》和《美洲人权公约》中对该权利也有类似规定。《欧洲人权公约》第6条第3款第1项规定:"以他所了解的语言立即详细地通知他被指控罪名的性质以及被指控的原因。"《美洲人权公约》第8条第2款第2项规定:"将对被告的指控事先详细地通知他。"

② 在马克劳伦斯诉牙买加案中,人权事务委员会提出:"第14条第3款第1项规定的对被告人的告知义务比第9条第2款对被逮捕者的有关规定要更为精确。只要遵守了第9条第3款,就没有必要在逮捕时立刻向被告人提供指控的性质和原因的细节。"

③ 参见第32号一般性意见第31段。

关于此项权利,可以从"指控和迅速""详细以及指控的性质和原因""通晓的语言"等方面来理解:

一是指控和迅速的含义。第 14 条第 3 款第 1 项中规定的指控应当是指正式起诉。人权事务委员会在第 32 号一般性意见第 31 段中认为,第 14 条第 3 款第 1 项适用于所有的刑事案件,包括受指控者没有被羁押的案件,但是却不适用于在提出起诉之前的刑事调查阶段。这与人权事务委员会早期的判例法是一致的。在早期的判例法中,人权事务委员会认为第 14 条第 3 款第 1 项只有在正式起诉作出后才适用。在玻尔·凯丽诉牙买加(*Paul Kelly v. Jamaica*)案中,人权事务委员会指出,第 14 条第 3 款第 1 项中规定的告知要求只有在正式起诉作出后才适用,因为《公约》第 9 条第 2 款已经单独规定了告知逮捕的原因和指控。虽然该条不适用于侦查阶段被羁押的犯罪嫌疑人,但这些犯罪嫌疑人仍然受《公约》第 9 条第 2 款的保护。由此可见,《公约》第 14 条第 1 款中的"指控"与第 14 条第 3 款第 1 项中的"指控"的含义是不相同的。前者指的是由有权机构给予某人正式通知,宣称他可能已经犯罪;在某些情况下指控还表现为其他措施,只要这些措施实质性地影响到了犯罪嫌疑人的状况。后者指的是指控方向法院提起的正式起诉。

一个人应被迅速告知的要求,是在人权委员会根据五个国家联合提交的提议插入原先的草案中的。因此,在以下情形中就必须加以告知:在提出指控时或紧随其后,在开始最初的司法调查时,或举行某些其他聆讯,而这一聆讯引起了针对某人的清楚的正式嫌疑。《公约》之所以规定这一要求,是为了让被告人有时间准备被起诉之后的辩护。在穆本哥诉扎伊尔[①](*Mbenge v. Zaire*)案中,人权事务委员会认为,在审判开始前三天签发传票(summons)没有满足"迅速"这一要求。人权事务委员会认为,告知的目的是为了使被告人有时间准备辩护,三天时间对于实现这一目的不够充分。由于"迅速"的目的是为了让被告人有充分的时间准备辩护,因此,人权事务委员会在判断对被指控者告知指控的性质和原因是否满足"迅速"这一要求时,一般要考虑第 14 条第 3 款第 2 项的规定。

二是关于详细以及指控的性质和原因。《公约》第 14 条第 3 款第 1 项要求"详细"地告知被指控者指控的性质和原因。所谓指控的性质是指所指控的犯罪的性质,是控方对指控行为的法律评价,它解决的是指控所依据的

①　刚果民主共和国,旧称扎伊尔,本案发生时仍称扎伊尔。

法律问题。所谓指控的原因则是指控的事实依据,它回答的是控方根据什么事实对被告人提起了刑事指控。那么,告知被告人的指控的性质和原因达到何种程度才算满足了"详细"这一要求呢? 对此,人权事务委员会在其第 32 号一般性意见中认为,假如告知被告人的信息表明了指控所依据的法律和一般事实(the alleged general facts),就可以满足第 14 条第 3 款第 1 项的要求。

三是关于通晓的语言。英国的一项动议加上了被告必须"以一种他懂得的语言"被告知的要求。有关机关必须将控告,也许还有逮捕令或内容相同的口头声明等翻译成被告懂得的语言。在刑事审讯中,被告也可以要求译员的免费服务。为了完成这一要求,缔约国必须提供充分的翻译人员(interpreters and translators),这对于保障被指控者充分地准备辩护十分重要。例如,在森迪克诉乌拉圭(*Sendic v. Uruguay*)、穆本哥诉扎伊尔(*Mbenge v. Zaire*)等案件中,人权事务委员会认定存在着对第 14 条第 3 款第 1 项规定的告知义务的明显违反。

二、准备辩护的权利以及与辩护人联络的权利

(一) 准备辩护的权利

第 14 条第 3 款第 2 项规定:"有相当时间和便利准备他的辩护并与他自己选择的律师联络。"①在莱特诉牙买加(*Wright v. Jamaica*)案中,人权事务委员会强调,有充分的时间和便利准备辩护并与其自己选择的律师联络是保障公正审判的重要因素,是平等武装原则的必然结果。人权事务委员会的这一观点也体现在柏根诉牙买加(*Perkins v. Jamaica*)案中,在该案中,人权事务委员会指出,被告人有充分时间和便利准备辩护并与他自己选择的律师联络的权利是平等武装原则的重要方面。

第 14 条第 3 款第 2 项包含了若干权利,这些权利在某些地方与第 1 项和第 4 项规定的权利相重合。被告有相当时间和便利准备其辩护的权利源于 1952 年英国在人权委员会的一项草案,该草案显然是以《欧洲人权公约》

---

① 《欧洲人权公约》和《美洲人权公约》中也都有类似规定。《欧洲人权公约》第 6 条第 3 款第 2 项规定:"应当有充分的时间和便利条件为辩护作准备。"《美洲人权公约》第 8 条第 2 款第 3 项规定:"为准备辩护所需要的充分的时间和便利";第 4 项规定:"……并自由地和私下里与律师联系"。

第 6 条第 3 款第 2 项为基础的。这一权利不仅适用于被告人,也适用于他们的辩护律师,而且与审判的所有阶段相联系。

时间多长可谓"相当"取决于案件的情况和复杂程度,但一般来讲,几天是不够的。人权事务委员会在其第 32 号一般性意见中指出,"充分的时间"根据每个案件的具体情况而定。也就是说,在这方面人权事务委员会没有确立明确的标准。人权事务委员会的这一观点在史密斯诉牙买加(*Smith v. Jamaica*)案中得到了充分的体现。在该案中,申诉人提出他没有足够的时间准备辩护。人权事务委员会认为,是否存在"充分的时间"要根据具体案件具体分析。在本案中,律师在审判前一天准备辩护也是可以的。但根据本案的材料,由法庭指定为申诉人辩护的律师让另一名律师代其为申诉人辩护,而后者在开庭前一天就撤出了。在开庭的那一天,原定上午 10 时开庭,临时因申诉人辩护的律师要求延期到下午 2 时开庭,以便其与当事人在开庭前有会见的机会。法庭允许了律师的请求,但他也只有 4 小时的准备时间。人权事务委员会认为,如此短的时间对一件死刑案件的准备辩护是不够的,律师没有时间决定辩护方将提供哪些证人,因此,该案的审理违反了《公约》第 14 条第 3 款第 2 项的规定。

在确定时间是否是充分方面,律师的行为也是一个非常重要的考虑因素。在柏根诉牙买加(*Perkins v. Jamaica*)案中,申诉人可能被判处死刑,人权事务委员会认为,决定何为"充分的时间"需要根据每个案件的个别情况来评价。人权事务委员会认为该案没有违反第 14 条第 3 款第 2 项和第 4 项,因为柏根先生与其律师在审前至少见了两次面。而且,柏根和其律师都没有向法庭提出准备辩护的时间不充分。人权事务委员会强调,在这种情况下,如果申诉人和其律师认为准备不充分,应当请求中止审判。

在莱特诉牙买加(*Wright v. Jamaica*)案中,在开庭那天的上午才给申诉人指定律师,律师只有不到一天的时间准备辩护。人权事务委员会认为,由于莱特的律师没有请求中止审判,因此没有充分的时间准备辩护不能归因于牙买加的司法机关。

有充分的时间准备辩护的权利与辩方的其他权利之间有着密切的关系。首先,与第 14 条第 3 款第 3 项中受审时间不被无故拖延的权利有关系。准备辩护的时间越充分,审判所需的时间也就越长。因此,第 14 条第 3 款第 2 项和第 3 项这两者之间是相互矛盾的。如果两者之间发生冲突,为了充分地保障准备辩护的权利,第 14 条第 3 款第 2 项的规定优先。其次,与第 14 条第 3 款第 1 项中被告知指控的权利有关系。这两项之间的联系尤其明显,被告人越早被告知指控,其准备辩护的时间也就越长。

关于"便利"一词。第 14 条第 3 款中的几乎所有其他规定都属于准备辩护所需要的便利:被告知指控性质的权利,获得指定法律援助的权利,传唤和讯问证人的权利,免费获得翻译人员帮助的权利等。除了这些《公约》第 14 条第 3 款明确规定的"便利"之外,人权事务委员会在其对"便利"的解释中还提到了另外两种"便利":查阅案卷和获得开庭通知。

关于查阅案卷。人权事务委员会认为,"充分的便利"指的是被告人或其辩护律师被准予获得为准备辩护所必要的文件、记录,等等。但是,这不产生主张获得所有相关文件副本的权利。① 如果被告不懂法院所用之语言,只要他或她可以与之联络的辩护律师能够获得所有相关文件(如有必要,在译员之协助下),被告就无权要求就这些文件提供翻译。在 O.F.诉挪威(O.F. v. Norway)案中,申诉人在大概开庭前两个月就可以"亲自或通过律师"查阅"在警察局的与案件相关的文件",但是申诉人"没有这样做,而是要求将所有文件的复印件送给他"。侦查机关没有满足申诉人的请求。人权事务委员会认为该案没有违反《公约》第 14 条第 3 款的规定。

关于获得开庭通知。如果被告人有律师,被告人的律师获得开庭的通知也是"便利"之一。换言之,如果被告人有律师,那么在没有及时通知律师以允许其充分准备辩护的情况下,不能对被告人进行审判。在力特诉乌拉圭(Nieto v. Uruguay)案中,军事法庭在没有通知申诉人律师的情况下,对申诉人进行了审判。在定罪之后,法庭通知了其律师审判的结果。人权事务委员会认为这违反了《公约》第 14 条第 3 款第 2 项和第 4 项。

(二)与辩护人联络的权利

《公约》第 14 条第 3 款第 2 项在规定了"有相当时间和便利准备他的辩护"之后,随即规定"并与他自己选择的律师联络"的权利。该权利是在联合国大会第三委员会根据以色列的动议插入的。在目前的语境中,该规定的唯一目的是为辩护作准备,而且特别与有关的个人处于审前拘禁状态时具有相关性。由于该权利的目的之一是为辩护作准备,因此它只适用于未决

---

① Communication No.158/1983,*O.F. v. Norway*,para.5.5.

犯,而不适用于已决犯。在汤姆诉牙买加(*Tom v. Jamaica*)案中,已经被定罪的被告人的一封信花了两个半月才到达他的律师那里。人权事务委员会认为该案没有违反《公约》的规定,因为迟延不会对充分准备辩护带来任何负面影响。

有充分的时间和便利与辩护人联络的权利有以下几项要求。首先,该权利要求犯罪嫌疑人、被告人迅速被准许获得律师的帮助。这是为了确保犯罪嫌疑人、被告人有"充分的时间"与辩护人联络。其次,该权利要求与律师秘密联络。律师应当能够在隐秘的情况下会见当事人,能够在完全尊重交流秘密性的条件下与被告交流。这是为了确保犯罪嫌疑人、被告人有"充分的便利"与辩护人联络。① 第三,律师应当能够在不受任何方面的任何限制、影响、压力或不适当干预的情况下,根据公认的职业道德来给被控刑事犯罪者提供法律服务。② 第四,在被告人贫困的情况下,只有审前阶段和审判阶段提供免费的译员,才能确保与律师进行联络。由此可以看出,免费获得翻译人员帮助的权利不仅仅适用于法庭审理阶段。最后这两点也是为了确保犯罪嫌疑人、被告人有"充分的便利"与辩护人联络。

对这一权利的典型违反源自与外界隔绝的拘禁,由"蒙面的法官"组成的特别法庭进行的审判,或者是违背被告的意志而指派给他或她的依据职权指定的辩护律师。③ 但是人权事务委员会在很多不那么严重的案件中,同样认定了对第 14 条第 3 款第 2 项的违反,比如,被告自被羁押起 5 天的时间里无法与自己选择的律师联络。为准备辩护与其律师联络的权利当然同样适用于上诉程序。在针对圭亚那、牙买加、马达加斯加、秘鲁、俄罗斯联邦、特立尼达和多巴哥、乌拉圭等不同国家的案件中,都发现了对准备辩护权利的不可允许之干预。

三、不被无故拖延地受审的权利

《公约》第 14 条第 3 款第 3 项规定:"受审时间不被无故拖延。"该项规

---

①　张吉喜:《论刑事诉讼中的公正审判权》,西南政法大学 2008 年博士学位论文。
②　参见第 32 号一般性意见第 34 段。
③　这在若干针对乌拉圭的案件中得到了确认,在这些案件中,辩护律师是由军事法院指派的。通常在这一问题上,会同时违反第 14 条第 3 款第 2 项和第 4 项。

定了受审时间不被无故拖延的权利,①它是根据以色列的一项动议在联合国大会第三委员会插入被告最低限度权利的清单中的。②

关于时间的起止点,大多数从嫌疑人(被指控的人、被告)被告知当局正采取具体步骤起诉他或她时开始起算。一旦个人受到了刑事犯罪的"指控",他就开始享有公正审判权的保护。因此,期间始于指控的提起。"指控"是一个具有自主性含义的词语(autonomous definition),提起"指控"的日期可以是"逮捕的日期,警察提出指控的日期,或初步侦查(preliminary investigations)开始的日期"。而这一时间限制结束于最后确定的判决,即最终的、决定性的判决或对诉讼的驳回。在卡达斯诉乌拉圭(*Caldas v. Uruguay*)案中,人权事务委员会认为,不被无故拖延地接受审判的权利必须被理解为不被无故拖延地获得最终判决和量刑的权利。由此可见,这一期限的终点是最终确定的判决。另外,人权事务委员会在其对《公约》的第 32 号一般性意见中也特别强调,在法庭拒绝保释被告的案件中,必须以尽可能迅速的方式进行审判。

合理的时间(或无故拖延)究竟何指取决于案件的具体情况和复杂性。值得注意的是,尽管案件的复杂性是评价刑事程序期间是否构成不当拖延的一个因素,但是人权事务委员会认为,案件的复杂性不能作为评价刑事程序期间是否构成不当拖延的唯一要素。在希德·戈麦斯诉巴拿马(*Cid Gomez v. Panama*)案中,涉嫌犯罪的嫌疑人在被无罪释放前,已经被羁押了三年半之久,人权事务委员会认为,正式起诉和审判之间的这种拖延"不

---

① 《欧洲人权公约》第 6 条第 1 款和《美洲人权公约》第 8 条第 1 款都规定"在合理时间内的审讯"的权利。尽管"不被无故拖延,"(without undue delay)和"在合理的时间内"(within a reasonable time)在字面上不同,但是这两个短语在实质上具有相同的含义。《公约》与《欧洲人权公约》和《美洲人权公约》的规定在文本上的区别是:"受审时间不被无故拖延"的权利是规定在《公约》第 14 条第 3 款中的,因此就《公约》而言其只适用于刑事案件;"在合理时间内审讯"的权利分别规定在《欧洲人权公约》第 6 条第 1 款和《美洲人权公约》第 8 条第 1 款中,因此就《欧洲人权公约》和《美洲人权公约》而言,其既适用于刑事案件,也适用于民事案件。但是人权事务委员会在适用该规定时修正了这一状况。在摩瑞尔诉法国(*Morael v. France*)案中,人权事务委员会在阐明第 14 条第 1 款的含义时指出,尽管第 14 条第 1 款没有规定民事案件的"公正审判"包括哪些内容,但是它必须被解释为包括特定的核心要素,如各阶段程序的迅速性。在卡沙诺瓦斯诉法国(*Casanovas v. France*)案中,人权事务委员会重申任何不适当拖延都与公正审判权不符。

② 与其相对应的规定——"在合理时间内的审讯"能够在《欧洲人权公约》第 6 条第 1 款和《美洲人权公约》第 8 条第 1 款找到,《美洲人权公约》中的规定同样适用于民事诉讼。就刑事审判而言,这些规定是同义的,因为《欧洲人权公约》第 6 条第 1 款在实践中被解释为不仅包括在合理时间内得到审判的权利,也包括在合理时间内得到判决的权利。

能仅仅以复杂的事实情况和被延长的侦查来解释"。

在判断是否存在着无故拖延时,还必须同时考虑提交人和国家当局的行为。在普拉特·摩尔根诉牙买加(*Pratt and Morgan v. Jamaica*)案中,申诉人未能继续向枢密院上诉是因为上诉法院花了近三年零九个月的时间签发书面判决。牙买加政府解释道,该案中的拖延"因为疏忽,申诉人应当主张他们较早获得书面判决的权利"。人权事务委员会指出,这一拖延的责任在司法机关,该权利"不依赖于审判中律师的请求,被告没有提出请求也不能作为未完成该责任的借口"。需要说明的是,证明任何拖延为正当合理以及表明某一案件极为复杂的举证责任在缔约国。但是在拖延主要归咎于提交人或其律师的情形,人权事务委员会不会认定这是对第 14 条第 3 款第 3 项的违反。

不被无故拖延地受审的权利使得缔约国有义务以一种能确保有效而迅速的审判且不忽略被告的其他各种权利的方式来组建其司法机构和制度。从有关判例来看,缔约国的大多数辩解理由都是无效的理由。例如,缔约国不能将经济和行政上的限制因素作为拖延的理由。在卢布托诉赞比亚(*Lubuto v. Zambia*)案中,被告人因严重的抢劫罪被判处死刑,赞比亚政府承认从逮捕被告人到最高法院驳回上诉费时 8 年的确是一个相当长的时间。然而,该政府辩称,"由于国家经济情况困难,无法保证迅速处理案件所需的设备和服务"。人权事务委员会没有接受这一主张,认定了其对第 14 条第 3 款第 3 项的违反,声明它"承认缔约国的困难的经济情况,但希望强调的是,《公约》中规定的权利构成所有缔约国同意遵守的最低限度的标准"。① 虽然人权事务委员会可能希望避免承认公民和政治权利同经济、社会和文化权利相似,就有关实现的积极义务而言,都要逐步实施,但是,在我们看来,在判断某一政府对无故拖延是否负有责任时,很可能应该考虑该国家的特殊的经济情况。当然在另一方面,人权事务委员会必须非常谨慎,以防止政府滥用这一理由。

无故拖延可以存在于刑事诉讼的任何一个阶段。因为在大多数案件中,时间限制从被告被逮捕时起算,所以任何超过期限的审前拘禁被认定不仅违反了第 9 条第 3 款,而且也违反了第 14 条第 3 款第 3 项。在某些案件中,审前拘禁持续了 7 年以上,其他一些案件中,则持续了 3 年到 4 年的时

---

① Communication No 390/1990, *Lubuto v. Zambia*, para. 5.1, 5.2, 7.3. 在穆昆托诉赞比亚案(*Mukuntc v. Zambia*)中,政府重复了经济因素的限制这一理由,人权事务委员会再次不予采纳。

间。但是在很多审前拘禁持续了 2 年到 3 年或者不足 2 年的案件中,人权事务委员会同样认定违反了该项规定。在希尔诉西班牙案(*Hill v. Spain*)中,人权事务委员会认定,在政府对所宣称的案件的复杂性未作任何解释的情形下,对两名英国籍申诉人的长达 16 个月的审前拘禁以及长达 3 年的整个诉讼期,都构成了对第 14 条第 3 款第 3 项的违反。在麦克塔格特诉牙买加案(*McTaggart v. Jamaica*)中,人权事务委员会指出,在一件死刑案中,从逮捕到审判拖延了 12 个月,这虽然"可能令人不满意",但是并没有构成对第 9 条或第 14 条的违反。人权事务委员会认定在德雷施尔·卡尔达斯诉乌拉圭案(*Drescher Caldas v. Uruguay*)中存在着对第 14 条第 3 款第 3 项的违反。在该案中,来文的申诉人在被逮捕不足两个月以后被起诉,并在随后的 8 个月内经历了 4 次开庭。

有时,人权事务委员会认定在一审和上诉审程序中存在着对拖延的分别违反。特别是,持续时间超过 2 年的上诉审程序被认定为违反了第 14 条第 3 款第 3 项。在沙尔托诉特立尼达和多巴哥案(*Shalto v. Trinidad and Tobago*)中,从上诉法院作出裁决到再审拖延了将近 4 年的时间,在此期间申诉人仍处于拘禁之中,委员会认定这构成了对第 9 条第 3 款和第 14 条第 3 款第 3 项的违反。在平克尼诉加拿大案(*Pinkney v. Canada*)中,对第 14 条第 3 款第 3 项的违反被认定。在该案中,审判抄本的产生费时 29 个月,致使上诉被延误了近 3 年。相似地,在普拉特·摩尔根和凯利诉牙买加案(*Pratt,Morgan and Kelly v. Jamaica*)中,从驳回提交人的上诉到上诉法院出具书面判决之间长达 45 个月(或近 5 年)的时间跨度,使得他们无法进行向枢密院上诉的程序,委员会认定这违反了第 14 条第 3 款第 3 项。

由于对第 14 条第 3 款第 3 项的违反取决于案件的具体情况,所以很难一般性地断定整个刑事审判应当持续多长时间。在肯尼迪诉特立尼达和多巴哥案(*Kennedy v. Trinidad and Tobago*)中,从审判之日起到枢密院司法委员会驳回特许上诉申请已经超过了 10 年,人权事务委员会认定了对该项的违反。在卢布托诉赞比亚案(*Lubuto v. Zambia*)中,委员会认定,尽管赞比亚正处于困难的经济形势中,但是从逮捕到最后驳回上诉持续 8 年的时间不符合第 14 条第 3 款第 3 项的要求。在帕拉格诉克罗地亚案(*Paraga v. Croatia*)中,整个诉讼程序持续了 7 年,这被认定违反了不被无故拖延地受审的权利。而另一方面,在希尔诉西班牙案中,从逮捕申诉人到驳回他们的上诉持续了 3 年这一相对较短的时间,但是委员会同样认定这违反了不被无故拖延地受审的权利。

然而,在大多数案件中,委员会并没有判断整个诉讼持续的时间是否超过期限,而是认定在审判的某一个特定阶段中,缔约国的具体行为是否构成了无故拖延。在阿雷顿多诉秘鲁案(*Arredondo v. Peru*)中,人权事务委员会得出结论认为,对申诉人第二次作出无罪判决的 8 年之后再重新审理该案不符合第 14 条的规定。

四、辩护的权利

《公约》第 14 条第 3 款第 4 项规定:"出席受审并亲自替自己辩护或经由他自己所选择的法律援助进行辩护;如果他没有法律援助,要通知他享有这种权利;在司法利益有此需要的案件中,为他指定法律援助,而在他没有足够能力偿付法律援助的案件中,不要他自己付费。"①该款规定了出庭受审、辩护和获得指定辩护的权利。

辩护的权利能够追溯到在人权委员会的若干提议,这些提议主要来自美国、菲律宾和英国,并因为人权委员会采纳了获得免费法律援助的权利而引起了激烈的争论。② 该权利可以被分为一系列个别的权利:亲自为自己辩护的权利,选择自己的律师的权利,被告知获得律师的权利,以及获得免费的法律援助的权利。联合国大会第三委员会,依据以色列的修正提议,一项进一步的权利被置于第 4 项的开头,即出庭受审权利。

上述五项权利之间的关系需要解释。一种系统的解释——包括参考准备工作材料——趋向于导致如下结果:任何被指犯有刑事罪行的人都有一种首要的、不受限制的出席审判并为自己辩护的权利。然而,他可以选择不

---

① 《欧洲人权公约》第 6 条第 3 款第 3 项规定:"由他本人或者由他自己选择的律师替自己辩护,或者如果他无力支付法律帮助的费用,则基于司法利益考虑,应当免除他的有关费用。"在《美洲人权公约》第 8 条第 2 款中分两项规定了这些权利,其中第 4 项规定:"被告有权亲自为自己辩护或者由他自己挑选的律师来协助,并自由地和私下里与律师联系。"第 5 项规定:"如果被告不亲自为自己辩护或者在法律规定的时间内未聘请自己的律师,他有不可剥夺的受到国家所指派的律师帮助的权利,并按照国内法律规定自付费用或者不负担费用。"

② 在《公约》起草过程中,获得免费指定辩护的权利在 1949 年仍然遭到反对,其理由是这在实践中无法在所有国家得到实现。直到 1950 年获得免费指定辩护的权利才被正式写入《公约》的草案。以色列代表在联合国大会第三委员会作出评论时,采取了相同的思路,亲自受审的权利被采纳,可以归因于这一思路。

行使这一权利,而代之以使用辩护律师,而法庭必须告知他获得律师的权利。原则上,只要他自己能够承担,他可以按照自己的意愿选择一位律师。如果他没有金钱上的偿付手段,他有权免费获得由法庭指定给他的辩护律师,只要这是出于司法利益的必要。出于司法的利益是否需要国家提供律师的有效代理主要取决于罪行的严重程度和可能的最高刑罚。① 按照这样的逻辑顺序,出庭受审并为自己进行辩护的权利处于极为重要的地位。在若干主要涉及在乌拉圭的军事法庭审判的案件中,人权事务委员会认定存在对出席审判权利的违反。只有在被告被及时传唤出庭并被告知针对他或她的诉讼中,才允许对被告进行缺席(absentia)审判。在马雷基诉意大利案(*Maleki v. Italy*)中,人权事务委员会认为,如果被告人在被拘捕后有权出席再审,这可能是对违反出席审判权利的一种补救。

根据《公约》第 14 条第 3 款第 4 项的规定和人权事务委员会第 32 号一般性意见,亲自辩护、选择辩护人辩护和被告知有权聘请辩护人②构成了辩护权的主要内容。《公约》的措辞在所有作准文本中都明显表明,其规定的是亲自进行辩护"或"在其自己选择的律师的帮助下进行辩护的权利。因此,该项权利赋予了被告拒绝律师帮助的可能性。在希尔诉西班牙案(*Hill v. Spain*)中,一名英国籍的被告人通过译员进行自我辩护的权利被违反,因为在该案中,被告人提出了这一请求,但是法院拒绝了他的请求并为他指派了一名律师。

由《公约》第 14 条第 3 款第 4 项的规定可知,在一般情况下,如果被告人可以获得自己选择的律师,那么法院就不能为其指定律师。在安杰尔·埃斯特雷拉诉乌拉圭案(*Angel Estrella v. Uruguay*)中,一个军事法庭只允许来文的申诉人在两位依据职权指定的律师中选择一个,委员会认定通过自己选择的律师进行辩护的权利被违反。在维阿纳·阿科斯塔诉乌拉圭案(*Viana Acosta v. Uruguay*)中,人权事务委员会也作出了类似的决定。

---

① 例如,人权事务委员会认定,在涉及 1000 挪威克朗罚款的两起违反交通法的案件中,并不要求由国家付费指派律师,而在死刑案件中,在法律诉讼的所有阶段,包括预审和向枢密院的司法委员会提起特许上诉申请,提供法律援助则是"不言自明的"。甚至在宪法法院进行的确定刑事审判是否公正的诉讼中,也必须提供法律援助。尽管被告人在原则上不能影响根据法律援助计划挑选指派给他的律师,但是当指定的辩护律师违背了他们的意志时(如在军事法庭审判中),他们在任何时候都可以行使自我辩护的权利。

② 被告知有权聘请辩护人是指如果被告在法律规定的时间内未聘请自己的律师,应当被告知其可以聘请律师为其辩护。关于该权利,人权事务委员会目前还没有更为详细的评论。

在该案中,申诉人被强迫接受一位依据职权指定的当然的军事律师,尽管一位平民律师已经声明他愿意担任被告的辩护律师。

为了充分地保障被指控者辩护的权利和获得指定辩护的权利,人权事务委员会特别强调律师辩护的有效性。在人权事务委员会看来,只有国家专门机关对律师辩护有效性的缺失负有责任时,才会违反《公约》第14条第3款第4项。从人权事务委员会所处理的案件来看,其特别重视死刑案件中的指定辩护。在若干死刑案件中,争论的问题是,被告人是否有权对法庭为他们指定的律师的选择提出争辩,以及在对他们上诉的审讯中,他们是否应该被给予出庭的机会。委员会考虑到这些案件中死刑的严重性和法庭指定的律师的无效性,对以上两个问题都给予了肯定的回答,而且认定存在着对第14条第3款第4项的违反。在平托诉特立尼达和多巴哥案(*Pinto v. Trinidad and Tobago*)中,被指定为被控犯有重罪的申诉人辩护的律师表现得毫无兴趣,在整个审判中保持消极,没有对控方的证据提出质疑。在被定罪和判处死刑后,申诉人提出上诉,指出其不愿该律师在上诉中继续为其辩护。尽管申诉人告知法院他已经安排了新的律师为其辩护,但是法院仍指定了该律师。委员会强调指出:"在死刑案件中必须以能够充分有效地确保公正的方式为被告人提供法律代理的帮助。"在该案中,缔约国的行为侵犯了申诉人第14条第3款第4项的权利,因为他没有获得有效的法律帮助。在里德诉牙买加案(*Reid v. Jamaica*)中,人权事务委员会提出了相似的观点,委员会认为"在上诉程序中,缔约国应该为被告人指定另一名为其辩护的律师,或准许他自己出席并辩护"。在凯利诉牙买加案(*Kelly v. Jamaica*)中,委员会表达了这样的意见,即尽管第14条第3款第4项没有赋予被告人选择为其免费提供的律师的权利,但是必须采取措施以确保这位律师一旦被指派以后,能够为了司法的利益进行有效的代理。然而,在由自己选择律师代表的权利之外,出席上诉法庭的权利在亨利诉牙买加案(*Henry v. Jamaica*)中被委员会否定。

在其他并不是很严重的犯罪中也有可能需要提供法律帮助。人权事务委员会在审查斯洛伐克共和国所提交的报告时强调,在斯洛伐克共和国,并非在所有案件中,《公约》第14条第3款第4项规定的免费指定辩护都得到了保障,仅仅在最高刑罚是五年以上监禁的案件中才得到保障。因此委员会建议斯洛伐克共和国审查其立法,确保其与《公约》保持一致。

然而,在O.F.诉挪威(*O.F. v. Norway*)案中,人权事务委员会认为,挪威没有给申诉人提供免费的指定辩护,并没有违反第14条第3款第4项。该案中挪威的一名司机被控超速驾驶,同时还有另一个与此无关的起诉是其没有向官方登记机构提供其公司的信息。人权事务委员会认为,在该案中申诉人所涉嫌的犯罪不够严重,可能判处的刑罚也较轻,因此没有为其指定辩护的司法利益。到目前为止,人权事务委员会尚没有确定应当为被告人指定辩护的最低刑罚。

原则上,缔约国对私人聘请的律师的行为并不负有责任。如果律师辩护有效性的缺失不能归因于国家专门机关,缔约国便不会违反该规定。这与公正审判权的宗旨之一——约束国家权力是相一致的。在格瑞弗诉西班牙案(*Griffin v. Spain*)中,格瑞弗是一位加拿大的旅行者,他由于毒品方面的犯罪在西班牙被监禁。他声称其聘请的律师没有为其提供有效的辩护。人权事务委员会认为如果申诉人不满意律师的表现,他可以要求司法当局为其指定律师,或他可以要求加拿大的律师帮助其获得其他律师的帮助。相反,在接下来的审判中申诉人继续聘请了该律师,直到1991年11月8日。在这种情况下,人权事务委员会认为西班牙没有违反第14条第3款第4项。

在后来的判例中,人权事务委员会一再重申,在涉及死刑的案件中,在程序的所有阶段被告都必须获得有效的律师帮助。这表明,在死刑案件中,指定辩护不能被严格地限定在审判阶段,而是应当适用于刑事程序的所有阶段。

五、传唤和讯问证人的权利

《公约》第14条第3款第5项规定:“讯问或业已讯问对他不利的证人,并使对他有利的证人在与对他不利的证人相同的条件下出庭和受讯问。”[1]该项规定了传唤和讯问证人的权利。

在和检察官同等条件下传唤和获得证人出庭并予以讯问的权利是“诉讼手段平等”的体现,也是公正审判的一个基本要素。人权事务委员会认为

---

[1] 《欧洲人权公约》第6条第3款第4项规定:“询问或通过其辩护人询问不利于他的证人,并在与不利于他的证人具有相同的条件下,让有利于他的证人出庭和接受询问。”《美洲人权公约》第8条第2款第6项规定:“被告一方有权询问在法院出庭的证人,并有权请专家或者其他能说明事实真相的人作为证人出庭。”

"第 14 条第 3 款第 5 项保障控辩双方在讯问证人方面的平等武装,但是并不阻止辩方在法庭审理阶段(during the trial hearing)放弃或不行使交叉讯问控方证人的权利"。在康巴斯诉牙买加(Compass v. Jamaica)案中,申诉人声称,他没有机会反讯问一位主要的控方证人,因为该证人正在国外,不能出庭作证。然而,人权事务委员会却认为这并不违反《公约》规定,因为,一方面,在预审阶段该证人在宣誓之后提供了证言并接受了辩方律师的反讯问;另一方面,在一审和上诉中,辩方没有反对提交该证人的证言作为证据。人权事务委员会认为,由于在预审中辩方以与控方相同的方式讯问了该证人,因此申诉人的权利得到了充分的保障。

但是,被告的获得对其有利的证人的讯问的权利不是绝对的。① 被告行使对自己有利的证人出庭并予以讯问的权利受到"与对他不利的证人相同的条件下"的限制。在高顿诉牙买加(Gordon v. Jamaica)案中,人权事务委员会认为第 14 条第 3 款第 5 项"没有规定被告人或其律师有要求任何证人出庭的不受限制的权利"。人权事务委员会指出,被告人"只有权要求法庭认可的与辩护相关的证人出庭"。因此,法院被赋予了相对广泛的自由裁量权,但在决定是否传唤被告人申请的证人时,法院不能违反平等武装原则。如果没有证据证明法庭拒绝传唤被告人申请的证人违反平等武装原则,那么就不会违反第 14 条第 3 款第 5 项。人权事务委员会只在很少的案件中认定对第 14 条第 3 款第 5 项的明确违反。森迪克诉乌拉圭案(Sendic v. Uruguay)就是一个例证。在该案中,来文的提交人被一个军事法庭在不公开的审判中缺席判处 30 年监禁,他没有任何机会传召对自己有利的证人。该案明显违反公正审判的这一最低保证。进一步例证可以在穆本哥诉扎伊尔案(Mbenge v. Zaire)中发现,在此案中,来文的提交人是沙巴省的前省长,他被缺席判处了两次死刑。而在罗德里格兹·奥雷胡拉诉哥伦比亚案中,法院对一桩刑事案件的审理没有进行任何口头审讯。福恩扎利达诉厄瓜多尔案(Fuenzalida v. Ecuador)涉及一名同性恋男子,他被指控强奸了一名美国和平队的志愿者,法院拒绝命令专家提供对申诉人至关重要的证言,也就是拒绝对其血液和精液进行鉴定,委员会认定这构成了对第 14

---

① 1949 年由智利、埃及、法国、菲律宾和美国联合提交获得一致通过的第一个草案为被告规定了"对其有利的证人应被强制出庭"的不受限制的权利。最后的文本是在 1952 年根据英国的一项倡议以 10 票赞成、5 票反对和 3 票弃权通过的,这一最后文本规定得不那么严格,并和《欧洲人权公约》第 6 条第 3 款第 4 项的措辞相同。

条第3款第5项的违反。

在死刑案件中，人权事务委员会就公正适用了相当严格的标准，这也使国家承担了确保对被告有利的证人出庭的极为广泛的积极义务。第14条第3款第5项规定："并使对他有利的证人在与对他不利的证人相同的条件下出庭和受讯问。"该项规定体现了被告人申请法院传唤己方证人的权利。在格兰特诉牙买加案（Grant v. Jamaica）中，被告的女友在一份书面证词中声称，案发时被告整晚都和她在一起，但她由于无力支付路费而不能出庭。委员会认定了对第14条第1款和第14条第3款第5项的违反，并表达了其观点，认为法官本应当延期审理案件并发出传票以确保她出庭，而警方本应为她提供车票。

人权事务委员会认为，在传唤辩方证人出庭作证时，"缔约国不对律师的错误负责，除非法官已经明显或应当明显知道律师行为与司法利益不符"。在比·扬诉牙买加案（B. Young v. Jamaica）的审判过程中，律师没有让三名潜在的不在犯罪现场的证人为申诉人作证作出任何努力，人权事务委员会强调，从委员会所有的资料和审判记录中可以看出，律师决定不传唤证人是其辩护策略的表现。在这种情况下，没有传唤有利于申诉人的证人不归因于缔约国，因此不违反第14条第3款第5项。但是，法官必须注意辩护律师职业行为中明显的不足，在必要时，为了确保公正审判，必须进行干预。至于法官在何时才有义务干预，目前尚没有明确的案例。

尽管《公约》没有对专家证人作专门规定，但是人权事务委员会认为第14条第3款第5项中的证人包括专家证人。在福恩扎利达诉厄瓜多尔案（Fuenzalida v. Ecuador）中，人权事务委员会指出，法庭拒绝传唤专家证人对案件中的重要问题作证违反了《公约》第14条第3款第5项。

与此相反，讯问或通过他人讯问控方证人的权利表述是没有限制的。然而，斯特拉斯堡机构在这一问题上同样给予国内法院以一定的自由裁量权。"讯问或通过他人讯问"的措辞表述考虑到了各种不同的法律制度之间的区别，特别是控辩式和纠问式审判的区别。此处最重要的是，就通过讯问证人而提出证据而言，各方当事人必须被平等对待。在皮尔特和皮尔特诉牙买加案（Peart and Peart v. Jamaica）中，人权事务委员会认定了对第14条第3款第5项的违反，理由是警方没能向辩方提供控方证人所作的利于警方的声明，而这严重妨碍了辩方对证人的交叉询问。

六、获得译员免费援助的权利

《公约》第 14 条第 3 款第 6 项规定:"如他不懂或不会说法庭上所用的语言,能免费获得翻译人员的援助。"[1]该项规定了免费获得翻译人员援助的权利。[2] 免费获得翻译人员援助的权利体现了刑事程序中的公平和平等武装原则。

不懂法庭所用语言的被告获得译员免费援助的权利可以追溯至美国和菲律宾在人权委员会的提议,对免费援助的要求是根据智利的动议加上去的。特别引起争论的是,获得译员免费援助的权利仅仅与审判本身相联系,还是包括所有相关书面文件(特别是起诉书、证据、判决等)的翻译。苏联和南斯拉夫提出过内容相同的动议,将保护的范围扩展至所有相关的材料,但这一动议屡次在人权委员会被极其微弱的多数否决——最后一次是在1952 年。

第 14 条第 3 款第 6 项在这方面的用语同样可以有狭义的和广义的解释。从"法庭上所用的语言"这一表述可以推断出整个口头审讯必须被翻译。再者,第 14 条第 3 款第 1 项规定,对被告的指控的性质和原因必须以他懂得的语言告知。从准备工作材料来看,对"法庭上所用的语言"的规定是否适用于书面文件是有疑问的。但是无论如何,根据《维也纳条约法公约》第 31 条和第 32 条,只有在一项规定从其目的和宗旨来看含义模糊时,这些准备工作材料才可以被用作解释的参考依据。

指派译员的宗旨在于保障不懂得法庭所用语言的被告得到公正的审判。当被告能够听懂口头审讯但没有能力阅读起诉状、文件或其他书面证据时,这一点是否得到确保是非常令人怀疑的。因此,欧洲人权法院对《欧洲人权公约》第 6 条第 3 款第 5 项中类似的规定作了广义解释,该解释考虑到了公正审判的一般原则,并认为被告有权得到与刑事审判有关的所有书面材料和口头声明的翻译,因为他或她必须理解这些材料和声明,才能享有

---

[1] 该项权利在文字上和《欧洲人权公约》第 6 条第 3 款第 5 项一致,在含义上也和《美洲人权公约》第 8 条第 2 款第 1 项相同。

[2] 《欧洲人权公约》第 6 条第 3 款第 5 项规定:"如他不懂或不会说法庭上所用的语言,能免费获得翻译人员的援助。"《美洲人权公约》第 8 条第 2 款第 1 项规定:"如果被告不懂或者不会说法庭或者法院所使用的语言,他有权无偿地接受一位翻译或者口译的帮助。"

公正审判的利益。再者,学者著述和欧洲人权委员会采取的一个立场是,获得译员的权利还与警察或进行讯问的司法官员对嫌疑人或被告的审问有关。

获得译员的免费援助是绝对的,即不能在定罪以后要求被告支付由指定译员而产生的费用。这也同样适用于外国人和在语言上属于少数群体的成员。但是,在若干由语言上属于少数者群体的成员提交的案件中,特别是布列塔尼人诉法国案(*Bretons v. France*)中,人权事务委员会强调,第14条第3款第6项规定的权利不能简单地理解为要让法庭以某人选择的语言进行诉讼,或让某人用他惯常所用的语言来发言。如果语言上属于少数者群体的成员或外国人有足够能力明白法庭所用的正式语言,则他们不享有获得译员免费援助的权利。在格斯顿诉法国案(*Guesdon v. France*)中,Guesdon 是一位法国公民,他的母语是布列塔尼语,他被指控在法国损坏公路标志,在法国的法院接受审判。申诉人要求法庭允许他和他的证人用母语提供证言。法庭注意到,尽管申诉人和他的证人更喜欢说布列塔尼语,但是他们都会说法语,因此,法庭拒绝了为申诉人提供翻译人员的请求,以法语进行审判。申诉人在向人权事务委员会的申诉中主张,法国的法庭拒绝其在法庭审判时用母语进行表达侵犯了其公正审判权。人权事务委员会强调,根据第14条第3款第6项的规定,如果申诉人或辩方证人理解法庭语言有困难或不能用法庭语言表达,缔约国就有义务提供翻译人员。据此,人权事务委员会得出结论,当申诉人能理解法语并能用法语表达时,拒绝申诉人说布列塔尼语不侵犯其第14条第3款第6项的权利。

获得译员免费援助的权利意味着法庭翻译具有足以保障公正审判的某种最低质量。在格里芬诉西班牙案(*Griffin v. Spain*)中,一名加拿大公民声称,西班牙法院以毒品犯罪对他判处8年以上的监禁,都是由法庭译员的拙劣翻译造成的,这名译员仅会讲一点英语,还将西班牙语翻译成被告同样不理解的法语。而在警察讯问时,没有译员在场。尽管这一案件看起来是对第14条第3款第6项的明显违反,但是人权事务委员会却没有认定对该项的违反,因为申诉人没有就法庭译员的能力向法官提出申诉。

人权事务委员会在关于第14条的第32号一般性意见中指出,"该权利在言词程序的任何阶段都适用"。对于书面材料的翻译,根据《维也纳条约法公约》第31条和第32条,准备工作材料的解释不得与公约的目的和宗旨相冲突。免费提供翻译人员的宗旨在于保障不懂得法庭所用语言的被告得到公正的审判,因此,当被告人没有能力阅读起诉状、文件或其他书面证据时,应当为其提供免费的翻译。在霍华德诉挪威(*Harward v. Norway*)案中,人权事务委员会肯定了这一观点。在该案中,Harward 是一位英国公民,他由于受到毒品犯罪的指控被从西班牙引渡到挪威。Harward 声称挪威没有提供审判准备阶段中所有文件的书面翻译,违反了《公约》第 14 条第 1 款和第 14 条第 3 款第 2 项。人权事务委员会首先强调,"第 14 条保障公正审判权。该权利的一个核心要素是被告人必须有充分时间和便利准备辩护……然而,第 14 条没有规定被告人有权以其懂得的语言直接获得审判准备阶段所有不利于其的文件"。但是,人权事务委员会认为,"辩方有机会熟悉不利于被告人的书面证据对于保障公正审判权是很重要的"。由于在该案中,被告人的律师是挪威人,因此,Harward 通过其律师的翻译就可以了解相关文件的内容。人权事务委员会认为,即使被告不通晓诉讼中所使用的语言,但是由熟悉该语言的辩护律师辩护,该辩护律师能够获得案卷中的相关文件就足够了。基于此,人权事务委员会驳回了 Harward 的请求。尽管在该案中,人权事务委员会最终没有支持申诉人的主张,但是这并不影响人权事务委员会支持对书面材料进行翻译这一意见的有效性。

七、禁止自我归罪的权利

《公约》第 14 条第 3 款第 7 项规定:"不被强迫作不利于他自己的证言或强迫承认犯罪。"该项规定的权利又被称为不被强迫自证其罪的权利。[①]对该项权利的规定归功于菲律宾在 1950 年的提议,但这一提议只有部分被采用。禁止以答应回报或豁免取得供词的补充部分被否决。

---

① 《美洲人权公约》第 5 条第 2 款第 7 项规定:"有权不得被迫作不利于自己的证明,或者被迫服罪。"紧接着该条第 3 款规定:"只有在不受任何强制的情况下,被告供认有罪才能有效。"与《公约》相比,《美洲人权公约》规定了非法证据的排除规则。但是实际上,这两者之间并没有实质的区别,因为人权事务委员会在其判例中也确立了非法证据的排除规则,不过这还是表明了《美洲人权公约》更加关注对通过强迫的方式获得的供述的排除。与上述两个公约不同的是,《欧洲人权条约》中没有类似规定,这是因为在 1949 年人权委员会的《公约》草案中没有不被强迫自证其罪权的规定,而该草案后来被用作起草《欧洲人权公约》第 6 条的范本。尽管《欧洲人权公约》第 6 条中没有规定不被强迫自证其罪权,但是欧洲人权法院认为,沉默权和不被强迫自证其罪权是受到普遍承认的国际标准,居于《欧洲人权公约》第 6 条第 1 款中公正刑事程序理念的核心地位。而且沉默权和不被强迫自证其罪权与《欧洲人权公约》第 6 条第 2 款的无罪推定原则也是紧密相连的。因此,必须认为不被强迫自证其罪权也涵盖在《欧洲人权公约》第 6 条之中。

　　禁止自我归罪根源于英国的普通法,而现在则属于公正审判的基本要素,该权利仅与被告有关。而在另一方面,证人可能不得拒绝作证。"被强迫"这一术语指的是各种各样直接的或间接的身体或心理压力的形式,其范围从《公约》第 7 条和第 10 条中禁止的酷刑和不人道待遇,到各种各样的敲诈或威胁方式,以及强加司法制裁以迫使被告供认。尽管第 14 条并没有明文禁止在刑事审判中采用被告的被迫供认和声明为证据,但是人权事务委员会在其对第 14 条的一般性意见中指出,"国内法必须确保不得援引违反《公约》第 7 条取得的证词或口供作为证据",要求缔约国在其法律中对使用此类证据作出相应的禁止规定。①

　　在个人来文中,委员会确认了乌拉圭对第 14 条第 3 款第 7 项的多种违反。这些案件大部分涉及这样的情况:为强迫被告招供并签署认罪的书面供词而对他们实施了酷刑。人权事务委员会在第 32 号一般性意见中尤其强调,为了获取自白,以违反《公约》第 7 条的方式对待被告是不可接受的。在贝利诉牙买加案(Berry v. Jamaica)中,涉嫌犯罪的嫌疑人在死亡的威胁下被迫在有罪供述笔录上签字,人权事务委员会认为这一做法违反了《公约》第 14 条第 3 款第 7 项和第 7 条。人权事务委员会重申第 14 条第 3 款第 7 项的措辞,必须被理解为侦查机关不得为了获得有罪供述对被告人施加任何直接或间接的身体或精神的压力。对于侦查人员威胁枪毙申诉人并强迫他签署一份事先准备好的声明,以及在审判期间申诉人不能获得预审抄本的情况,人权事务委员会认定了对第 14 条第 3 款第 7 项——在联系第 7 条的意义上——的违反。在萨哈迪奥诉圭亚那案(Sahadeo v. Guyana)中,判决被告犯有重罪并判处其死刑的主要证据是被告向警察的供认,而据称这一供认是通过酷刑取得的。尽管人权事务委员会确认了法律必须排除司法程序中以酷刑或其他禁止的待遇取得的声明或供词的可接受性,但是最终并没有对该案认定为对第 7 条和第 14 条第 3 款第 7 项的违反,因为国内法院在复审中对这些指控作了处理。在库尔巴诺夫诉塔吉克斯坦案中,受害者被军事法院判处死刑,他母亲提供了一份文件,相当详细地描述了她儿子所遭受的殴打和其他虐待,而且包括应对此承担责任的警察的姓名。政府仅仅声明,被告在调查中或在法庭上并没有提出这些指控,但是政府没有提供审判抄本。委员会没有对提交人遭受酷刑的指控作任何调查就认定了

---

　　① 见第 32 号一般性意见第 41 段。

对第 7 条和第 14 条第 3 款第 7 项的违反,原因是有罪判决是基于以胁迫取得的受害人的供词作出的。

　　在桑切斯·洛佩兹诉西班牙案中,有争议的问题是,当一辆摩托车因违反速度限制而被拍照时,摩托车的所有人依据国内交通法规要指认谁是驾驶者的法律义务是否违反了《公约》第 14 条第 3 款第 7 项规定的不被强迫作不利于其自己的证言的权利。尽管缺乏令人信服的理由,委员会对此作了否定回答。由于来文的申诉人"被科以处罚是因为他不与国家机关合作,而不是因为违反了交通法规",委员会认为这种处罚不属于第 14 条第 3 款第 7 项的适用范围。但是实际上,正是因不与国家机关合作而非因交通违规而给予的处罚,构成了强迫作不利于其自己的证言。

第四章　公正审判权的特别性规定

公正审判权的特别性规定是指《公约》第 14 条第 4—6 款,具体为:少年司法的特殊保障权、上诉权、因为误审而获得赔偿的权利。

一、少年司法的特殊保障权

《公约》第 14 条第 4 款规定:"对少年的案件,在程序上应考虑到他们的年龄和帮助他们重新做人的需要。"该款规定了对未成年被告人的特殊保障。① 人权委员会和联合国大会第三委员会通过的第 14 条第 4 款及其具体表述并不是没有争论的。最初的倡议是在法国、美国、英国和印度提出的。尽管促进重适社会生活的标准是基于 1950 年英国的一项提议,但是英国代表在两年后要求删除这一款,并且在 1959 年对这一标准的意义提出了疑问。意大利在联合国大会第三委员会提出动议,试图使少年重适社会生活成为刑事审判的一项任务,但是该动议以 33 票反对、12 票赞成和 26 票弃权的表决结果被否决,而人权委员会草案的措辞表述最后未经修正即获得了通过。

《公约》中没有定义"少年"这一术语,但是该词毫无疑问是指人的生命中开始于刑事责任年龄,结束于达到成年年龄的这段时间。这两个年龄界限的具体规定取决于缔约国。但是,国家有义务确立具体的年龄界限,并且在界定时避免过多地偏离国际共同标准(大约是 14 岁到 18 或 19 岁的年龄段)。

---

① 与区域性人权公约不同,《公约》不仅以一项单独的条款规定了儿童的权利(第 24 条),而且还以各种程序性规定保护少年。在《公约》中,除了第 14 条第 4 款之外,还有其他条款涉及未成年人刑事案件的处理程序:第 6 条第 5 款禁止对 18 岁以下的人判处死刑;第 10 条第 2 款和第 3 款要求在审前拘禁和监狱中将少年和成年人隔离关押并应给予少年适合其年龄及法律地位的待遇;第 14 条第 1 款规定了判决应加以公开的原则的例外等。在 1989 年的联合国《儿童权利公约》第 40 条中,这些权利被集合在一起并得到了进一步的发展。

第 14 条第 4 款没有明文规定国家有义务建立少年法庭。尽管如此,国家必须确保针对少年的刑事审判应以与对成年人的审判不同的方式进行,而这一般是由少年法庭完成的。何种类型的审判能够最好地适合某一特定年纪的少年这一问题,应由缔约国在考虑到少年犯罪社会学发展的情况下独立地决定。

无论如何,《公约》指出对少年的审判必须考虑到促进少年重适社会生活的利益。这一规则基于这样的观点:应该尽可能避免使少年遭受犯罪的耻辱,而且对少年犯罪不应以惩罚而应以教育措施加以应对。[①] 针对未成年人犯罪案件的特殊性,人权事务委员会在其第 32 号一般性意见第 42 段中强调:未成年人应当享有至少与《公约》第 14 条赋予成年人的相同的保障。除此之外,未成年人还需要特殊的保障。在刑事程序中,他们尤其应当被直接告知对其的指控,并且审判机关应当在他们准备辩护和进行辩护中为他们提供适当的帮助,在适当的时候,通过他们的父母或法定监护人为他们的辩护提供帮助;在律师、其他适当的帮助者(other appropriate assistance)和其父母或法定监护人出庭的情况下尽快地被公正审判,除非考虑到其年龄或处境,其他适当的帮助者和其父母或法定监护人出庭不符合未成年人的最佳利益。另外,在未成年人案件中还应当尽量避免审前和审判阶段的羁押。同时,人权事务委员会在其第 32 号一般性评论中建议,在适当的时候,尤其是在有助于未成年人重新做人的情况下,应当采取非刑事程序处理未成年人案件,如犯罪者与被害人之间的调解,与犯罪者家庭的会议,咨询或社区服务或教育项目,如果这些措施符合《公约》和其他相关人权标准的要求。

二、上诉权

《公约》第 14 条第 5 款规定:"凡被判定有罪者,应有权由一个较高级法庭对其定罪及刑罚依法进行复审。"该款规定了上诉权,也有学者将其称为

---

① 欧洲人权法院指出,对少年长时期的监禁可能不符合《欧洲人权公约》第 3 条的规定。在这方面,《儿童权利公约》第 40 条第 1 款提到了"促进儿童重返社会并在社会中发挥建设性作用"的目的。在对少年的拘禁和有关少年的司法工作方面,联合国大会通过了软法性质的最低限度标准,这可以用来解释《公约》第 14 条第 4 款。例如《联合国少年司法最低限度标准规则》(《北京规则》)以及《联合国保护被剥夺自由少年规则》。美国政府提交了保留,其效果是,在例外的情况下,美国可以视少年为成年人。

复审权。① 就刑事定罪判决向一个较高级法庭上诉的权利是所谓的"第一代"人权中,相当晚才发展起来的权利之一。它是以 1959 年以色列在联合国大会第三委员会提出的动议为基础的。与《欧洲人权公约》第 7 议定书第 2 条的规定不同,《公约》第 14 条第 5 款运用相当一般化的措辞对上诉权作了规定。② 对于《公约》第 14 条第 5 款的规定,人权事务委员会的解释主要包含以下几方面的内容。

第一,关于"依法"的含义。该含义具体体现在萨格·蒙特友诉哥伦比亚(*Salgar de Montejo v. Colombia*)一案上面,在该案中哥伦比亚认为,第 14 条第 5 款中的"依法"进行复审的规定,并不是强制性地要求缔约国保证对所有上诉案件进行复审,而是让缔约国根据其法律来决定应当对哪些案件进行复审。③ 人权事务委员会重申,《公约》第 14 条第 5 款中"依法"这一措辞不是意图将复审权本身的存在与否交由缔约国裁量,因为该权利是由公约承认的,而不仅仅是由国内法承认的。"依法"这一措辞与确定上诉法院实施复审的方式有关,也与依据《公约》由哪个法庭负责实施复审有关。④

第二,上诉权不被无故拖延。《公约》第 14 条第 5 款与第 14 条第 3 款第 3 项有着密切的关系。人权事务委员会认为,第 14 条第 3 款第 3 项必须与第 14 条第 5 款一起理解,因此在所有的审级,被告人都享有要求法院对定罪和量刑不被无故拖延地进行复审的权利。人权事务委员会处理过许多这样的案件,在这些案件中,下级法院没有签发书面判决,阻止了被定罪的被告人及时地获得对定罪和量刑的复审。在汉密尔顿诉牙买加案(*Hamilton v. Jamaica*)中,六年多的时间过去了,申诉人都没有获得书面判决。人权事务委员会认为"没有签发书面的说理判决书阻止了申诉人获得进一步救济",因此侵犯了申诉人的上诉权。在浅帕吉尼、帕玛和切索尔诉牙买加(*Champagnie, Palmer and Chisolm v. Jamaica*)和弗朗西斯诉

① 与《公约》第 14 条第 5 款相比,《美洲人权公约》第 8 条第 2 款第 8 项的规定比较简短:"有权向更高一级的法院提起上诉。"对此,在《欧洲人权公约》中没有相对应的规定,但是 1984 年《欧洲人权公约》第 7 议定书第 2 条对上诉权作了规定,同时该条还规定了上诉权的三个例外:法律规定的轻微犯罪,最高法院一审的案件以及对无罪判决上诉后被定罪的案件。

② 《公约》这样规定的原因是:第 14 条第 5 款是以 1959 年以色列在联合国大会第三委员会提出的建议为基础的,而以色列代表 Baror 反复强调,他所感兴趣的只是承认上诉权,而上诉的方式则由各个法律制度自己去决定。

③ Communication No.64/1979, *Salgar de Montejo v. Colombia*, para.10.4.

④ 见第 32 号一般性意见第 45 段。

牙买加（*Francis v. Jamaica*）案中，人权事务委员会都以与上述相同的理由认定法院违反了第14条第3款第3项和第14条第5款的规定。

人权事务委员会在其第32号一般性意见中重申，只有被定罪者有权获得初审法院附具理由的书面判决，才能有效地行使上诉权；如果国内法规定了多级上诉，被定罪者至少有权获得第一级上诉审法院附具理由的书面判决以及其他对于有效行使上诉权必需的文件，如庭审记录等，才能有效地行使对定罪进行复审的权利。如果由于违反《公约》第14条第3款第3项，上级法院的复审被不适当地拖延，上诉权的有效性也会受到损害，从而也就违反了《公约》第14条第5款。

第三，上诉权的绝对性。这主要表现在以下三个方面：一是上诉权适用于所有被判定有罪的人，即不仅仅适用于严重犯罪。《公约》第14条第5款的准备材料确认了这一解释：最初以色列提出的草案建议将轻微罪行作为上诉权的例外，但是随后根据锡兰的建议，这一例外被取消。这一权利当然也适用于军事法院或军事法庭作出的有罪判决。在曼萨拉吉等人诉塞拉利昂案（*Mansaraj, et al. v. Sierra Leone*）案中，12位塞拉利昂武装部队的前成员在弗里敦被军事法庭判决有罪，仅仅一周后，在1998年10月19日他们即被处决，塞拉利昂没有给予他们任何上诉的权利，同时也漠视委员会关于临时措施的指示，委员会认定这构成了对上诉权利严重和公然的违反。二是上诉权不仅适用于在第一审中定罪的案件，而且适用于上诉法院推翻一审无罪判决的案件。从法理上说，如果定罪判决是由上诉法院作出的，那么被定罪的人必须被给予进一步上诉的权利，这样才能体现《公约》第14条第5款的目的和宗旨——凡被判定有罪者都应有权由上级法院进行复审。第32号一般性意见第47段肯定了这一观点："下级法院宣告无罪后，如果上诉法院或终审法院作出的有罪判决根据国内法不能由上级法院复审，则违反了《公约》第14条第5款。"三是最高法院不能享有初审管辖权。该诉讼程序必须在"一个较高级法庭"进行。由此得出的结论是，在缔约国的最高法院进行的一审审判——就如人权事务委员会在格拉扎斯卡斯诉立陶宛（*Gelazauskas v. Lithuania*）案中认定的——违反第14条第5款的规定。人权事务委员会的第32号一般性意见第47段强调，不仅一审法院的判决是终审判决会违反第14条第5款，而且如果一国的最高法院作为初审和仅有的审级，由缔约国最高法院审判的事实不能抵消缺乏任何由上级法院复审的权利，这样的制度是不符合《公约》的，除非缔约国已经对此作出保留。

由此,一些承认最高法院初审权的国家不得不对第 14 条第 5 款提出保留。

第四,上诉的审理范围。上诉审的审理范围是指上诉法院是仅审理法律问题,还是既审理事实问题又审理法律问题。对此,《公约》第 14 条第 5 款的条文无法为我们提供确切的答案,但人权事务委员会在实践中确立了自己的规则。

人权事务委员会在第 32 号一般性意见中认为,第 14 条第 5 款规定的由上级法院对定罪及量刑进行复审的权利,要求缔约国对证据的充分性、定罪和量刑进行复审。根据《公约》的规定可知,将复审限定在定罪的形式或法律方面,而不考虑任何事实问题,是不充分的。然而,第 14 条第 5 款不要求进行一次全面的重审,只要进行复审的法院能够审查案件的事实方面就够了。在佩雷拉诉澳大利亚案(*Perera v. Australia*)中,申诉人声称,昆士兰法律将上诉的理由限定于法律问题,而不对事实进行复审,违反了第 14 条第 5 款。人权事务委员会驳回了其主张,认为第 14 条第 5 款“没有要求上诉法院对事实进行复审,但是要求法院就一审中提出的证据和审判的行为作出评估”。这一理论在杜穆科夫斯基等人诉格鲁吉亚案(*Domukovsky, et al. v. Georgia*)中得到了确认:法律显然仅规定了对法律事项进行司法审查而不必进行审讯。但是这被认为是不符合第 14 条第 5 款的要求,即对证据和审判行为进行全面的评估。相似地,在戈麦兹·瓦兹格诉西班牙(*Gómez Vázquez v. spain*)案中,审查程序仅限于对定罪的形式或法律方面而缺乏对提交人的定罪和刑罚作全面审查的任何可能性,委员会认定这不符合第 14 条第 5 款的要求。在后来的案件中,人权事务委员会更加明确地指出,如果上诉法院比较详细地审理了对被定罪者的指控(the allegations against a convicted person),考虑了初审中提交的证据和上诉中提到的证据,并确定有充分的有罪证据证明对被告人的有罪判决是正当的,《公约》就没有被违反。

第五,上诉许可问题。在有些国家,上诉行为并不必然启动上诉程序,上诉程序的启动还需要获得法院的上诉许可(leave to appeal)。至于上诉许可,人权事务委员会认为缔约国不允许自动上诉的权利仍然符合《公约》第 14 条第 5 款的规定,只要上诉许可申请程序需要对定罪和量刑进行全面审查,即审查证据和法律两个方面。在瑞德诉牙买加案(*Reid v. Jamaica*)案中,申诉人上诉许可的申请被快速地驳回了,没有任何书面的或口头的理由。人权事务委员会认为该案构成了对《公约》第 14 条第 3 款第 3 项和第 14 条第 5 款的双重违反。违反第 14 条第 3 款第 3 项是因为没有发布书面判决；违反第 14 条第 5 款是因为尽管依据第 14 条第 5 款，上诉的形式可以在缔约国的国内法之间有所不同，但是缔约国有义务对定罪和量刑进行实质性复审（substantially review），而本案的情况表明上诉法院没有对上诉人的定罪和量刑问题进行实质性复审。在布里恩诉挪威（*Bryhn v. Norway*）案中，人权事务委员会认可了一个由三名法官组成的法庭对是否准许上诉作出决定的制度，该法庭以一致同意的方式决定上诉不可能导致减刑，并因此未经口头审讯即驳回了上诉。在得出这一结论时，委员会考虑到三名法官实际上已经全面审查了一审判决和申诉人的所有主张，因此该驳回是符合第 14 条第 5 款的。

另外，受理上诉请求的国家机关根据自由裁量的权力作出的特别救济，不能被认为是第 14 条第 5 款意义上的上诉，对此，人权事务委员会在格拉扎斯卡斯诉立陶宛案（*Gelazauskas v. Lithuania*）中，就"监察抗诉"和"撤销原判的动议"作出了这种裁决。

三、因为误审而获得赔偿的权利

《公约》第 14 条第 6 款规定："在一人按照最后决定已被判定犯刑事罪而其后根据新的或新发现的事实确实表明发生误审，他的定罪被推翻或被赦免的情况下，因这种定罪而受刑罚的人应依法得到赔偿，除非经证明当时不知道的事实的未被及时揭露完全是或部分是由于他自己的缘故。"该款规定了因为误判而获得赔偿的权利。

因为误审而获得赔偿的权利，在起草第 14 条时是最引起争议的规定。尽管早在 1949 年，人权委员会就通过了菲律宾的一项提议，但是在《欧洲人权公约》第 6 条和《美洲人权公约》第 8 条中都没有这项权利。删除这一规定的最初动议是美国于 1950 年在人权委员会上提出来的，但是该动议和英国、荷兰、阿根廷随后在联合国大会第三委员会提出的动议一样，几乎没有获得任何成功。后几项动议以 25 票反对、19 票赞成和 29 票弃权的微弱差异遭到否决。社会主义国家都投了弃权票，而其他国家投赞成、反对票和弃权的情况大致是平均的。① 现如今，在西欧，获得赔偿的权利终于得到了广

———
① 就西方国家而言，美国、比利时、法国、希腊和挪威投票赞成获得赔偿的权利；西班牙、土耳其、荷兰、英国、爱尔兰、加拿大、澳大利亚和新西兰投了反对票；奥地利、意大利、葡萄牙、丹麦、瑞典和芬兰弃权。

泛的承认,1984年被规定在《欧洲人权公约第七附加议定书》第3条之中,其措辞和《公约》第14条第6款几乎完全相同。

第14条第6款措辞表述的基本要点是以法国的一项草案为基础的,随后又为法国和比利时的联合动议所修正。"根据……他的定罪被推翻或被赦免"的用语来自美国在人权委员会的提议。"依法"的用词是根据阿富汗在联合国大会第三委员会的修正提议插入的。在人权委员会的最初草案中,包含有这样的段落,即在所涉及的人被处决的情形中,其后裔将得到赔偿,但是这一点随后被人权委员会放弃。以色列和法国在联合国大会第三委员会试图简化该规定文本的努力也没有成功。

获得赔偿的权利的基本条件是:(1) 对一桩刑事罪行作出了定罪的最后判决;(2) 其后定罪被推翻,或被定罪的人被赦免。定罪被推翻或被定罪的人被赦免的原因有:(1) 随后发现误审;(2) 就有关误审的迟来的披露,被定罪的人没有过错;(3) 因为误审而接受了刑罚。

第一项条件表明定罪必须是最终的,并且可以和任何刑事罪行有关,即也可以和轻微罪行有关。如果一审被定罪而在上诉审中被判决无罪,那么第14条第6款规定的获得赔偿的权利将不适用。所谓"最终的"判决,是指已经取得既判力的判决。它是指判决已经到了不可改变的时候,即通常的救济手段已经不复存在,或者当事人已经穷尽这样的救济手段或任由法定期限届满而没有使用这些手段。

第二项条件表明仅仅披露误审是不够的,而应该是正式推翻定罪[①]或被定罪的人必须被赦免。美国在人权委员会的提议是这一额外要求的基础。关于赦免这一点在联合国大会第三委员会上遭受了特别批评,原因就在于这通常是基于人道因素的考量而非推翻定罪导致的刑罚免除。尽管如此,赦免的规定仍然被保留以适用于这样的情形:误审被承认,但是被定罪的人只是被赦免。

综合起来分析,定罪被推翻,或被定罪的人被赦免的原因主要有:

(1) 随后发现误审。即只有在新的或新发现的事实确实表明发生了误审时,推翻定罪或赦免才使得有关的人有权利和资格得到赔偿。支持推翻定罪的根据必须确定地表明新的或新发现的事实披露了误审。在穆霍宁诉芬兰案(*Muhonen v. Finland*)中,来文的提交人因为拒绝服兵役而被判处

---

① 这一般发生在重审的情况中。但是,第14条第6款并不必然地要求一项重审的权利。

11 个月的监禁;在服刑时,兵役审查委员会承认他根据自己的伦理信念而作为基于良心拒服兵役者的地位,他随后立刻被赦免。而人权事务委员会拒绝承认其获得赔偿的权利,因为提交人被赦免并不是因为证实了误审,而是由对公平的考虑所导致。① 在欧文诉澳大利亚案(*Irving v. Australia*)中,澳大利亚高级法院取消了对申诉人的有罪判决,理由是对他的审判是不公正的。尽管只有在赋予了特许准予上诉的权利后,澳大利亚高级法院才有可能作出判决,但是人权事务委员会得出结论认为,这一判决不是建立在新的或新发现的事实的基础上,并以属事理由上的不可受理性驳回了提交人的权利请求。②

(2) 被定罪的人没有过错。这体现了"任何人不能从自己的错误中获得利益"这一基本法理。如果定罪的推翻是根据一项新发现的事实,而这一事实未被及时披露是由于被定罪者本身的原因,则不应该保证赔偿。但是,这方面的举证责任是由国家承担的。对于赔偿权利主张的限制是根据法国的倡议插入的,这排除了这样的情况,即一个人为了避免背叛另一个真正有罪的人而让自己被定罪。

(3) 因为误审而接受了刑罚。只有当一个人遭受了刑罚时,才能给予赔偿。这通常意味着监禁的刑罚,但是根据第 14 条第 6 款的明确用语,该款适用于所有类型的刑罚,而第 9 条第 5 款规定的赔偿只适用于非法逮捕或拘禁的情况。在 W.J.H.诉荷兰案(*W.J.H. v. Netherlands*)中,申诉人在一审中被判犯有包括诈骗在内的数款罪行。但是申诉人除了在审前被羁押了两个月之外,定罪后并没有被羁押。后来,荷兰最高法院推翻了原判决,将案件发回下级法院重审。在重审中由于排除了用不正当方法获得的证据,申诉人被宣告无罪。在这之后,他要求对"错误定罪"进行赔偿,但是这一请求被政府驳回。因此,申诉人向人权事务委员会申诉,声称他的《公约》第 14 条第 6 款的权利受到了侵犯。人权事务委员会认为,由于在该案中刑罚并没得到实际执行,因此驳回了申诉人请求。

另外,赔偿应"依法"给予。这一段可以追溯至阿富汗在联合国大会第三委员会的一项修正提议,并且是以这样一种信念为基础的,即对误审给予赔偿这样的复杂事务,只能通过相应的法定的防范措施在国内加以实施。

---

① Communication No.89/1981,*Muhonen v. Finland*,para.11.2.

② 两名委员会委员在其异议意见中表达了他们的观点,认为"新的或新发现的事实"这一用语,应理解为仅与赦免有关而与推翻定罪无关。

如同第 14 条第 5 款的规定一样,此处的问题也是要通过国家积极地实现义务来准确行使这一权利的附加条件。但是,国家无权根据这一附加条件设立超出第 14 条第 6 款规定的条件和前提。国家也不能通过不制定必需的法律而绕过赔偿的问题。如果国家觉得实际实施这一权利是不可能的,它们就必须对此提交保留。因为没有提出保留的其他国家也经常未能履行它们在此方面的条约义务,所以人权事务委员会在其对第 14 条的一般性意见中明确地强调,国家必须"增补它们在此领域的立法,以使之符合《公约》的规定"。当务之急是,这些法律应该详细地规定给予赔偿的形式以及赔偿的数额,特别是在非金钱损害(即监禁)的案件中。

第五章　公正审判权的观念保障

世间没有什么完美,人们坚持不懈地追求完美的行为本身就是一个逐梦的过程,尽管距离梦想成真还有漫长的路要走,但是我们因此而有了一个行动的目标和方向。追求它并不一定要强求实现它,重要的是能够不断地朝着所努力追寻的目标挺进。正如施塔姆勒所言:"海员追随北极星,并不是要到北极星上去,而是力图为航海寻求正确的方向。"①公正审判权是动态的、开放的,从不僵化保守,也不曾故步自封,而是随着时代的进步始终向前发展,不断地扩充着自身的内涵,紧跟人权保障的历史潮流,并以此为重要的发展机遇期,努力践行公正这一永恒的历史主题。同时,从另外一个角度看,公正审判权的有效行使还依赖于立法和司法两个层面的及时跟进,特别是宪法上的及时确认以及司法上的有力保障,这是公正审判权得以有效实现不可或缺的坚强后盾。

随着人权事业的发展,人权事业已超越国界成为举世瞩目的问题,联合国以及区域性组织通过公约和文件确认人权保护的最低标准,成为各国人权保护的范本。"社会的需要和社会的意见常常是或多或少地走在法律的前面,我们可能非常接近地达到它们之间缺口的结合处,但永远存在的趋向是要把这缺口重新打开来。因为法律是稳定的,而我们谈到的社会是前进的。人民幸福的或大或小,完全取决于缺口缩小的快慢程度。"②正因为如此,我们才要尽可能快地缩小社会的需要与法律之间的缺口,以使法律与社会生活中不断提出的新的要求相契合。当前,我国已签署《公民权利和政治权利国际公约》,批准只是时间问题,为了使国内法和国际法衔接,我们不仅应当从刑事诉讼法的角度仔细研究《公约》中有关公正审判权的一系列规

---

① 张文显:《二十世纪西方法哲学思潮研究》,法律出版社 2006 年版,第 137 页。
② [英]梅因:《古代法》,沈景一译,商务印书馆 1959 年版,第 15 页。

定,努力改进与公约不符之处,尽快缩小差距,[①]而且应该拓宽思路、扩大视野,在更新理念、制度创建、司法实践中,在处理案件的原则和方法等方面为公正审判权的落实积极地提供保障。

思想是行动的先导,观念的更新对公正审判权的落实具有先决的意义,特别是在司法公信力不足、司法权威有待进一步加强的当下更具有现实意义。本部分笔者将从司法权威的复兴方面结合公正审判权做一初步研究,同时由于公正审判权是一个涉及范围广泛的课题,在探讨司法权威的复兴后,以民事诉讼为例,对诉讼观念的更新做一初步的探讨,并对公正审判权导入民事诉讼进行粗浅的研究。当然,笔者认为,这样的针对民事诉讼的研究思路也能够贯穿刑事诉讼、行政诉讼中去。

对将公正审判权引入民事诉讼,笔者将从两个有递进关系的方面进行探讨:其一为民事诉讼中的人权保障问题,因为只有说清楚民事诉讼同样具有人权保障的重要性,同样需要人权保障,作为人权保障重要载体之一的公正审判权才有坚实的根基,才有足够的依托。其二为公正审判权理念导入民事诉讼的问题。

一、司法权威的复兴

历史经验证明,和谐并不是自然形成的,而是在对多元利益的不断调协中实现的。[②] 当下中国社会正由国家一元结构向国家和市民社会二元分立的社会结构演进,各个集团和阶层纷纷表达自己的利益诉求,要求利益的合理分割,这些利益的冲突在所难免,国家必须正视这种冲突,将冲突及时予以吸纳。现代法治社会,司法是调整利益冲突和定纷止争的最终手段,它作为解决社会冲突的国家公器,承担着合理吸纳这种冲突的功能。故而,树立司法权威对构建和谐社会举足轻重。然而,在法治传统十分薄弱、主体法律意识较差的中国,现实的困惑却是司法权威缺失。笔者将以司法权威的基本内涵为逻辑起点,力图在准确、明晰透视司法现状的基础上,对我国司法

---

① 在这一方面,当前已有一些研究成果出现。参见朱立恒:《公正审判权研究——以〈公民权利和政治权利国际公约〉为基础》,中国人民公安大学出版社 2007 年版;张吉喜:《刑事诉讼中的公正审判权——以〈公民权利和政治权利国际公约〉为基础》,中国人民公安大学出版社 2010 年版等。

② 庄汉、周雅菲:《树立司法权威 铸就和谐社会——从董必武司法权威思想谈起》,载《湖北社会科学》2006 年第 3 期,第 135 页。

权威的基本构建做出初步的探索。

（一）理论演示：司法权威的哲学考察

1. 关于权威理论的一般解读

就像任何新开启的研究一样，对司法权威的研究首先面临对权威进行理论梳理的问题。

权威一词，最早见于《吕氏春秋·审分》："若此则百官恫忧，少长相越，万邪并起，权威分移。"在《辞海》里，权威被解释为"权力与威势"。依据《现代汉语词典》的解释，权威是"使人信服的力量和威望"，"在某种范围里最有地位的人或事物"。[①] 在西方词汇里，权威一词——Authority，含有尊严、权力和力量的意思。因此，就权威在语义层面上所揭示的内涵而言，指的是在人类社会实践过程中形成的具有威望和支配作用的力量。然而权威在语义上的含义并非代表着权威在更为广阔的社会学、法学等背景下，它在制度、价值、政治等方面所具有的丰富内容和意义。因此，对西方学者关于权威的理论进行解读是尤为必要的。

被广泛视为社会学奠基人之一的马克斯·韦伯（Max Weber），对权威的阐释是以他对权力的分析为出发点，进而从权威的类型出发来阐述他对权威的理解和认识。[②] 帕森斯则从一种制度化的视角来揭示权威的概念性，[③]并从系统论的角度，揭示出权威的内核和本质。而科尔曼则是从社会

① 中国社会科学院语言研究所词典编辑室：《现代汉语词典》，商务印书馆 1985 年版，第 984 页。

② 在韦伯那里，权力始终是人类行动的结果，是彼此联系的平台。虽然基于强制的权力可能维系一个社会的秩序，但仅仅依靠强制是不能维持社会秩序的长久稳定和发展的。只有依托于"合法性"的权力统治才可能维系长久，也即，社会秩序如果建立在一个或多个合法性的基础上，便会获得持久的、稳定的基础。而稳定的具有合法性的社会秩序中，存在着控制者与受控者共同接受的控制形式，这就是一种反映了权威的控制形式。在以上分析的基础上，韦伯认为权威关系的合法性来源于：1. 传统；2. 领导人物的感召力；3. 合理性基础。与此相联系，权威也分为传统权威、感召力权威、法理权威这三种类型。参见［德］马克斯·韦伯：《经济与社会》，林荣远译，商务印书馆 1998 年版，第 81 页。

③ 帕森斯关于权威的观点可以概括为：1. 权威是人类社会广泛存在的现象。2. 权力构成了与权威直接相关的要素。3. 权威的界定有四个标准。其一，以社会一般价值为依据的合法；其二，适用于角色或集体的系统的地位；其三，权威者被期望面临的情境类型；其四，制裁，一方面是权威转让，另一方面是在与他们的行动有关的其他人中产生。4. 权威与制度化密切相连。5. 权威通过制度化的模式发挥整合作用。参见［美］帕森斯：《现代社会的结构与过程》，梁向阳译，光明日报出版社 1988 年版，第 32 页。

主体的个人行动和社会行动层次上诠释权威的概念规定性。①以上三位学者都是从自身的理论体系出发,各自阐发他们自己的权威观。尽管他们对权威的理解不同,但他们的权威观为我们研究权威提供了很好的概念分析工具。因此,对权威的一般认识可以概括为:其一,权力是权威的基本要素。权威在其发展的一定时期内,是以权力的形式体现的。其二,权威以诱导对合法性权力的自愿服从为目的。它能从自愿服从中不断扩大自身的辐射领域,使得它能够真正发挥权力的统治作用。其三,现代意义上的权威与制度化密切相关。这使得人们能够在不同的价值观念之间的差异中保持协调,共同服从某种统一的社会评价体系和行为模式。

权威总是与"权力""合法性""服从"等字眼联系在一起,这些符号表达了权威内涵的一些信息:

首先,权威是维护社会秩序的需要。"权威是秩序的最大保护者。"②恩格斯在考察了权威的演进过程之后,认为权威对维持社会生产和生活的统一性、有序性是绝对必要的,而且社会生产越是发展,劳动的社会化程度越高,权威就越发显得重要。③"能最清楚说明需要权威,而且是需要专断的权威的,要算是汪洋大海上航行的船了。那里,在危险关头,要拯救大家的生命,所有的人就得立即绝对服从一个人的意志。"④可见,权威反映了一定社会秩序的需要,具有深刻的社会必然性。

其次,权威意味着价值认同。权威以自愿服从为目的,作为权威意志的服从者,之所以自愿听从权威意志施加者的支配,不仅由于权威本身存在着一定的影响力、作用力,更是由于双方对权威表征的价值即权威的必须性达成一致,形成共识。"权威是控制其他行动者的权利……正是权利的共识性特征,使行使控制权的权利和权威行动的合法性相互一致。"⑤

再次,权威还意味着一种对权力是否具有公信力进行评估和判断的机制。这种评估和判断分为两个过程:第一个过程为思考,即思考那些与权力

---

① 科尔曼的主要观点有:1. 权威主要来源于权利的转让。2. 权威以权威关系和权威结构予以表现。3. 权威指一种合法性的权力。参见[美]詹姆斯·科尔曼:《社会理论的基础》(上册),邓方译,社会科学文献出版社 1999 年版,第 79 页。

② [法]托克维尔:《论美国的民主》(上卷),董果良译,商务印书馆 1991 年版,第 305 页。

③ 马克思、恩格斯:《马克思恩格斯选集》(第 2 卷),人民出版社 1972 年版,第 551—552 页。

④ 马克思、恩格斯:《马克思恩格斯选集》(第 2 卷),人民出版社 1972 年版,第 553 页。

⑤ [美]詹姆斯·科尔曼:《社会理论的基础》(上册),邓方译,社会科学文献出版社 1999 年版,第 545 页。

相关的、与权力共存于一个时代的、由时代发展特点所催生的、权力运作所必须涉及的基本价值观和原则的相关体系。第二个过程为比较，通过横向和纵向的比较，以便审视权力在多次表达的过程中与那些价值观或者原则是否一致。这种评估和判断是非常关键的，因为它将引导人们对权力进行最后的判断——它到底有没有公信力？它到底有没有权威？

2. 权威对于司法的逻辑必然性

权威是一种合法的权力和令人服从的力量，它代表着一种价值认同和制度化的模式。那么在中国，为什么司法需要一种权威性？为什么在中国当前的法治建设中迫切地需要把司法作为一种权威进行塑造？在本文讨论的范畴内，司法需要具备一种权威性，最主要还是由于其作为社会系统内履行着特有功能一个结构，对整个社会秩序发展有重要意义。

首先，司法是普遍存在于社会系统中的必要结构。权威真是一个奇妙的东西。"对社会控制来说……大概没有什么比造就一个司法权威更有效和更经济的了。因为一个社会一旦树立起权威，那就意味着人们的行为不需太多的社会压力，就会趋向于理性的社会合作。"[①]这也正是我们今天在市场经济条件下复兴司法权威的历史基础和动力源泉。

其次，司法是生成社会秩序的预设结构。"所谓社会秩序，在本质上便意味着个人的行动是由成功的预见所指导的"[②]，而享有威信和人们对其自愿服从的司法权威无疑是这种可预见性生成的结构型渊源。正如狄骥所说："一项司法行为之所以具有巨大的社会影响力，是因为它通过对法律的保障来保证了社会秩序，这也是其他任何行为都无法比拟的。"[③]司法必须与权威相契合才能真正发挥司法对社会秩序的建构作用。

再次，司法还是一种向社会拓展正义的张力结构。如果采取一种务实的态度看待司法，那么它最直接的目的便是为发生利益冲突的双方解决争端，恢复社会正义。因此，"作为法律家主要研究对象之一的审判制度，其首要任务就是纠纷的解决"[④]。司法如果发展成一种权威，那么它就能通过作用于社会的独特方式——与社会秩序相契合，使对社会纠纷的解决手段公

---

① 程竹汝：《司法改革与政治发展》，中国社会科学出版社 2001 年版，第 194 页。

② [英]哈耶克：《自由秩序原理》，邓正来译，生活·读书·新知三联书店 1997 年版，第200 页。

③ [法]狄骥：《公法的变迁》，郑戈等译，辽海出版社 1999 年版，第 194 页。

④ [日]棚濑孝雄：《纠纷的解决与审判制度》，王亚新译，中国政法大学出版社 1994 年版，第 1 页。

正化和制度化,而且还使司法与人类的理性价值——公平、正义、人权直接联系并最终结合。

最后,司法还是促生和表征社会秩序变迁的一个动力结构。在一定意义上来说,社会的发展是随着司法的发展而发展的。庞德将这样的过程看作人类文明所显示的趋向。①在一个具有价值认同功能、制度化的社会里面,司法权威通过强制作用维护基本的社会秩序,通过调整功能保障竞争的经济秩序,通过司法的平衡机制促生理性的宪政秩序。正是司法权威的内在动力促成了社会秩序的生成和变迁。

基于以上的认识,我们可以概括权威对于司法的逻辑必然性:现代司法是,也必须是通过权威的方式,才能向社会拓展正义,以此促进以保障人的基本权利为核心的社会秩序的生成和变迁,从而促进现代法治国家的产生和发展。②

3.司法权威与司法权力关系之辩证

权威的存在是人类社会的一种客观现象。它体现了一种特殊的社会关系,是社会秩序维系的有机环节和必要机制。③ 当前,人们对司法权威的含义众说纷纭,可谓是仁者见仁,智者见智。④在对权威理论解读的基础上,

---

① [美]庞德:《通过法律的社会控制》,沈宗灵等译,商务印书馆1984年版,第76页。

② 正如有学者所言:"尽管司法程序的公正应用于个人直接与法律打交道的场合,但是社会成员对法律实施的平等和公正的普遍认识是一个更为全面的过程产品,它有助于促进人们的安全感和可预见感,使其非常有信心地行使自由和权利。"参见[美]阿尔蒙德:《比较政治学》,曹沛霖等译,上海译文出版社1987年版,第468页。

③ 薛广洲:《权威类型的哲学论证》,载《中国人民大学学报》2001年第1期,第34页。

④ 有学者认为,司法权威应该包括两层意思:其一是在解决纠纷的裁判领域,法院及法官具有最高的地位,享有最高的威望;其二是法院及法官的裁判活动和裁判结果,具有使人信服的力量,能使人们自愿服从裁判活动并自觉履行裁判结果。参见贺日开:《司法权威关系论纲》,载《江苏社会科学》2002年第6期,第113页。还有学者认为,"司法权威"含指以下因素:司法机关暨法官的司法独立权获得确切的制度性肯认;司法判决公正并获得有效执行;司法机关及法官享有广泛的公信力;公民大众对于司法公信力具有普遍认同。参见许章润:《"司法权威":一种最低限度的现实主义进路》,《社会科学论坛》2005年第8期,第5页。有学者综合上述观点认为,对于司法权威有广义和狭义的认识,但都强调司法裁判的公信力与影响力,司法权威与公众的心理感知密切相关。参见吴天昊:《司法谦抑:司法权威的道德基础》,载《上海行政学院学报》2007年第1期,第101页。我国著名学者王利明教授认为,司法权威,又称司法尊严(judicial dignity),指司法机关应当享有的威信和公信力。威是指尊严,使人敬畏;信是指民众的信赖和认同。参见王利明:《司法改革研究》,法律出版社2000年版,第132页。还有学者认为,司法权威是一个相对性的概念,具有特定的历史向度。参见季金华:《司法权威的意义阐释》,载《江海学刊》2002年第6期,第116页。

本书认为,司法权威指的是在社会系统内以司法权为依托、以解纷机制为核心的保障和监督国家法律实施的有关价值、制度、机构、角色等构成的一个系统,在动态活动和静态昭示方面所具有的对当事人、社会公众的支配力、令人信服的威望和公信力。

与司法权力相比,司法权威带有主观价值判断的色彩,而司法权力则是中性的、客观的;司法权力以国家强制力为基础,而司法权威主体一般不直接使用强制手段迫使权威客体服从,而是以其公正性使人们自愿信任和服从,因为"一旦权威主体动用物理的强制手段来获得服从,这就意味着他的权威已开始崩溃"①。因此,司法权威应淡化其权力色彩,慎用强制手段。

可见,司法权威与司法权力是有区别的。如果司法机构仅仅凭借国家权力进行裁判活动,人们或许会慑于国家权力的威胁而暂时服从裁判,但在心理上仍然有强烈的抵触和不信任,不可能对司法机关产生认同和尊重的心理体验。因此,只有使司法从权力走向权威,才能长久地维持司法权力的存在。正如卢梭曾经指出的:"即使是最强者也决不会强得足以永远做主人,除非他把自己的强力转化为权利,把服从转化为义务。"因此司法权威的形成不仅需要国家强制力作为后盾和保障,同时还要求司法机关具备令人信服的品质。

(二)现状透视:司法权威缺失及其成因

在一个法治国家或者说对法治孜孜以求的国度里,对于司法权威的重要性无论如何强调都不过分。司法没有权威会使社会公众对司法丧失了信心,从而影响了人们的预期行为,这无疑是法治进程中的一种破坏力量。②但我国目前的司法状态让人们感到现实与理想之间依然相去甚远,突出的表现就是司法的权威性的缺失。

第一,司法权威缺失的表征。司法权威从本质上说是一种建构在制度基础上或通过制度而获得的公信力,较之于建立在传统的、宗教的、个人的基础之上的权威,它是一种更值得信赖的权威。但这种权威也并非天然造就和不可挑战的。司法权威的缺失在中国已是被普遍认可的现象,有的人

---

① 刘军宁:《权力现象》,商务印书馆(香港)有限公司1991年版,第95页。
② 董皓:《司法功能与司法公正、司法权威》,载《政法论坛》2002年第2期,第42页。

甚至认为目前司法权威在中国已经降到历史的最低点。① "某些地方的司法已在很大程度上背离法的正义本质精神。法律变成了强权者手中的手杖,大款们手下的奴婢,人情者手中的橡皮泥……"②福柯在批判法国司法史时写道,在那里"人们看到的不是或不仅是司法特权、司法专横、年深日久的傲慢及其不受控制的权力,而是或者更主要是,司法集软弱和暴虐于一身,既耀武扬威又漏洞百出"③。这段话尽管描述的是法国司法史,但对今天中国的司法状况无疑具有警示作用。当前司法领域存在的种种问题集中表现为"司法权力地方化、审判活动行政化、法官职业大众化",有学者这样描述道:"司法自身不但没有摆脱世俗的社会关系,而且成为世俗社会关系的枢纽之一。法官不但要承担对社会纠纷的审判使命,而且要面对新闻媒体的随时采访……要承受来自社会方方面面的品头论足,甚至某些法官自身也乐于成为明星般的社会名人,以便更多地掌握可运用和可支配的社会关系资源。"④这些做法严重影响司法机关的形象和公信力,最终导致司法权威的受损乃至丧失。

第二,司法权威缺失的成因。这样的司法现状有其深刻的社会、历史和制度的原因。有人尖锐地指出中国司法权威缺失的原因:"数千年来形成的中国传统文化,是一个典型的以血缘为原点的、以熟人为纽带的关系社会,它与在社会分工不断扩大之历史背景下所形成的、被狄骥称之为'社会连带关系'的现代社会关系大相径庭。在这一文化中,决定人们之间是非的基本机制不是法律,从而也不是法院和法官……这就使企图以法律来规范人际关系的上层政治动机和习惯与以人际关系左右法律的下层社会习俗间必然形成抵牾……"⑤有学者进而指出:"错误的观念导致的是畸形的制度设计:

---

① 当人们论及这一问题时,有两种现象常常被提起:一是司法裁决在过去相当长的时间内缺乏终局性的效力。美国哥伦比亚特区巡回上诉法院首席法官哈利·爱德华兹在与中国法官讨论了法院判决执行问题之后,曾作过这样的评价:"我确信,一个有效的司法制度的另一个重要因素是其判决的终局性,这正是中国司法制度目前缺乏的。"二是民事裁决执行仍然存在很大的问题。此外,司法不公也已成为我国司法实践中一个无法回避的话题。参见傅郁林:《审级制度的建构原理》,载《中国社会科学》2002年第4期;汪建成、孙远:《论司法的权威与权威的司法》,载《法学评论》2001年第4期,第113页;贺日开:《论司法权威与司法改革》,载《法学评论》1999年第5期,第2页。

② 蔡定剑:《历史与变革》,中国政法大学出版社1999年版,第344页。

③ 〔法〕米歇尔·福柯:《规训与惩罚》,刘北成等译,生活·读书·新知三联书店1999年版,第89页。

④ 陇夫:《尊重司法的理由》,《法制日报》1999年12月5日,理论版。

⑤ 陇夫:《尊重司法的理由》,《法制日报》1999年12月5日,理论版。

低层化的法官任职制度,使得司法的裁决难以获得令人信服的力量……过于宽泛的再审制度,使得司法失去了终局的效力;不合理的具体程序的设计,使社会公众对司法的公正性发生了怀疑……错案追究制度,使得法官在处理案件过程中忐忑不安,无法以平常心去面对复杂的法律事务。凡此种种,不一而足,这些现象无疑都在伤害司法的权威,司法的权威在中国的缺失就成为不得不面对的现实。"①如此现状,将给公众的心理因素起什么样的作用可想而知,司法的权威也大大降低。

在导致当前司法权威缺失的因素里面,有以下三点需要引起我们特别的注意。一是司法不公现象的存在动摇了公众的法律信仰。"在现代社会,司法应当以公正作为价值取向,公正与现代司法有着内在的联系,不与公正相联系的司法就丧失了现代司法的应有之义。"②由于种种原因,实践中司法不公现象依然存在,造成了公众对司法部门和司法权威的怀疑,而"在一个秩序良好的社会中,司法部门应得到人民的信任和支持"③。二是法官整体素养的欠缺难以产生令公众信服的力量。"法官是法律效力由应然到实然的桥梁和中介,法官就是法律由精神王国进入现实王国控制社会关系的大门。法律借助于法官而降临尘世。④ 由此足见法官对于法治的重要性。而检视目前我国的法官群体状况,其整体素养依然十分欠缺。三是公众法律意识的薄弱淡化了司法本有的权威。现代法治是作为物质要素的法律制度和作为精神要素的法律信仰的总和。公众法律意识的强弱直接影响司法权威在公众内心得以确立的可能性及其程度。而由于特定的历史和国情使然,目前中国社会公众的法律意识还比较薄弱,造成对司法权威的主观漠视。

(三) 对策思考:复兴司法权威的现实主义进路

毫无疑问,权威的确立需要更高的政治地位来支撑,更充分的机制来保障,更公正的审判结果来促进。但权威的确立也需要形式,需要程序,需要

---

① 汪建成、孙远:《论司法的权威与权威的司法》,载《法学评论》2001年第4期,第114页。

② 公丕祥:《论司法公正的价值内涵及制度保障》,载信春鹰、李林主编《依法治国与司法改革》,中国法制出版社1999年版,第198页。

③ 上海市第一中级人民法院研究室:《21世纪司法制度面临的基本课题》,载《法学》1998年第12期。

④ [德]拉德布鲁赫:《法学导论》,米健、朱林译,中国大百科全书出版社1997年版,第100页。

来自审判机关内部的工作层面、技术层面的自觉呼应和调整。当一些制度性的建设尚待时日时,工作层面技术层面的自觉呼应和调整往往显得更加重要和急迫。① 因此,复兴司法权威的现实主义基本路径为:

1. 司法角色的专业与谦抑

司法作为裁决当事人纠纷的一种系统,必定离不开作为中立者代表司法机关中对纠纷进行裁决的司法角色——法官。对法官这一"活着的法律宣示者"②无论如何强调都不过分,诚如丹宁勋爵所言,"律师一个接一个地把砝码放在天平上,'仔细掂量孰轻孰重',但最后决定天平是否倾斜,哪怕只有一点倾斜的,却是法官"③。

现代法治国家,法律就像空气一样无处不在,在绝大多数情况下,法律都能得到人们自觉有效的贯彻和遵守,纳入司法轨道的则常常是一些当事人难以自行解决的疑难问题。法官作为这些疑难问题的解答者,他必然要有高于普通人的素质,否则,他作出的司法判决就很难收到一言九鼎的权威效应。④除精深的专业知识之外,法官的理性能力也是其必备的重要条件,法官不仅要有一颗"公正心",还要有"公正力"。⑤其中,司法谦抑是理性能力的重要方面,⑥而这恰恰是当前人们所忽略的。

司法审判活动是通过裁判文书来辨法析理、定纷止争的。要使其他国家权力机关和人民大众心悦诚服地认可和接受自己的裁判,不仅要借助于国家强制力,还必须具备一种道德的力量,这种道德力量就是自我的谦抑和克制。因而,司法机关谦和克制的作风比咄咄逼人的态度更有力量,更易被当事人接受。

欲做到司法谦抑,法官一是要尊重法律,对自身准确定位。⑦马克思认为,"法官除了法律就没有别的上司,法官的责任是当法律运用到个别场合

---

① 钱锋:《大合议制:提升司法权威的一种合理选择》,载《中国审判》2006 年第 3 期,第 24 页。

② [美]本杰明·卡多佐:《司法过程的性质》,苏力译,商务印书馆 1998 年版,第 7 页。

③ [英]丹宁:《最后的篇章》,法律出版社 2000 年版,第 295 页。

④ 汪建成、孙远:《论司法的权威与权威的司法》,载《法学评论》2001 年第 4 期,第 111 页。

⑤ 贺卫方:《中国司法管理制度的两个问题》,载《中国社会科学》1997 年第 6 期,第 117 页。

⑥ 所谓"司法谦抑"(judicial humility)或者说"司法克制"(judicial restraint),是法官在审判活动中的一种习惯、态度和作风,总的来说就是法官在审判活动中应当保持足够的谨慎、自制和谦逊,它是司法权威的内在道德基础。

⑦ 《中华人民共和国宪法》规定:"任何组织或者个人都不得有超越宪法和法律的特权。"(第 5 条),《中华人民共和国法官法》明确规定"法官必须忠实执行宪法和法律,全心全意为人民服务"(第 3 条),是法官的行为准则,"严格遵守宪法和法律"(第 7 条),是法官的基本义务之一。

时,根据他对法律的诚挚理解来解释法律"①。另外,由于身份的不同,学者可以大胆批评法律的局限与不足,但是法官却不应当随意点评法律,特别是通过公开的方式,否则就会产生不良的社会反应:既然法官都不尊重法律,更别说普通民众了。

二是要尊重诉讼参与人,保持良好的司法礼仪。在法庭上,法官应当平等地对待诉讼参与人,保持应有的法庭礼仪,这样才能在庭审中真正赢得诉讼参与人的敬服。"中国法官十杰"之一宋鱼水的先进事迹令人印象深刻。②可见法官要做到"辨法析理,胜败皆服",不仅需要深厚的法学功底、丰富的审判经验,更需要尊重他人、平等待人的人格力量。因为"人民群众不仅要求法官是公正的、清廉的,还期待法官是和蔼的、亲民的"③。

三是要做到在日常生活中言行审慎。司法与社会应当保持一定的距离,"一方面,司法权威被动性的特点,决定了其不得以一种积极主动的姿态介入社会生活;另一方面,社会心理学的研究也表明,距离能创造神圣和庄严感,而亲密至少在一些情况下会导致权威的丧失"④。"当人们对司法主体缺乏一种必要的神圣感时,当一种制度将法官设计得和普通人无所区别时,当法官自己心甘情愿地混入世俗关系之中时,司法的权威便荡然无存,人们对司法的尊重也无所依凭。"⑤因此法官应当减少不必要的社会交往,在日常生活中珍惜和维护自己的社会形象,否则易为人情琐事所困扰,损害法官的公信力,从而损害司法的权威。

2. 司法场景的庄严与神圣

任何司法权力的运作都会在时间和空间里得以展示,包括法庭仪式、法庭布置等在内的司法场景也是现代社会司法权威的必然内容。在古典主义

---

① 马克思、恩格斯:《马克思恩格斯全集》(第1卷),人民出版社1956年版,第76页。

② 作为一名优秀的法官,她有很多"绝活",其中之一就是善于"倾听"当事人的陈述。这表面上看起来无足轻重,但是实际上却关乎法庭的尊严、法官的形象和司法的公正。法官一视同仁的立场、温和中立的态度、专注认真的作风往往能赢得当事人的信任,为法律纠纷的顺利解决打下良好的基础。宋鱼水说:"我经常反思,在当事人见到我第一面,直到拿着判决书离开法院的时候,他们是否感觉到了公正? 这是个始终让我辗转反侧的问题。其实,我们绝大多数法官是公正的,关键是我们如何把公正传达给我们的当事人。"参见宋雨水:《一名基层法官的收获》,http://news.ruc.edu.cn/040107/article/05-01/12287.htm,于2006年10月11日访问。

③ 王胜俊:《高举旗帜　与时俱进　努力开创人民法院工作新局面——在全国高级法院院长会议上的讲话》(2008年6月22日)。

④ 苏力:《法治及其本土资源》,中国政法大学出版社1996年版,第139页。

⑤ 陇夫:《尊重司法的理由》,载《法制日报》1999年12月5日,理论版。

的司法形象中,相关的法庭仪式、法庭布置、法官的袍服使"法官"这一职业成了社会公正的典型化人格载体,是公正廉明、明断是非的崇高化身。使司法场景庄严化、神圣化,最根本的目的是为了唤起人们对法律和司法的崇敬。

在法制史上,神权曾经为世俗的审判披上了神圣的灵光。即使是在神权旁落、皇权兴起的时代,法官作为司法形象的神圣性仍然未受到人们怀疑。在普通法国家里,法官的黑色袍服,庄严的法庭布置、开庭仪式,严格的出场顺序等许多仪式化的司法场景,像宗教仪式一样具有戏剧化的色彩。这种戏剧化不仅是用来肯定一种有益于社会的价值理念,而且是为了唤起人们把司法看作生活终极意义的一部分的充满激情的信仰。就如伯尔曼所指出的:"司法正义的诸多理想凭借它们在司法、立法和其他仪式中的种种象征性标记而得以实现,在此过程中,它们根本不是被当作实现某种功利目标的工具,而是被奉为神圣之物,根本不是抽象的理念而是人们共享的情感。"[1]另一方面,司法符号也是展现司法权威的重要途径。司法符号的这种神圣的仪式和场景对培育人们对法律、司法的虔诚情感至关重要。"红色法衣,法官貂皮袍,审判大厅,鸢尾花形纹章,他们所有的威严设施是非常必要的。"[2]司法庄严的活动场景和严格的仪式会给人们带来灵魂上的震撼,使人油然而生对司法,乃至法律的敬意、景仰和信心。

当前我国法官在开庭审理案件时身穿法官袍并使用法槌,不仅是衣着和装备的变化,更反映了中国司法理念的更新,是近年中国来大力推进司法改革的一个缩影。服饰道具的变化会产生双向的心理作用,它提醒当事人以及民众,也提醒法官自己法官职业以及司法程序的特殊性。穿上了法袍,敲响了法槌,法官获得的不仅仅是尊荣感,而且他们也实实在在对司法行为形成了有效的制约。[3] 然而,在某些法院,在威严的庭审中出现了大面积的细节瑕疵,严重损害了司法权威,[4]因此,法官应关注庭审细节,从细节处彰显司法权威。毕竟,老百姓对司法公正乃至社会公正的希冀,很大程度上,不仅仅是寄托在对某项制度价值与理念的判断上,而且也孕育于制度设计

---

① [美]伯尔曼:《法律与宗教》,梁治平译,生活·读书·新知三联书店1991年版,第47—48页。

② [美]罗斯:《社会控制》,秦志勇等译,华夏出版社1989年版,第85页。

③ 贺卫方:《法袍、法槌之外》,载《人民法院报》2002年6月21日,理论版。

④ 傅达林:《庭审细节关乎司法权威》,载《中国审判》2006年第10期,第75页。

者和操作者对种种细微之处的仔细推敲之中。司法仪式激发的神圣感形成强烈的心理暗示,构成了司法权威的心理基础。

3. 司法程序的正当与精巧

现代法治国家中,一个重要现象就是司法程序的作用和意义凸显。现代司法权威是一种理性权威,它以一套设计合理的程序作为其运行的制度框架,民众的信服正是"出自对基本过程的尊重"①。"任何权益受判决结果影响的当事人都享有被告知和陈述自己意见并获得权利……合理的告知、获得的机会以及提出主张和抗辩……"②正当程序要求程序的参与者在程序进行中能够充分发挥主体的作用和价值,彰显程序主体意识,体现个人的意思自治与尊严,通过自己的行为影响程序结果的生成,使程序具有合理吸纳程序参与者参与行为的功能。如果程序设计不合理,当事人则会产生强烈的不公正感,感到其权益受到忽视,道德主体地位遭到否定,人格尊严遭到贬损。③ 因此,"正当程序和公平是法院自信和信用的主要渊源"④。

在一个交往频繁、分工细致的社会里,纠纷不仅易于产生,而且复杂度也随之增加。这还需要一套精巧的程序制度,⑤使对纠纷的处理实现规范化、程序化。司法的运作就是通过一整套完备的程序,如证据规则、运作程序、过程控制等,来过滤掉各种偏见、不必要的社会影响和不着边际的连环关系的重荷,使本来复杂的社会关系简单化。⑥

尽管程序正当与精巧和实体公正未必具有一一对应的绝对关系,但其仍不失为对实体公正的保障,起码在增进公众对司法的理解和消除公众对裁判结果的不满等层面上具有不可替代的力量。即使是败诉当事人,也因为"已经被给予充分的机会表达自己的观点和提出证据,并且相信是由公正无私的法官进行了慎重的审理,所以对结果的不满也就失去了客观的依据

---

① [美]劳伦斯·M.佛里德曼:《法律制度》,中国政法大学出版社1994年版,第133页。

② H.C.Black,*Black's Law Dictionary*.West Publishing Co.,1979,p.1083.

③ 陈端洪:《法律程序价值观》,载《中外法学》1997年第6期。

④ [美]诺内特、塞尔兹尼克:《转变中的法律与社会》,张志铭译,中国政法大学出版社1994年版,第74页。

⑤ 在日本法学界,有"精密司法"之说,意指一种严密而精确的司法程序。法官正是通过一环扣一环的精密程序,在司法过程中各种细微之处展现良好的司法礼仪和规则精神,从细节处彰显司法权威,从而保证了司法结果的正确、司法程序的公正以及大众对司法裁判的信服。傅达林:《庭审细节关乎司法权威》,载《中国审判》2006年第10期,第75页。

⑥ 参见季卫东:《程序比较论》,《比较法研究》1993年第1期,第41页。

而只得接受"①,从而也有利于公众认同、相信、尊敬和服从法律。因此,经过这样正当化过程的决定显然更容易获得权威性,而且终将获得权威性。

4.司法结果的迅即与终局

法律应当具备及时运送正义的品格,司法机关的裁判应该及时作出,才能具有权威,迟来的正义为非正义,正如贝卡利亚所言:"推迟惩罚尽管也给人以惩罚犯罪的印象,然而,它造成的印象不像是惩罚,倒像是表演。"②

司法裁判还应当具有终局性,才能生成权威的印象。"他们(法官)具有一种最后的发言权,因为人们认为他们的裁判服从某种外在的意志而非他们自己的意志。"③无论争议各方的感受怎样,都必须服从和履行,不得"旧事重提",这是现代社会司法权威的必备内容和要求,正如西谚所云:"诉讼应有结果,乃是共同的福祉。"④司法处理结果的终局性主要体现在以下三个方面:

一是体现在司法处于法治的最终环节上。相对于多种解纷机制而言,司法作为一种国家公权力的处理方式,无疑应该是最后一道防线,在法治的实现、纠纷的解决、公民权利的保障上,处于法治诸环节的最后。二是体现在既判力上。在司法程序中,司法判决作出后一旦生效,当事人和法院均要接受判决内容的约束。美国联邦法院杰克逊大法官有句名言:"我们是终审并非因为我们不犯错误,我们不犯错误仅仅因为我们是终审。"⑤司法判决的这种拘束力被称为既判力。"如果败诉方相信他们可以在另一个地方或另一级法院再次提起诉讼,他们就永远不会尊重法院的判决,并顽固地拒绝执行对其不利的判决。无休止的诉讼反映了,同时更刺激了对法院决定的不尊重,从而严重削弱了法院体系的效率。"⑥司法判决的权威性就会受到质疑。三是体现在执行上。司法权威最终取决于司法裁判的有效执行。司法判决的执行力越高,也就越能表征人们对法律的高信任度以及通过对司法

---

① [日]谷口安平:《程序的正义与诉讼》,王亚新等译,中国政法大学出版社 1996 年版,第 11 页。

② 叶俊青、李鹏:《论司法权威的生长》,载《河南司法警官职业学院学报》2007 年第 1 期,第 78 页。

③ [美]诺内特、塞尔兹尼克:《转变中的法律与社会》,张志铭译,中国政法大学出版社 1994 年版,第 64 页。

④ 王利明:《司法改革研究》,法律出版社 2000 年版,第 252 页。

⑤ 苏力:《送法下乡》,中国政法大学出版社 2001 年版,第 191 页。

⑥ 宋冰主编:《程序、正义与现代化》,中国政法大学出版社 1998 年版,第 3 页。

实现正义期望的满足与认同,同时也向全社会展示着司法的权威性。近年来执行难已成为制约司法权威生成的桎梏,有些法院通过没有任何强制力的"曝光"将拒不履行生效判决的人员名单在报纸上或"张榜"予以公布;有的法官为了让当事人投入高昂代价换来的判决书不至于成为"白条",竟要冒着生命危险采取斗智斗勇的方式去执行;等等。只有解决执行难问题,使法院的生效判决落到实处,司法权威才能以看得见的方式得到彰显。

5. 法律意识、权利意识,特别是公正审判权意识的提升与倡扬

司法权威根源于"公众信从",在现代法治的条件下,法律不应是政府强制推行的规则,而应是人们心中虔诚的信仰。"没有法律信仰,法律是苍白的,法治是无望的。"①伯尔曼曾指出:"法律必须被信仰,否则它将形同虚设。它不仅包含有人的理性和意志,而且还包含了他的情感,他的直觉和献身,以及他的信仰。"②司法权威的建立也需要这种信仰,这是司法具有权威性的根本,是司法权威的观念性动力。③ 因此在当前我国司法权威缺失的情况下,在全民中培育、养成司法信仰是复兴司法权威的必由之路。高度的司法公信,是司法权威的基础。④ 要采取正面报道、典型报道等各种有效的措施加强司法宣传,提高社会公众的法律意识、权利意识、公正审判权意识,以求司法权威被人们自觉自愿地认同和推崇。只有如此,才能营造尊崇司法、信赖司法、服从司法、认同司法的氛围,司法权威才能最终获得人们的认同和支持。而且随着社会的不断进步与发展,司法权威性应当愈加得到加强和巩固。正如耶林所指出的那样:"法不只是单纯的思想,而是有生命力的力量。因此,正义之神一手提着天平,用它衡量法;另一只手握着剑,用它维护法。剑如果不带着天平,就是赤裸裸的暴力;天平如果不带着剑,就意味着软弱无力。两者是相辅相成的,只有在正义之神操剑的力量和掌称的技巧并驾齐驱的时候,一种完美的法治状态才能占统治地位。"⑤

法治的时代也是以法为尊、法律至上的时代。在一个有着悠久封建专制历史和人治传统的国家,建设法治国家是一项长期而艰巨的工作,需要痛

---

① 谢晖:《法律信仰的理念与基础》,山东人民出版社 1997 年版。

② [美]伯尔曼:《法律与宗教》,梁治平译,三联书店 1991 年版,第 15—16 页。

③ 季金华:《价值与制度:司法权威的法律实现机制》,载《江西社会科学》2001 年第 4 期,第 139 页。

④ 公丕祥:《董必武的司法权威观》,载《法律科学》2006 年第 1 期,第 16 页。

⑤ [德]耶林:《权利斗争论》,潘汉典译,载《法学译丛》1985 年第 2 期。

苦的治疗、艰辛的改造和伟大的创新。同时,这又是一项庞大的系统工程,需要众多子系统的协调配合与共同推动,而复兴司法权威无疑是其中最重要的工作之一。

司法运行过程中诸多环节的有机动态结合构成了司法权威的载体。其中所有的环节和要素相互联结作为整体而存在,每一个环节和要素都需要有权威性,以便在法律适用过程中实现彼此间的耦合和统一,形成富有活力的法律整合机制,实现司法权威。[①] 以上提及的司法角色、司法场景、司法程序、司法结果,可以浓缩为司法的动态活动和静态昭示两方面,只有社会对司法以上两方面所产生的价值认同,司法才有成为权威的可能。司法权威的复兴还需要一系列制度作为支撑,需要一个渐进的生长过程。它不仅需要良好的司法建设,同时更依赖于法律信仰、人权保障意识在市民社会的普遍提升。因此,我们在重视司法权威与其他诸多因素的互动关系的基础上,需要不断架构一些善的制度,促进司法权威的理性回归,保持司法权的正义品格,从而建构一个良好的司法权运作范式,彰显司法权威的魅力,使法官在司法权威的灵光下轻盈舞动于事实和法律间。

二、民事诉讼中的人权保障

一般而言,在民事诉讼中,人权表现为诉讼中的法定权利,它既包括当事人享有的各种诉讼权利,也包括当事人对自己的民事诉讼权利和民事实体权利自由处置的权利。[②] 因此,诉讼中人权的实现依赖于法院对当事人诉讼权利及处分行为的尊重。[③] 换言之,如果当事人能自由支配诉讼权利并且法院尊重当事人的处分行为,那么人权也就得到了切实有效的保障。

客观地讲,我国的民事诉讼立法对人权保障是比较重视的。立法上把人权保障作为民事诉讼的直接目的加以明确规定,民事诉讼法第 2 条明确指出,民事诉讼的任务,是为了"保护当事人行使诉讼权利……保护当事人合法权益,教育公民自觉地遵守法律,维护社会秩序、经济秩序,保障社会主

[①] 季金华:《司法权威的结构解析》,载《学习与探索》2002 年第 5 期,第 41 页。

[②] 李浩:《民诉制度的改革与处分原则的强化与完善》,载陈光中、江伟主编《诉讼法论丛》(第 1 卷),法律出版社 1998 年版,第 284 页。

[③] 李浩:《民诉制度的改革与处分原则的强化与完善》,载陈光中、江伟主编《诉讼法论丛》(第 1 卷),法律出版社 1998 年版,第 284 页。

义建设事业顺利进行"。毋庸置疑，当事人的诉讼权利既是公民的基本权利，也是人权的当然内容，民事诉讼法把保护当事人的诉讼权利和合法权益作为民事诉讼的直接目的，并把它落实在诉讼的各项任务之中，足以完整体现民事诉讼人权保障的思想。

再从民事诉讼法所规定的诉讼原则上看，它们也是人权保障基本准则的具体运用。我国《民事诉讼法》从第 6 条到第 15 条规定了民事诉讼的基本原则，其中绝大部分原则的内涵和本质具有人权保障之意，反映了立法者加强民事诉讼人权保障的意图。

不仅如此，民事诉讼法还比较详细地规定了当事人所享有的诉讼权利。概括起来，大致从以下四个方面赋予了当事人较多的诉讼权利：(1) 要求人民法院公正审判的权利，包括请求司法保护、委托诉讼代理人和申请回避等；(2) 维护自己实体权利的请求和主张的诉讼权利，包括收集、提供证据，进行辩论，查阅本案有关材料等；(3) 处分实体权利的诉讼权利，包括请求调解、提起上诉、双方自行和解、原告放弃或变更诉讼请求、被告承认或反驳诉讼请求以及提起反诉等；(4) 借以实现民事权益的诉讼权利，即当事人申请执行的权利。① 可以说，民事诉讼法赋予当事人的诉讼权利是比较广泛和完备的，但是，我们也必须清醒地认识到"从道德观念与价值观念上提出人权的要求，从法律上对人权予以确认与保障，这对于先进阶级与现代国家来讲并不困难，可以说这方面的法律文献和伦理观念是众多的，而要使人权切实实现，成为一种具体的现实权利则要复杂得多"② 。因此，在研究民事诉讼人权保障问题时，我们必须把焦点从纸上转移到纸外，在司法实践中考察纸上权利的实际运作情况，使人权成为一种实实在在的现实权利，这正是研究民事诉讼人权保障问题的目的之所在。

尽管民事诉讼立法上比较重视人权保障，但是我们发现在司法实践中却大量存在着当事人不能真正自由支配自己的诉讼权利以及法院不尊重当事人处分行为的现象，这不能不引起我们的忧虑和深思。为了更好地说明这个问题，笔者拟对司法实务中存在的较为明显的侵犯人权的现象做一具体分析和透视。

第一，关于协议管辖问题。为了强化和凸显当事人的合意对确定法院

---

① 刘璐、高言主编：《民事诉讼法理解适用与案例评析》，人民法院出版社 1996 年版，第 32 页。
② 沈宗灵：《法理学》，高等教育出版社 1994 年版，第 191 页。

管辖的限制与拘束作用,防止地方保护主义对审判公正造成的损害,使当事人能将纠纷提交到双方都信赖的法院或对双方都便利的法院审理,现行民事诉讼法在试行法的基础上增设了协议管辖制度。这就在法律上明确赋予了当事人对管辖法院的自由选择权,是法律尊重当事人意思自治的具体表现,也反映了立法者强化人权保障的良好愿望。然而,在司法实践中却存在着一些法院为了本地区、本部门的狭隘利益而无视法律规定,无视当事人协议而受理案件的恶劣现象。这种情形的典型实例是双方当事人依据民事诉讼法的有关规定,在订立合同时便约定:"在执行本合同过程中如发生纠纷,由甲乙双方友好协商解决,如果协商不成,向原告所在地人民法院起诉。"这一约定显然排除被告所在地和合同履行地法院的管辖权。发生纠纷后,非合同履行地的一方向本地法院提起诉讼,合同履行地的一方得知后,立即就同一合同纠纷向当地法院起诉。受诉法院则以合同中约定的管辖法院不明确为由,否定协议管辖的效力,受理本地原告后提起的同一诉讼。① 无可否认,这是对当事人自由行使诉讼权利的非法干涉,从根本上讲也践踏了民事诉讼中的人权。

第二,关于申请回避问题。申请回避的本意旨在保证案件能得到公正审理,而让与案件有利害关系或其他关系的审判人员或其他有关人员退出该案的审理活动。这是当事人一项重要的诉讼权利,也是民事诉讼中人权保障的主要内容之一。人民法院只有真正落实当事人的这一诉讼权利,才能实现公正审判,保障人权。然而,这项诉讼权利在具体行使过程中也常常受到阻碍,导致权利扭曲、变形。特别是审判委员会这一中国特有的法院内部机构的设置,使一些案件当事人的申请回避权成为"水中月""镜中花"。因为要想使当事人有效行使这一诉讼权利,基本前提之一就是审判该案的法官必须公开,而审判委员会成员的组成名单是不公开的,所以当事人无从知晓哪一位成员与案件有利害关系,即使知道,也无法申请回避,这实际上就从根本上否定了当事人的这项权利,还奢谈什么自由行使! 不仅如此,这还为法庭外的幕后交易大开方便之门,不但破坏了诉讼机制的正常运转,而且还难以保证在各种经济利益的驱动下,法官们仍能洁身自爱,不产生腐败问题。

第三,关于当事人举证的问题。民事诉讼法第 64 条第 2 款规定:"当事

---

① 最高人民法院经济审判庭编:《经济审判文件选编》(第 4 册)。

人及其诉讼代理人因客观原因不能自行收集的证据,或者人民法院认为审理案件需要的证据,人民法院应当调查收集。"《最高人民法院关于适用〈中华人民共和国民事诉讼法〉若干问题的意见》第73条规定:"依照民事诉讼法第64条第2款规定,由人民法院负责调查收集的证据包括:(1)当事人及其诉讼代理人因客观原因不能自行收集的;(2)人民法院认为需要鉴定、勘验的;(3)当事人提供的证据互相有矛盾,无法认定的;(4)人民法院认为应当由自己收集的其他证据。由此规定可以看出,法院调查收集证据的范围很模糊。这种模糊规定产生了以下两个问题:一是依照这条规定,法官完全有权根据自己的主观判断加以界定,而每个法官都有自己的评判标准,这样就会导致标准不一,极易产生混乱,不利于保护当事人的诉讼权利以及公正审理案件。二是由于我国有超职权主义的传统,法官在理解上述规定时,一般都倾向于从宽泛意义上进行理解,因而在司法实践中,法官在调查收集证据时,职权的作用仍然强大,调查范围仍然很宽。从矛盾分析的角度看,法院查证与当事人举证是一对矛盾,二者是此消彼长的关系。如果法院查证的职权过于宽泛,那么当事人举证的空间就会相应变得狭小,即限制了当事人对诉讼资料的处分权,这不仅影响当事人举证的积极性,而且法官过分主动地介入,对证据的调查过分热心,这些都会影响当事人对司法的信任,对裁判的公正性产生怀疑,甚至对法院的不当干涉产生强烈反感,认为自己权利的自由行使受到了限制和侵犯。在这种情况下,民事诉讼中的人权也得不到应有的保障。

第四,关于辩论权利问题。辩论原则在具体的贯彻实施中也存在着相当突出的问题,就目前状况而言,当事人辩论的热情不高,缺乏积极性,甚至有些当事人认为辩论只不过是在"演戏"走过场而已。究其原因,不能不说这与法律的规定以及法官对当事人行使辩论权利的认识有关。民事诉讼法只在总则部分笼统地规定了辩论原则的内容,即第12条规定:"人民法院审理民事案件时,当事人有权进行辩论。"但却没有规定任何法律上的制约后果,从而使辩论原则形同虚设,有学者称之为"非约束性辩论原则"[1],就是这个道理。由此产生一个明显的消极后果就是法官形成了"你辩你的,我判我的"这样一种糊涂认识,从而使辩论权行使的积极效果完全被忽视,极大地贬损了当事人的权利。众所周知,辩论是公正审判的核心部分,是正确裁判

---

[1]　张卫平:《民事诉讼基本模式——转换与选择之根据》,载《现代法学》1996年第6期。

得以产生的重要基础,我们虽不主张"真理越辩越明",但辩论使双方争执焦点凸现的功能以及推动裁判正确形成的作用却绝不应被忽视。但是,如前文所述,由于这一重要权利受到了种种限制,加之"先定后审"的现象普遍存在,法官事先形成了心证,所以极易导致裁判不公正,最终也忽视了在这一方面的人权保障。

第五,关于调解问题。调解不仅是我国司法工作的经验总结和优良传统,更在世界上被誉为"东方经验"。其实,调解不仅仅是"东方"经验,根据法国民事诉讼法第 887 条的规定,在农事诉讼中,调解是诉讼的必经程序。①由此看来,并不是只有东方人才重视调解和懂得调解的重要性。之所以在调解中存在"背靠背""和稀泥""以判压调""以诱促调""久调不决"等违法现象,关键不在于调解制度本身,而在于调解制度在实际操作过程中掺进了"杂质",即融进了法官个人的感情,受到了法官的不当干预,从而使当事人之间的合意不能纯化。如果法官仅以调解人的身份,中立、消极地对待调解,那么调解中出现的问题自然会少得多。这样,"调解也能够成为与审判并立的另一个重要的纠纷解决制度,这种制度的存在只能有好处,绝无带来坏处的可能"②。然而在我国,由于自身利益的驱动,法官对调解过于钟情,过于倾心,使当事人的合意掺了假,导致合意严重不纯,正如中立是裁判的生命一样,纯正的合意是调解的生命,合意不纯,那么调解也就名存实亡。而尊重合意就是尊重当事人在调解方面的人权,对合意的非法干涉实质上也就侵犯了当事人的人权。

第六,关于法院判决的范围是否应在起诉范围之内的问题。这一点法无明文规定,我国民事诉讼法方面的教科书无论是对处分原则的阐述还是对判决的解析均未涉及这一问题,但是在审判实务中却相当存在着脱离原告诉讼请求而判决的情形。例如,在损害赔偿案件中,原告只请求法院判决被告赔偿 50 元医药费,法院经审理认为 50 元太少,被告经济状况较好,遂判决被告支付 200 元。再如在合同纠纷案件中,原告只请求法院判决将不合格的产品退回给被告,而法院却在此之外又增加判决被告赔偿原告的损失或者向原告支付违约金的内容。应该说,上述情况都不符合民事诉讼人权保障的目的,因为按照人权保障的要求,法院必须尊重当事人的处分行

---

① 张卫平、陈刚编著:《法国民事诉讼法导论》,中国政法大学出版社 1997 年版,第 22—23 页。

② Franlk Sander,"Varieties of Dispute Processing,"*Federal Rules Decisions*,70(1979)113 - 114.转引自江伟主编:《中国民事诉讼法专论》,中国政法大学出版社 1998 年版,第 238 页。

为,即应当由当事人(尤其是原告)而不是法院来决定审判的对象。法院对当事人行使处分权具有不干涉的义务,以确保当事人的处分行为有效地落实在司法实践中。所以法院判决超出起诉范围,是法院不尊重当事人处分行为的具体表现,有碍于民事诉讼中人权保障的实现,也违背人权保障之意旨。

通过上面的粗略分析,不难看出目前我国民事诉讼中的人权并没有得到切实有效的保障。从我国的实际情况出发,彻底解决这个问题已经成为当务之急,我国正在完善社会主义市场经济体制,在市场经济体制下,每个商品生产者都是独立的经济主体,都享有充分的自由和权利,他们通过自由协商来共同决定他们之间的互利有偿。① 市场经济从本质上要求主体平等,注重权利的确认和保护,对不同所有制的市场经济主体平等对待,以实现市场经济中的公平、自由的竞争。② 它强调分权、自治和权利的保障,要求国家尽可能少地干预经济关系,充分尊重人们之间的合意和选择的自由,仅从宏观上调控经济发展。③ 由此可见,市场经济的本质要求与民事诉讼中人权保障的要求是高度一致的。市场经济的本质要求体现在民事诉讼结构中,就表现为如同在经济生活中国家尊重商品生产者一样,法院应充分尊重当事人的意思表示,使当事人能够按照自己的利益要求决定自己的诉讼行为,而法院对当事人自由行使诉讼权利不予干预,更不能代替当事人去处分当事人享有的自由权利。④ 因此,加强民事诉讼中的人权保障符合市场经济的内在要求,能够促进市场经济的建立和完善。反之,忽视甚至侵犯当事人在民事诉讼中的人权就会严重阻碍社会主义市场经济的形成与发展。鉴于以上认识,我们必须下大力气去研究并尽力解决民事诉讼实践中所出现的种种问题,以切实有效地保障人权。

在探讨解决问题的基本途径之前,有必要先确立一个宏观的指导思想,即我们必须牢牢地把握住反映公民在现代诉讼制度中的主体权利与地位这一基本原则,⑤充分重视民事诉讼当事人的程序主体性权利与地位。纵观西

---

① 陈泉生:《论市场经济与民事诉讼模式的转变》,载《社会科学家》1994 年第 4 期。

② 何文燕、廖永安:《民事诉讼目的简论》,载陈光中、江伟主编《诉讼法论丛》(第 2 卷),法律出版社 1998 年版,第 503 页。

③ 陈泉生:《论市场经济与民事诉讼模式的转变》,载《社会科学家》1994 年第 4 期。

④ 蔡虹:《民事诉讼结构的调整及其基本模式的选择》,载《法商研究》1998 年第 5 期。

⑤ 白绿铉:《美国民事诉讼法》,经济日报出版社 1996 年版,第 10 页。

方各国现代民事诉讼制度,它的基本特点就是限制国家权力,保护人权。[①]因此,为了切实有效地保障我国民事诉讼中的人权,有必要从这个思路出发,正确处理好作为国家权力之一的审判权的行使与人权保障的关系。从以上分析可以看出,民事诉讼中产生的问题是由于当事人的诉讼权利和处分行为受到了审判权的非法或不当干预而引起的,所以对审判权不当行使的限制已成为保障民事诉讼人权的应有之义,那么,如何才能防止审判权的滥用以达到人权保障之目的呢? 笔者提出如下建议:

首先,提高对民事诉讼中人权保障的认识,改变传统观念以适应市场经济发展需要。

从当事人角度看,由于超职权主义影响,涉讼以后,当事人在法院和法官面前很少说"我想怎么办",却会问(或者会揣摩、推测)"你要我怎么办",总而言之,即使面对司法专横,当事人也具有极大的心理承受力。[②] 因此,在保障民事诉讼人权的过程中,当事人不仅要努力培养权利意识,积极行使自己所享有的可供自由支配的诉讼权利,而且要敢于批评和抵制审判权的不当扩张,以达到保护人权之目的。

而与之相比,法官的观念更新具有决定性作用,因为法官是执法者,是国家审判权的化身,法官认识的偏差不仅会给当事人的人权保障直接造成极大损害,而且将给国家审判权带来严重的负面影响,危害广泛持久而深远。可是,在当前情况下,法官们普遍有一种错误认识,即认为守法总是指向普通群众,法律是用来治民而非治吏的,执法者是执行法律的主体而不是被法律规范的主体,从而法官们常常以一种物外忘我的心态来看待守法义务。[③] 这种认识是大错特错、不可原谅的。法官作为执法者,理应做守法的表率,严格依法办事,而不能有超越宪法和法律之上的特权。法官违法应当受到严厉追究,以维护法律的严肃性、权威性。从目前形势看,党的十五大已经把"依法治国,建设社会主义法治国家"作为一项基本的治国方略,依法治国的核心是法治,而法治的关键在于以法治吏、以法治权,运用法律来约

---

① 白绿铉:《美国民事诉讼法》,经济日报出版社 1996 年版,第 10 页。

② 陈桂明:《民事诉讼模式研究》,载江伟主编《中国民事诉讼法专论》,中国政法大学出版社 1998 年版,第 40 页。

③ 王雨本主编:《法制·法治》,中国人民公安大学出版社 1998 年版,第 128 页。

束、规范国家机关及其工作人员的职权行使,杜绝人治的恣意和异化。① 具体到民事诉讼领域,就是作为行使国家审判权的法官更应自觉接受法律的约束,依法行使审判权,承认并尊重当事人的权利主体性地位,担负起不侵犯当事人自由行使诉讼权利的义务,以实现民事诉讼中的人权保障。

其次,建立和完善相关制度是保障民事诉讼中之人权最根本、最有效的途径。

第一,在民事诉讼立法上,应严格遵循权力与责任高度一致的原则。立法机关在经过科学严密的论证之后,必须把行使审判权的责任具体地加以规定,做到权责一致、权责充分,否则,就极易使法官不当扩张审判权的范围,从而导致滥用审判权,使民事诉讼中之人权得不到切实保障。另外,民事诉讼立法还应具有前瞻性。因为从某种意义上讲,法律从颁布的那一刻起就是落后于社会实践的,所以,虽然我国民事诉讼法从目前情况看赋予了当事人较多的诉讼权利,但是随着社会文明的发展,改革开放的深入,肯定会有更多的当事人必须享有的诉讼权利需由法律加以确认,因此,我们一要研究新情况新问题,二要借鉴国外有益经验,增加民事诉讼权利,使人权保障始终与社会发展同步。

第二,就现行民事诉讼法而言,还应该对现有的诉讼权利加以完善,以限制法官过分宽泛的自由裁量权。关于完善的方式,主要有两种:一是使法律中模糊的规定明确化、具体化。如前文提到的法院查证的规定,模糊且有弹性,但经过学者的解释,就显得清晰明确,②不仅便于司法操作,而且更有助于保障当事人的权利。二是弥补法律缺陷,修补法律漏洞。这个工作尤为不易。但已经有不少学者对此进行了大胆的探索和尝试,如申请回避问题,有学者对现行回避制度提出了质疑并提出了颇有价值的建议。③ 辩论原则之完善也引起了法学界的广泛关注。如果立法机关能够采纳、吸收这些学术成果的话,无疑会强化民事诉讼中的人权保障,推动市场经济发展,促进依法治国方略的实现。

第三,完善人权救济制度。在现代社会特别是在法治社会中,有权利必

---

① 卞建林、李菁菁:《依法治国与刑事诉讼》,载陈光中、江伟主编《诉讼法论丛》(第2卷),法律出版社1998年版,第5页。

② 赵刚:《正确处理民事经济审判工作中的十大关系》,载《法学研究》1999年第1期。

③ 张晋红:《民事诉讼回避制度之检讨与完善》,载陈光中、江伟主编《诉讼法论丛》(第2卷),法律出版社,第610页。

有救济。通常认为,权力是权利的集合体,其力量强于权利,但其合理性却来源于权利,因此,通过权利制约权力不仅是必要的,而且是可能的。① 当民事诉讼中的人权受到审判权的侵犯时,法官必须承担相应的侵权责任。我们知道,尽管公正意识是审判人员应具备的基本素质之一,但他们作为社会的人,与社会存在着千丝万缕的联系,意识深处的欲望以及来自外部的各种诱惑,都可能使他们的公正意识"溃口决堤",从而造成审判上的偏私不公,所以,与其任意地信任,不如用制度来加以支配、规范,因为后者更安全,更可靠。② 基于这种认识,为了保障人权,首先必须建立法官违法惩戒制度。建立这项制度,是要求法官严格依法办案,如果违反有关法律规定,侵犯了当事人自由行使的诉讼权利,那么就应承担相应的法律责任。如上文提到的协议管辖和调解所产生的人权保障问题,就是由于法官非法干预,使当事人固有的诉讼权利没有落到实处所产生的。因此,若增设了这项制度,就可以对法官的此类违法行为进行严肃处理,确保民事诉讼中当事人的人权不折不扣地得到实现。其次还必须建立对受害人的损害予以赔偿的制度,这也是民事诉讼人权救济的一个重要内容。国家应依据受害人的请求和法定的程序使受害的当事人得到救济,起到事后保障的作用。

第四,完善对审判权的监督机制。要加强对审判行为的监督,对法官的违法行为进行干预和纠正,使法官在法律规定的范围内行使审判权。目前,对审判权的监督不力尤为突出,特别表现在检察监督方面,检察机关的监督行为对法院而言是"橡皮印章",没有多大压力。法律规定的专门监督机关尚且如此,其他有监督权的机构到底对审判行为起多大监督作用就可想而知。因此,我们应该完善以法律监督主体即检察机关为主导,其他监督主体为补充的监督机制,明确各监督主体间的法律关系,这样便可以生成监督合力,加强对审判权监督的力度,从根本上保证监督的效果,规范审判权的行使,切实有效地保障民事诉讼中当事人的人权。

三、公正审判权视角下的民事诉讼法理念更新

民事诉讼法理念是民事诉讼法内容的最高抽象,民事诉讼法崭新理念

---

① 王雨本主编:《法制·法治》,中国人民公安大学出版社 1998 年版,第 128 页。
② 张晋红:《民事诉讼回避制度之检讨与完善》,载陈光中、江伟主编《诉讼法论丛》(第 2 卷),法律出版社,第 610 页。

的体系化出现,确证了民事诉讼法修改的急迫性和必要性,同时也蕴含了民事诉讼法修改所可能展开过来的全部新型内涵,民事诉讼法修改后所出现的全部新型内容,均可以在逻辑上回溯至民事诉讼法的新理念预设。① 《中华人民共和国民事诉讼法》自 1991 年实施 20 多年来,仅于 2007 年就再审程序和执行程序进行过一次局部修订而显得"意犹未尽";② 由于 2012 年的修订内容涉及数量较多,因此被认为是一次全面修订。③ 不过,对照社会需求、期待和评价来看,2012 年的修订并没有进行框架性或结构性的变革,在总体思路和价值取向上也不甚明晰,甚至有一些价值冲突的倾向。④ 修订方式也颇为保守,不仅此次修订的目标与我国"建立法治"的国情阶段不相匹配,本次修订在规范统一方面也未带来可圈可点的进步。⑤ 如此说来,声势浩大的民诉法修订似乎只是扬汤止沸,照此发展下去,民诉法恐怕在今后的司法实践中也难逃"准死亡"而被实践抛弃的命运。⑥ 笔者认为,在公正审判权的视域中结合民事诉讼目的从民事诉讼法理念的角度对这一问题做些探

---

　① 汤维建:《论民事诉讼法修改的指导理念》,载《法律科学》2007 年第 6 期,第 132 页。

　② 田平安、闫宾:《论民事诉讼法修改中的十大问题》,载《江西社会科学》2011 年第 9 期,第 145 页。

　③ 关于民事诉讼法的修改,理论界大体存在小修和大修两种观点。考察国外民事诉讼法的修订史,可以发现一些发达国家的民事诉讼法尽管也不会经常大改大动,但却会根据需要经常小修小改。德国、法国、日本等国民事诉讼法的修改都有数十次之多。参见张卫平:《体制转型:民事诉讼法修改的基本作业》,载《法学家》2004 年第 3 期,第 24 页。立法机关对此次民事诉讼法的修改划定了简易程序和小额诉讼程序、民事诉讼中的证据制度、审前程序、检察监督、公益诉讼、诉讼外调解协议的司法确认、再审和执行程序等十来个问题,似乎以官方形式确定了局部修改的基调。参见王斐弘:《看不见的法律条文——修改民事诉讼法"务虚"谈》,载董开军、张卫平、俞灵雨编《民事诉讼法修改重要问题研究》,厦门大学出版社 2011 年版,第 710 页。但是,因为上述问题已经基本上涵盖了民事诉讼法整体的大部分,所以对上述问题的修改本身完全可以构成对民事诉讼法的全面修改。参见田平安、闫宾:《论民事诉讼法修改中的十大问题》,载《江西社会科学》2011 年第 9 期,第 146 页。

　④ 傅郁林:《民事诉讼法修改的价值取向论评》,载《华东政法大学学报》2012 年第 4 期,第 80 页。

　⑤ 周翠:《全球化背景中现代民事诉讼法改革的方向与路径》,载《华东政法大学学报》2012 年第 4 期,第 99 页。

　⑥ 吴英姿:《民事诉讼程序的非正常运作——兼论民事诉讼法修改的实践理性》,载《中国法学》2007 年第 4 期,第 144 页。从 1992 年开始,最高法院以司法解释的形式频频推出新举措、新程序和新制度,掀起了民事审判方式改革的层层浪潮。立法依然故我,民事诉讼法的文本没有改变,但是作为民事诉讼法作用对象的实践性程序,却与文本上所设定的程序产生了距离,这种距离越来越大,以致人们惊呼,民事诉讼法被抽空了。民事诉讼法确实成了具文。参见汤维建:《论民事诉讼法修改的指导理念》,载《法律科学》2007 年第 6 期,第 132 页。

究兴许能够揭示出民事诉讼法业经多次修订却乏善可陈的缘由,为建立体现民事诉讼规律、真正适合社会需要的规则提供一点有益的参考。

(一) 正当程序:公正审判权的基本理念

如前文所述,公正审判权是指由一系列与公正审判有关的、具体的权利组合而成的权利群或权利集合。[①] 公正审判权作为一种基本权利,起源于西方法律文化,发展于近代法治国家,盛行于人权高扬的全球化时代。在英美法中,至迟自 1215 年《自由大宪章》开始,公正审判权就成为臣民的一项基本权利。随着正当程序的不断发展,公正审判权也逐渐成为正当程序的组成部分。后来,美国联邦宪法修正案第 6 条明确将公正审判权作为一项宪法权利予以肯定。公正审判权这一概念在国际人权法中的出现源于 1948 年 12 月 10 日联合国大会通过并公布的《世界人权宣言》,其中第 10 条和第 11 条首次以联合国宣言的形式确立了公正审判权。随后,1950 年的《欧洲人权公约》、1966 年的《公民权利和政治权利国际公约》、1969 年的《美洲人权公约》和 1981 年的《非洲人权和民族权宪章》等人权公约相继将公正审判权确认为一项基本权利。一般认为,迄今为止,对公正审判权最权威、最完整的表述见于《公民权利和政治权利国际公约》第 14 条的相关内容。在不同的国家和地区,由于经济、社会、文化发展水平的不同及历史、宗教和其他因素的影响,人们对公正审判权具体内涵的界定有或多或少的差异,然而,在世界范围内,公正审判权已经成为民主法治社会中公民所享有的一项基本人权。[②] 从历史上看,尽管公正审判权作为国际社会公认的一项基本人权出现于二战后,可是它所蕴含的公正审判精神一直含义深邃,历久弥新。

[①] 张吉喜:《刑事诉讼中的公正审判权——以〈公民权利和政治权利国际公约〉为基础》,中国人民公安大学出版社 2010 年版,第 28 页。关于公正审判权,也有人认为:"简单地说,公正审判权就是公民在审判过程中享有法院对案件进行公正的审理和裁判的权利。"参见朱立恒:《公正审判权研究——以〈公民权利和政治权利国际公约〉为基础》,中国人民公安大学出版社 2007 年版,第 28 页。还有学者认为,公正审判权是裁判请求的重要内容之一,裁判请求权的基本内容应当包括诉诸法院(司法)的权利和公正审判请求权(接受公正审判的权利),尽管"诉诸法院的权利是裁判请求权的首要内容,然而,仅仅有诉诸法院的权利是不够的,诉诸法院的人还应当有获得法院公正审判的权利,即有公正审判请求权"。参见刘敏:《裁判请求权研究——民事诉讼的宪法理念》,中国人民大学出版社 2003 年版,第 28 页。

[②] 熊秋红:《解读公正审判权——从刑事司法角度的考察》,载《法学研究》2001 年第 6 期,第 24 页。

从思想渊源上分析,公正审判权来自英美法系的"正当法律程序"(due process of law)。① 而所谓正当法律程序,它是指"法律为了保持日常司法工作的纯洁性而认可的各种方法:促使审判和调查公正地进行,逮捕和搜查适当地采用,法律援助顺利地取得,以及消除不必要的延误等"②。作为一种权利的保障机制,正当程序着眼于两个方面:一是对公民生命、自由、财产等重要权利的剥夺或限制必须通过一定的程序才能决定;二是这种程序本身必须公正,其核心要求是权利受到影响的当事人获得被听审的机会。③ 作为一项影响世界的重要宪法原则,正当法律程序滥觞于英国古典的"自然正义"原则。自然正义原则在西方有着悠久的历史。作为一种古老的正义观念,自然正义原则起源于自然法。作为程序正义理论起源的自然正义的两项原则,即"nemo judex in causa sua"(nobody can be a judge in his own cause)——任何人都不得在与自己有关的案件中担任法官,以及"audi alteram partem"(hear the other side)——应听取双方之词,任何一方之词未被听取不得对其裁判,长期以来一直被视为公正审判的最低限度准则。④ 前者涉及的是避免偏见规则,这一规则最基本的含义是,如果负有司法职责的人与审判程序的结果有利害关系,那么他必然会被认为有偏袒一方的嫌疑。⑤ 后者涉及的是听证规则,这一规则最基本的含义是,负有司法职责的人必须将诉讼程序告知当事人,并及时通知当事人任何可能受到的指控,以使其能够准备答辩;此外,还应当允许当事人以适当的方式将答辩提交给法官。

第一次对正当程序的价值标准进行系统分析和论证的是美国法学家萨默斯,他于二十世纪七十年代初发表的《对法律程序的评价与改进——关于

---

① [奥]曼弗雷德·诺瓦克:《民权公约评注:联合国〈公民权利和政治权利国际公约〉》,毕小青、孙世彦等译,生活·读书·新知三联书店 2003 年版,第 233 页。

② [英]丹宁勋爵:《法律的正当程序》,李克强、杨百揆、刘庸安译,法律出版社 1999 年版,第 1—2 页。

③ 魏晓娜:《刑事正当程序原理》,中国人民公安大学出版社 2006 年版,绪论第 3 页。

④ Richard Clayton and Hugh Tomlinson. *Fair Trial Rights*(Oxford University press, 2001),p.26.转引自[英]沃克:《牛津法律大辞典》,李双元等译,法律出版社 2003 年版,第 787 页。

⑤ [英]彼得·斯坦、约翰·香德:《西方社会的法律价值》,王献平译,中国法制出版社 2004 年版,第 112—113 页。

"程序价值"的陈辩》一文轰动西方法学界,成为研究此类问题的经典文献。①
除萨默斯以外,还有很多学者从不同的角度对法律正当程序进行了富有意义的阐释,美国学者迈克尔·D.贝勒斯和马丁·P.戈尔丁就是其中的代表性人物。贝勒斯认为,法律的正当程序包含 7 项原则,②而戈尔丁认为法律的正当程序可以有 9 项原则作为评判标准。③ 通过对比研究可以发现,贝勒斯和戈尔丁对于正当程序的论述和萨默斯的阐述有异曲同工之妙。

作为正式的法律制度,法律的正当程序的历史一般认为源自 1215 年英国的《自由大宪章》(*Magna Carta*)第 39 条。而"法律的正当程序"(due process of law)这一表达方式首次出现于 1354 年英国国会通过的《伦敦威斯敏斯特自由令》第三章第 28 条。④ 到了十八世纪,正当程序在美国得到了更加广泛的发展,1791 年美国第一届议会制定的宪法前十条修正案(即《权

---

① 徐亚文:《程序正义论》,山东人民出版社 2004 年版,第 16—17 页。萨默斯提出了正当程序的 10 项独立价值标准,分别为:参与性统治(participatory governance);程序正统性(process legitimacy);程序和平性(process peacefulness);人道性及尊重个人的尊严(humaneness and respect for individual dignity);个人隐私(personal privacy);协议性(consensualism);程序公平性(procedural fairness);程序法治(the procedural rule of law);程序理性(procedural rationality);及时性和终结性(timeliness and finality)。参见陈瑞华:《通过法律实现程序正义——萨默斯"程序价值"理论评析》,载《北大法律评论》1998 年第 1 卷第 1 辑,第 186—191 页;徐亚文:《程序正义论》,山东人民出版社 2004 年版,第 196—199 页。

② 这 7 项原则分别为:和平原则,即程序是和平的。自愿原则,即人们应当自愿地将他们的争执交由法院解决。参与原则,即当事人应能富有影响地参与法院的诉讼活动。公正原则,该原则有三项要求:第一,裁判者应当保持中立,即人们不应当担任审理他们自己案件的法官,法官或者陪审团不应当有偏见;第二,在审理过程中,双方都应当提供信息;第三,各方起码应知道他方提供的信息,并有机会对之发表自己的意见。可理解原则,即程序应当能为当事人所理解。及时原则,即程序应提供及时的判决。止争原则,即法院应作出解决争执的最终决定。参见[美]迈克尔·D.贝勒斯:《法律的原则——一个规范的分析》,张文显等译,中国大百科全书出版社 1996 年版,第 32—37 页。

③ 该 9 项原则包含于三个方面的内容之中:中立性方面。中立性包括"与自身有关的人不应当是法官""结果中不应含纠纷解决者个人利益"和"纠纷解决者不应有支持或反对某一方的偏见"3 项具体原则。劝导性争端方面。劝导性争端包括"对各方当事人的诉讼都应当给予公平的注意""纠纷解决者应听取双方的论据和证据""纠纷解决者应只在另一方在场的情况下听取一方的意见"和"各方当事人都应得到公平机会对另一方提出的论据和证据作出回应"4 项原则。解决方面。解决包括"解决的诸项条件应以理性推演为依据""推理应论及所提出的论据和证据"2 项原则。参见[美]马丁·P.戈尔丁:《法律哲学》,齐海滨译,三联书店 1987 年版,第 240—243 页。

④ 该条的规定为:"不依正当法律程序,不得对任何人(无论其财产或社会地位如何)加以驱逐出国境或住宅,不得逮捕、监禁、流放或者处以死刑。"参见李昌道:《美国宪法史稿》,法律出版社 1986 年版,第 210—211 页。

利法案》)被认为是"公正审判权最早和最著名的法律规定"。① 由于法律的正当程序具有保障人权这一人类社会共同追求的价值目标,正如美国宪法修正案的起草人麦迪逊所指出的,正当法律程序,"乃是防止立法或行政部门僭越专擅侵害民权的金城堡垒,而法院则是为维护其功能的卫士"②。二战结束后,随着世界各国国内法的不断完善以及国际人权法的发展,正当程序的观念逐渐摆脱了国界甚至是法系的限制,开始进入国际社会的视野。美国宪法修正案对国际人权公约和欧洲等区域性人权公约影响甚大,它们在借鉴、吸纳美国宪法修正案中的正当法律程序条款的基础上,规定了公正审判权。③ 历史的变迁表明,正当法律程序已经从一个具有浓厚地方性色彩的英国普通法原则嬗变为一个可以普遍适用于各个国家、各种诉讼模式的一般司法原则。

　　根据《公民权利和政治权利国际公约》的规定以及人权事务委员会和区域性人权机构对公正审判权的解释,公正审判权具有以下几个方面的特点。其一,公正审判权是被国际人权法所确认、保障的一项基本人权。自从法国《人权和公民权利宣言》问世以来,人权概念逐渐被广泛使用。④ 公正审判权作为一项基本人权已经成为许多学者的共识,它是公民的人身自由、财产安全乃至生命权利的最终保障措施,没有公正审判权的实现,人权将会失去最为坚固的屏障,从而最终沦落为虚幻的权利。其二,公正审判权具有主体的广泛性。尽管《公民权利和政治权利国际公约》第 14 条用了 7 款对公正审判权作了较为详细的规定,但是其中的 6 款是关于刑事诉讼中被告人的人权保护的,这很容易让人联想到公正审判权关注的重心只在刑事诉讼领域,实际上,根据《公民权利和政治权利国际公约》第 14 条第 1 款的规定,享有公正审判权的主体是任何受刑事指控的人和任何权利义务涉讼需要判定的人,即公正审判权的享有者不仅包括刑事诉讼中的犯罪嫌疑人、被告人,而且包括民事、行政诉讼中的当事人。尽管人们对于公正审判权的适用范围尚存在一定的分歧,但可以肯定的是,无论是刑事诉讼,还是民事诉讼或者

---

① Richard Clayton and Hugh Tomlinson, *Fair Trial Rights* (Oxford University Press, 2001), p.2.

② 荆知仁:《美国宪法与宪政》,三民书局 1984 年版,第 78 页。

③ Christoph J. M. Safferling, *Toward an International Criminal Procedure* (Oxford University Press, 2001), pp.21 - 22.

④ 张文显:《法哲学范畴研究》,中国政法大学出版社 2001 年版,第 289 页。

行政诉讼,都属于公正审判权的适用范围。① 其三,公正审判权的外延相当丰富,具有发展性。公正审判权是一个极具张力的概念,随着时代的发展,人权事务委员会和区域性人权机构通过对"公正审判的一般权利"的解释,不断地发展着公正审判权的内涵,这充分表明了公正审判权的发展性特征。例如,从字面的含义来看,《公民权利和政治权利国际公约》第 14 条第 2 款至第 7 款以及第 15 条仅适用于刑事案件,但是,联合国人权事务委员会通过对"公正审判的一般权利"的解释,将其中的某些规定适用于民事案件,如联合国人权事务委员会认为,公正审判的一个重要方面是审判的效率。尽管第 14 条第 3 款第 3 项规定了刑事诉讼中受审时间不得无故拖延,但是,案件的复杂性以及当事人的行为等因素也不能使民事程序中的拖延正当化。欧洲人权法院也通过解释将某些刑事程序中的公正审判权适用于民事程序,较为典型的适例是 Airey 案件,在该案中欧洲人权法院将免费获得翻译人员帮助的权利扩展到了涉及重大利益的民事案件中去。②

尽管公正审判权内涵丰富且处于不断的演进变化之中,但是万变不离其宗,国际人权法中对公正审判权的规范以《公民权利和政治权利国际公约》的第 14 条规定为核心,公正审判权所体现的以正当程序为核心的人权保障理念得到国际社会的广泛认可,成为各国制定、修改相关法律制度的行动指南。

(二)纠纷解决:我国民事诉讼法理念的偏失

诉讼法理念与诉讼目的相伴相生、紧密联系,有着共同的内涵。美国学者博登海默曾言:"目的是全部法律的创造者,每条法律规则的产生都源于一种目的,即一种事实上的动机。"③民事诉讼目的是民事诉讼法学领域内的一个事关"千秋大业"的大事,源自人们对"民事诉讼制度为什么而存在"这样一个深邃问题的苦苦探求,此研究已经触及隐藏在民事诉讼制度背后的

---

① David Weissbrodt, *The Right to a Fair Trial under the Universal Declaration of Human Rights and the International Covenant on Civil and Political Rights* (Martinus Nijhoff Publishers, 2001), p.153.

② *Airey v. Ireland*, Judgment of 9 Sept. 1979, Series A no. 32, (1979-80)2 EHRR 305.

③ 耶林语。引自[美] E.博登海默著:《法理学—法哲学及其方法》(中文版),华夏出版社 1987 年版,第 104 页。

观念性事物,将人们对民事诉讼制度的思考从其现实使命引向其终极目标。[①] 民事诉讼目的的研究使得人们对相关问题的思考更深入、更全面,眼界也更为开阔。特别是在建构民事诉讼制度的正当性方面"志存高远",不纠缠于细枝末节,不拘泥于惯常做法,不局限于一时之得,看重的是法律制度的发展性、延续性、长远性,将原有的现实关怀进一步延伸到终极关怀中去。

民事诉讼目的学说发展史研究表明,诸如私法权利保护说、私法秩序维持说、纠纷解决说、程序保障说及权利保障说等学说是民事诉讼目的的重要学说。[②] 在民事诉讼众多的目的学说中,从当前世界各国民事诉讼制度的实践运行情况来看,大多数国家认为民事诉讼法律制度具有两大目标——民事纠纷的有效解决与当事人权利的充分保障,这两个目的在很大程度上影响甚至决定着该国民事诉讼的立法价值取向和具体制度设计。这两个目的的区别在于:以解决纠纷为目标的司法制度侧重于个案的妥善解决;以保障权利为目标的司法制度则对法律秩序的维护和法律规则的统一发展给予更多的关注。各国民事司法制度通常都是在二者之间各有侧重并力图兼顾平衡。反观我国,民事诉讼法从来没有明确规定过民事诉讼制度的目的,2012年的修订对此也未充分关注,只是在第 2 条中规定了民事诉讼法的任务,即"保护当事人行使诉讼权利,保证人民法院查明事实,分清是非,正确适用法律,及时审理民事案件,确认民事权利义务关系,制裁民事违法行为,保护当事人的合法权益,教育公民自觉遵守法律,维护社会秩序、经济秩序,保障社会主义建设事业顺利进行"。这种多重任务给人以"雾里看花"之感,并不能有效传递我国民事诉讼目的的明确信息,因此我们也无法准确探知我国民事诉讼的理念究竟为何。

不过,关于 2012 年民事诉讼法修改的目的,全国人大法工委在《中华人民共和国民事诉讼法修正案(草案)》中作了明确说明,即"为了妥善解决纠纷,保护当事人的合法权益,促进社会和谐稳定,进一步完善我国民事诉讼制度"。对此可大体理解为:我国民事诉讼制度将以解决纠纷为主要目的,同时兼顾私权保护的功能;这两个直接目标最终服务于维护社会(秩序)和

[①] 曾友祥、黄娟:《民事诉讼目的的相关问题研究》,载《山东社会科学》2007 年第 1 期,第94 页。

[②] 参见江伟主编:《民事诉讼法学原理》,中国人民大学出版社 1999 年版,第五章的相关内容。

谐稳定的总体或终极目标。修订法律对纠纷解决与私权保障这两个目标并重的意旨似乎还可以从一些具体条款的增加或修改中解读出来,但在社会和谐与规则秩序之间的逻辑关系并未受到普遍重视的情况下,立法在二者之间的摇摆和困扰也不时呈现出来。在维护社会和谐而非维护"法律秩序"的总体目标下,实际上可能出现偏重以"个案纠纷解决"为路径来维护社会和谐稳定,而忽略以"私人权利保护"为路径来维护"社会法律秩序"。实践中将进一步强化司法的纠纷解决功能,淡化司法在诉权保障和依法裁判中的私权保障功能,这无疑会进一步加重社会纠纷解决对司法途径的依赖,消解社会自治性解纷机制的存在价值和生存空间,从长远目标上继续恶化司法状况。[1]

由此看来,我国的民事诉讼法目的侧重于纠纷的解决,司法实践也对目的的实现起到了推波助澜的作用,这样的定位至少在目前来讲是有失偏颇的。原因有三:第一,虽然纠纷解决在一定程度上揭示了民事诉讼法的目的,同时就民事诉讼法和民事实体法之间的关系也作出了一定的合理解释,但是,纠纷解决说最初的理论和制度的前提是不存在成文的民事实体法,在我国成文的民事实体法日益完善的今天,单纯强调纠纷解决说,而忽视保护民事实体权和维护实体法律秩序的诉讼目的,是不合理的。[2] 第二,从法治的阶段性发展来考察,当前我国尚处于"建立法治"的阶段,慷慨言之也仅处于"深化法治"阶段,与德、法等国因处于"简化法治"阶段而其诉讼法改革多以"诉讼经济与简化"为目标有本质的不同,因此我国的法律修订重点不在于诉讼多元化甚至诉讼简化,而是在于建构起公正、高效的民事审理程序。这不仅因为法律理念的三要素中,正义这一价值目标总是优先于合目的性与法安定性,也因为民事程序的首要目标在于维护与实现当事人的实体权利,次要目标才是"维护法和平",因此,有人甚至大声疾呼:"纠纷解决"根本不是诉讼目标![3] 第三,这样的定位并没有很好地兼顾纠纷解决与私权保护的关系,尤其极大地忽视了程序的重要作用。从传统上讲,我国曾经是一个

---

① 傅郁林:《民事诉讼法修改的价值取向论评》,载《华东政法大学学报》2012 年第 4 期,第 80 页。

② 邵明:《民事诉讼法理研究》,中国人民大学出版社 2004 年版,第 110 页。

③ 翁晓斌、周翠:《辩论原则下的法官实质指挥诉讼与收集证据的义务》,载《现代法学》2011 年第 4 期;周翠:《现代民事诉讼义务体系的构建——以法官与当事人在事实阐明上的责任承担为中心》,载《法学家》2012 年第 3 期。

极其轻视程序制度的国度,程序的正统性和理性化传统未曾真正形成过,甚至程序为何物也未曾受到过追问和关注,我国传统的司法乃是在程序之外运作的,程序与司法并没有真正地、实质性地有所联系,程序虚无主义遍地弥漫。[1] 以正当程序为核心的正义保障之欠缺,早就被视为我国民事程序的痼疾。[2] 我国的民事诉讼理念重在解决纠纷,而轻视以私权保护为核心的人权保障理念的塑造,导致在历次民诉法的修订上裹足不前,鲜有可圈可点之处,因此探索更新民事诉讼理念成为当务之急。

(三) 人权保障:民事诉讼的基本理念

放眼全球的法律实践,司法改革已经成为包括发达国家和发展中国家在内的普适性课题。在此过程中,有一点体认是各国所相同的或者是不谋而合的,这就是它们都在不同程度上摒弃了本国中心主义的思想,甚至不惜与传统的法律思维发生根本性的分道扬镳,而谦和地审视表现于异域中的法制建设经验并为本国的立法和司法所用,从而较大幅度地改善本国的法治环境和司法实践,提升本国法治的现代化水准,强化其适用价值和前瞻意义。[3]

我国于 1988 年、1993 年、1999 年、2004 年和 2018 年经历了五次修宪,确立了社会主义市场经济体制和依法治国方略等重大问题,因而对民事诉讼法提出了更高的要求。当前,我国已经签署《公民权利和政治权利国际公约》,并正为早日批准这一公约做出积极的准备,而其中的重要步骤就是及时跟进吸收公约中所体现出的制度价值理念,适时修改与公约内容不相符合的法律制度,使国内的相关法律制度与公约的基本要求相一致。在这个方面,我国刑事诉讼法的修正已经走在了前面,人权保障入法就是此次修法的最大亮点。尽管此次修法并不尽善尽美,诸如无罪推定等规定没有明显的起色,与《公民权利和政治权利国际公约》的要求还有巨大的改进空间,但是可以毫不夸张地说,我国修改后的刑事诉讼法已经朝着公约的方向迈出了令人惊喜的一大步。

---

[1]　汤维建、刘静、许尚豪:《民事诉讼法修改的基本走势》,载《江海学刊》2005 年第 2 期,第 114 页。

[2]　周翠:《全球化背景中现代民事诉讼法改革的方向与路径》,载《华东政法大学学报》2012 年第 4 期,第 98 页。

[3]　公丕祥:《法制现代化的理论逻辑》,中国政法大学出版社 1999 年版,第 6 页。

然而,相较于刑事诉讼法的修订,虽然我国立法者明确表示以"进一步保障当事人的诉讼权利,维护司法公正"为主要改革目标,但是除延续 2007 年的改革重点继续对审判监督以及执行程序进行修订之外,实际主要在引入小额诉讼、公益诉讼、电子证据等方面带来显著变化,修订的重点实际落在"诉讼经济与简化、程序多元化与现代化"的目标上。由此看来,我国《民事诉讼法》的修改尽管也有一些变化,但是"宜粗不宜细"的立法思想和避重就轻的改革目标,使 2012 年的法律修订错失了里程碑意义,成为一次不得不为之的例行改革。固然"科学配置司法资源、提高诉讼效率"是设计诉讼制度的重要考量因素,但是程序功能的实现与司法威信的重拾,不取决于美轮美奂的诉讼多元化设计,也不取决于纠纷解决的数量之可观,而仅取决于是否设立了真正满足正义与公平要求的程序以保障实体法规定的请求权得到实现。唯其如此,才能实现真正的法和平。[①]

由此观之,在民事诉讼法理念上,以程序本位为基本内容的人权保障理念应当成为我国民事诉讼法的理念,主要基于以下考虑:

第一,这是司法权价值取向的要求。从辩证的观点来看,私人纠纷解决过程中司法权的介入本身就具有两面性:它能为纠纷主体提供终极和权威的司法救济;然而,司法权由于具有公权力的属性,同样极易被滥用,这也潜在地威胁着公民的合法权益。因此"只有将司法权与普遍意义上的公民权利甚至政治权利相联系起来,也只有使司法机构更加有效地为那些受到其他国家权力侵害的个人权益提供救济,司法权的存在和介入才是富有实质意义的"[②]。从这个意义上讲,司法的重要任务之一就是界定或保护国民现有权利以及不断扩充新权利的范围,反映在民事司法领域中,与公民的私法权利联系最为紧密的民事审判权自然须将其着眼点放在私法权利的保护上。[③] 因此,通过加强对言词主义、武器平等、法官法定等原则的适用,以及加强保障当事人的司法保障请求权和法定听审权,对我国一审程序进行改革,早就应成为法律修订的主要目标。

---

① 周翠:《全球化背景中现代民事诉讼法改革的方向与路径》,载《华东政法大学学报》2012 年第 4 期,第 99 页。

② 陈瑞华:《问题与主义之间——刑事诉讼基本问题研究》,中国人民大学出版社 2003 年版,第 10 页。

③ 曾友祥、黄娟:《民事诉讼目的的相关问题研究》,载《山东社会科学》2007 年第 1 期,第 93 页。

　　第二,将纠纷解决作为民事诉讼法的最高追求,只不过是功利的、"浅尝辄止"的认识,也极易导致民事诉讼法修订走向片面化、庸俗化。我国民事诉讼法还应有更高的精神追求,为与我国宪法当中对人权保障的强调相适应,必须将修法的理念进一步延伸到权利实现和权利发展上面来。现实国情也决定了这一点:我国过去有着悠久的人治传统,在此背景下进行法治建设必将寓示着在相当长的一段时期内,民众的启蒙、公民权利的建设与发展将是中心任务。而当前由于诸多原因,一些原本通过其他国家权力的运作可以实施的权利救济实际上并未达到预期的效果,诉讼外权利救济渠道有待于进一步通畅,这就决定了程序规范性相对较强的诉讼必然要立足于权利实现和权利发展来进行。① 因此,只有在立足于程序本位的人权保障理念的指引下,民事诉讼活动的进行才有可能收到权利实现和权利发展的实际效果。

　　第三,程序本位主义体现了人类诉讼的文明和进步。我国民事诉讼法的修改要充分体认程序自身的正义性诉求。程序参与者和纠纷解决者充分尊重程序法的明文规定性、任何诉讼活动均要体现出严格的法定性是程序本位主义的本质的、内在的要求,与之相应的,程序本位主义也内在地呼唤程序主持者和参与者的独立性。市场经济的发展是不依人们的意志为转移的,当然也不依民事诉讼法的滞后性为转移,民事司法的实践逻辑自然为自身的合理运行开辟道路。② 然而,由于我国民事诉讼法"重实体、轻程序"的传统,导致实体本位主义泛滥,程序虚无主义横行,司法改革缺乏向纵深发展的动力和保障。由此带来了一系列诸如司法地方化、司法庸俗化、司法监督主体宽泛化等不符合司法本质要求、违背司法客观规律的现象。这就出现了市场经济越发展,司法的权威性越低这样一个极其矛盾的悖论。这个悖论提出一个警醒:我们必须要以程序本位主义为切入口,强化纠纷解决过程的自身正义性,并以此为契机进行司法改革。由是观之,以程序本位主义为基本内容的人权保障理念理应成为指导民事诉讼法修改的"定海神针",我国民事诉讼法要在人权保障理念的指导下,深入契合程序本位主义发展规律和内在特质进行与时俱进、大气磅礴的修改。

　　当然,一项科学理性的制度并非一朝一夕之间可以成就,但是正如有学

---

　　① 曾友祥、黄娟:《民事诉讼目的的相关问题研究》,载《山东社会科学》2007 年第 1 期,第95 页。

　　② 汤维建:《论民事诉讼法修改的指导理念》,载《法律科学》2007 年第 6 期,第 132 页。

者深刻指出的:"只要抓住了它的内核,端正了基本理念,消除了相关认识误区,那么该制度就不再是镜花水月似的空中楼阁,不再是变动不居无法捉摸的电闪雷鸣,而是相对稳定又随着社会变迁而不断发展完善的良性制度。"①从当前的情况来看,我国已经于 1977 年和 1998 年先后签署了《经济、社会、文化权利国际公约》和《公民权利和政治权利国际公约》两公约,并于 2001年 3 月 27 日批准了《经济、社会、文化权利国际公约》。作为联合国安理会的一个常任理事国和联合国人权理事会的一个活跃的成员国,如今的中国已经是人权的国际促进、保护和实施领域内的一个重要的全球参与者。由于在此之前中国已经批准了《消除一切形式种族歧视国际公约》《消除对妇女一切形式歧视公约》《禁止酷刑公约》和《儿童权利公约》,因此《公民权利和政治权利国际公约》是联合国六个核心公约中唯一尚未被我国批准的公约。鉴于此,做好必要的准备,加快与国际条约接轨的步伐,进一步提高人权保障的能力与水平已经成为当务之急。

客观上讲,我国政府非常重视关于在批准《公约》之前使国内的相关法律制度符合《公约》要求的各项义务,但是,应将人权条约的签署和批准之间的时间间隔保持在合理的范围之内,以避免人们产生有关政策可能发生变化或者在实施《公约》权利方面存在不可克服的障碍等猜疑。② 因此,在民事诉讼法的修改中,借鉴我国刑事诉讼法的修法经验,积极重塑并秉持以程序本位为基石的人权保障理念成为一个急待确定的前提性问题。

---

① 江必新:《审判监督制度的基本理念》,载《人民司法》2012 年第 13 期,第 27 页。

② [奥]曼弗雷德·诺瓦克:《〈公民权利和政治权利国际公约〉评注》(修订第二版),孙世彦、毕小青译,生活·读书·新知三联书店出版社 2008 年版,第 5—6 页。

第六章　公正审判权的制度保障

公正审判权在制度层面的保障主要有：一是在宪法上对公正审判权的确认；二是相关部门法在法律解释以及法律制度构建方面的保障。在这方面，笔者将选取刑事法律进行研讨，主要以刑法解释和有关刑事法律制度运行保障中遇到的一些问题为考察对象，内容包括公正审判权视角下的刑法解释论、录音录像制度良性运行的保障以及我国刑事诉讼合意制度的构建。

这里需要说明的是，尽管从表面上看，刑事诉讼合意制度与公正审判权没有什么关联，但是事实上两者的内在联系十分密切。前文研究表明，平等权是公正审判权的重要内容之一，而合意制度的内核也在于平等，假若没有平等，合意也将无从谈起。正是平等这一内在的要求，将貌似无关的二者通过平等这一桥梁彼此血脉相通。因此刑事诉讼合意制度的构建也必将成为公正审判权落实的一项重要内容。

一、公正审判权的宪法确认

公正审判权的宪法确认，是指公正审判权为一国宪法所确认，成为一国公民享有的一项基本权利。我国的现行宪法虽然列举了公民享有的较为广泛的权利和自由，但是对公正审判权却无直接而又全面的规定。因此，探讨公正审判权入宪的必要性与入宪的方式方法尤为必要。

（一）在宪法上明定公正审判权的必要性

主要表现在：一是有助于我国公民宪法基本权利体系的完善。"宪法对公民基本权利的规定也就是对人权的一种选择确认，宪法的发展和进步过程就是这种选择确认的范围不断扩大、层次不断加深的过程。"[①]宪法作为人

---

① 文正邦、付子堂：《人权的宪法保障》，载《法律科学》1992年第3期，第95—96页。

权保障法,理应把公正审判权这一基本人权作为公民享有的基本权利加以确认。有学者认为,我国有必要通过修宪增加生存权、财产权、环境权、发展权、知情权、隐私权、经济权、迁徙自由权、平等权、接受公正审判的权利十大人权。① 这其中就提到了公正审判权。因此作为宪法基本权利救济保障的公正审判权得到我国现行宪法的确认和保障就显得尤其迫切和必要。

二是公民权利意识走向成熟的必然要求。一般而言,权利意识是指特定社会的成员对自我利益和自由的认知、主张和要求,以及对他人认知、主张和要求利益和自由的社会评价。② 有学者指出,自改革开放以来,经过多年的发展,中国正大踏步迈进权利的时代。③ 这一切都充分表明公民的权利意识正在不断走向成熟,而公民权利意识的成熟必定会要求政府将公正审判权写入宪法。公正审判权能更好地帮助公民运用法律武器捍卫自己的自由和权利,其入宪对公民权利的全面维护和权利意识的进一步提高非常重要。

三是顺应公正审判权宪法化和国际化潮流的需要。公正审判权入宪是当今世界绝大多数国家的选择,已形成了一个世界立宪潮流。相比较而言,英美法系国家对公正审判权规定得较为系统和完整,大陆法系国家规定得比较原则。公正审判权在宪法化的同时,也出现国际化的潮流,二者之间存在着相互影响、相互推进的关系。二十世纪以来,尤其是二战以后,公正审判权在得到越来越多的国家的宪法的确认和保障的同时,也引起了国际社会的极大关注,国际人权公约和洲际人权公约都已经把公正审判权作为基本人权加以确认和保障,④呈现出公正审判权认定标准、公正审判权保障的国际化态势。这种国际化态势也必将有力地推动那些公正审判权尚未宪法化的国家尽快将其宪法化。当今中国已深深地融入了国际社会之中,与国

---

① 徐显明:《人权建设三愿(代序)》,载《人权研究》(第2卷),山东人民出版社2002年版,序言第2—7页。

② 夏勇:《走向权利的时代》,中国政法大学出版社2000年版,第45—46页。

③ 夏勇:《中国宪法改革的几个基本理论问题》,载《中国社会科学》2003年第2期。

④ 《世界人权宣言》是"所有人民和所有国家共同努力实现的共同标准"。作为一个道德性文件和国际习惯法文件,《世界人权宣言》不仅要求尊重个人的尊严和自由,而且要求在所有层次为实现普遍享有人权作不懈的努力。由《世界人权宣言》第8、10、11条规定可见,它创设了一套自我包容、完整全面的国际人权系统,公正审判权位列其中,且被置于基本人权的位置。1966年通过的《公民权利和政治权利国际公约》第14、15条对公正审判权作了比较详尽的规定。《欧洲人权公约》的第6条、第7条,《美洲人权公约》的第7条、第8条,《非洲人权和民族权宪章》的第7条都对公正审判权作了规定。

际事务密不可分，"世界潮流，浩浩汤汤"，面对公正审判权宪法化、国际化这一时代需求，作为人权保障已经入宪的中国应顺势而为，积极主动地将公正审判权纳入宪法之中去。

四是履行国际承诺的需要。1998 年 10 月 5 日，我国政府郑重签署了《公约》。签署并不代表《公约》一定在国内生效，不过签署《公约》也会产生一定的效果，它表明了中国加入《公约》的意愿，因此，在签署《公约》之后，该国不得采取违反公约目的和宗旨的行为，这是条约法的原则。① 联合国将根据《公约》所明确规定的标准，认真考察该国人权状况。一旦该国的人权状况与《公约》规定的有关标准不一致，人权事务委员会就有可能采取点名或批评等措施进行敦促。因此，对《公约》的批准必须稳妥积极，既要充分准备，不能操之过急，又要认真对待，不能久拖不决。当务之急是将公正审判权纳入宪法确认和保障范围，从而与国际社会普遍认同的宪政观念、人权理念保持一致。

（二）宪法确认公正审判权的方式和步骤

从世界范围来看，公正审判权宪法化的模式主要有以下三种：默示方式②，明示方式③，其他方式④。由于我国实行的是成文宪法，因此必须采用明示方式对公正审判权加以全面的确认。可以分为以下两个步骤依次进行：一是在宪法中明定公正审判权的概念，并将其宪法性刑事诉讼权利的重要特征予以明确。同时，要借助刑事诉讼法的修改，将其作为轴心纳入刑事诉讼法的总纲中去，并围绕公正审判权规定刑事诉讼法的其他权利。二是待我国宪政发展到一定的程度以后，再对宪法和刑事诉讼法中规定的公正审判权进行系统的归纳、有效的整合，以此进一步完善公正审判权的体系。

---

① 《维也纳条约法公约》第 18 条规定："一国负有义务不得采取任何足以妨碍条约目的及宗旨之行为：（甲）如果该国已签署条约或已交换构成条约之文书而须经批准、接受或赞同，但尚未明白表示不欲成为条约当事国之意思……"

② 默示方式是指宪法本身没有专门的条款直接明示公正审判权，公正审判权是从宪法的相关条款中推导出来的，或者公正审判权的具体内容由宪法（或宪法性法律）相关条款加以规定。采用这种方式确认公正审判权的国家比较多，如英国、美国、德国、意大利、俄罗斯。

③ 明示方式是指宪法中不仅有专门的条款规定公正审判权，而且还有其他条款规定了公正审判权的内容。采用这种方式规定公正审判权的国家主要有日本。

④ 其他方式是指公正审判权既不是由宪法明文规定，也不能从有关宪法条文中推导出来，而是通过宪法判例和赋予公约直接法律效力等方式加以确认。法国即是如此。

　　总而言之,公正审判权入宪的目的在于宣告公正审判权在整个人权体系中的极端重要性和基础性地位;在于为国家保障公正审判权的实现设定义务;在于为公民行使公正审判权提供最高法律依据;在于为公民防范公权力行为对公正审判权的侵犯提供最高法律依据和标准。我国已经签署了《公约》,在致力于建设法治国家、政治文明国家、和谐社会,提倡"尊重和保障人权"的当代中国,用宪法确认公民的公正审判权是不可回避的选择,是一项必须认真完成的时代课题。

二、公正审判权视角下的刑法解释论

　　刑法解释的历史与刑法同岁,有了刑法,就有刑法解释。[①]晚近以来,刑法解释问题已经成为我国刑法学界研究的热点问题之一。[②]"刑罚规范之所以需要解释,主要是因为刑法条文具有一定的抽象性和稳定性,有的抽象用语具有多义性,难免使人们产生不同理解,加之现实生活又是千姿百态的和复杂多变的,为了统一理解,为了使抽象的法条适用于具体的案件,使司法活动能够跟上客观情况的变化,就需要对刑法规范进行解释。"[③]刑法解释本身是一种利益衡量的活动,尽管有各种制度性的力量迫使这种利益衡量活动自觉或不自觉地遵循罪刑法定原则。作为整个刑法适用活动的核心内容,刑法解释对刑法概念的澄清和条文语义的释明,实际上是对犯罪圈的重新界定,这种界定必然导致罪、责、刑的变化。因此,如何在刑法解释上找到对犯罪圈重新界定的合理依据就成为重点考究的对象。

(一)聚焦个案:刑法解释面临的尴尬境遇

　　【例一】"李宁案":李宁、沈莉瑶夫妇在南京以开办"正麟"演艺公司为名,实则组织男青年向同性"卖淫"。2003 年 9 月,南京警方将其刑事拘留,并申请检察机关批捕。检察机关再三研究后认为,惩罚此类行为刑法无明文规定,按"法无明文规定不为罪"原则,李宁等人应当无罪释放。随后公安机关将李宁等释放。江苏省政法委接到汇报后,决定由省高级人民法院向最高人民法院请示。最高人民法院接到江苏省高级人民法院的请示后向全

---

①　齐文远、周详:《论刑法解释的基本原则》,载《中国法学》2004 年第 2 期,第 117 页。
②　王政勋:《刑法解释问题研究现状述评》,载《法商研究》2008 年第 4 期,第 149 页。
③　高铭暄、马克昌主编:《刑法学》,北京大学出版社、高等教育出版社 2000 年版,第 21 页。

国人大常委会作了汇报。全国人大常委会下属专门委员会听取报告后决定：组织男青年向同性卖淫，比照组织卖淫罪定罪量刑。不久，李宁等被捕。2004 年 2 月 6 日上午，南京市秦淮区人民法院对此案进行了不公开审理。2 月 17 日下午公开宣判。判决称李宁犯组织卖淫罪成立，判处有期徒刑 8 年，罚金 6 万元，违法所得 1500 元予以收缴。[①]

【例二】"许霆案"：2006 年 4 月 21 日晚，许霆到某银行的 ATM 机取款，由于机器故障，在其取出 1000 元后，银行卡账户里却只被扣 1 元，许霆先后取款 171 次，合计 17.5 万元。后许霆被抓获归案。2007 年 11 月 20 日，广州市中级人民法院一审认定被告人许霆盗窃金融机构，犯盗窃罪，判处无期徒刑，剥夺政治权利终身。该案于 2007 年 12 月 17 日被媒体披露，引发激烈争论，各方专家、学者乃至一些司法系统内部人士通过网络渠道畅谈各自看法。2008 年 1 月 9 日，该案被广东省高级人民法院发回重审。3 月 31 日，广州市中级人民法院以盗窃罪判处许霆有期徒刑 5 年。许霆不服，上诉到广东省高级人民法院。2008 年 5 月 23 日，广东省高级人民法院驳回了许霆的上诉。2008 年 8 月 20 日，最高人民法院核准广东省高级人民法院的判决。[②]

【例三】"艳照门事件"：2008 年 1 月 28 日晨，网上极速流传陈冠希和诸多女艺人的"私密照"。警方查实陈冠希曾将手提电脑送往一间计算机公司修理。有工作人员在修理计算机时，从硬盘中发现有关照片后，制成两张高清版光盘，在朋友间互相欣赏，最终被发到网上并广为传播。据统计，在天涯和百度两大中文平台上关于"艳照门"的帖子点击率突破 2000 多万，尽管有专人负责删除这些不雅照片，但由于网络传播迅速的特点，传播面已经不可控制。

【例四】"袁宝璟案件"：在"袁宝璟兄弟雇凶案"中，被告人袁宝璟在被害人汪兴多次向其借钱未果后不断对其进行威胁、恐吓的情况下雇凶杀人。人民法院判处袁宝璟、袁宝琦、袁宝森三兄弟死刑，判处袁宝福死刑缓期 2 年执行。

【例五】"花季少女贩毒案"：该案中，三位刚从中专毕业到成都打工的

---

① 本案例载于最高人民法院刑一庭、刑二庭编：《刑事审判参考》(2004 年第 3 辑)，法律出版社 2004 年版，第 137—142 页。

② 李朝涛：《最高法院核准许霆案判决 5 年刑期正式生效》，http://news.163.com/08/0906/01/41.4D03HM 0001124J.html，于 2009 年 7 月 21 日访问。

女青年,因受毒贩利诱用身体贩运 900 多克海洛因,其贩毒动机是为了获得每人 5000 元(这相当于她们 2 年工资)的报酬。由于每人运输的海洛因达 300 多克,远远超过我国刑法第 347 条规定的运输海洛因 50 克以上就可以判处死刑的标准,因此,四川省成都市中级人民法院一审严格按照刑法的规定判处了三位被告人死刑。①

上面所选择的案件和事件,均在社会上产生了较大的反响。其中,"李宁案"和"许霆案"的处理并非顺畅,审理过程一波三折,尤其是在媒体上披露以后,更是引起社会的广泛关注,正反观点交锋激烈,时至今日尚未平息。②关于"艳照门事件",它是公众窥私欲的集体大爆发。中国法律对淫秽物品一贯采取严格管制的政策,即使是以非牟利为目的的传播,情节严重的亦构成传播淫秽物品罪。"艳照门事件"发生在香港地区,但其影响迅速散至内地,然而内地对于"艳照门"图片和视频的传播行为,却"干打雷不下雨"的。在内地还没有听说有哪一个网民因为非牟利传播"艳照门"信息而被追究刑事责任。③"袁宝璟案"的判决结果在社会上引起了激烈的争论。有学者认为,该案"三条半命抵一命"的判决结果从形式上看是公正的,也体现了刑罚的目的——既惩罚了犯罪人,也极大地震慑了社会上其他不安定分子。但是,该案的判决结果也产生了严重的负面影响,即这一判决结果让人觉得司法者过于冷酷。"徒表安忍之怀"的刑罚,只会使人民冷漠残忍。④在"花季少女贩毒案"中,由于法院没有充分考虑可以从轻处罚的情节,就剥夺了三位女青年的生命权,因此,大部分群众对这样的判决结果并不认同。⑤客观地讲,在后两起案件中,司法者严格地执行了相关的法律和司法解释,但其判决结果因忽视对犯罪人应有的人文关怀而无法收到良好的社会效果。以上

---

① 案件详情参见《三位花季少女贩毒被判死刑》,http://news.sina.com/s/2004 - 11 - 29/15095067729.shtml,于 2009 年 7 月 23 日访问。

② 周永坤:《对"组织'男男卖淫'案"的法理分析》,载《法学》2005 年第 1 期;陈兴良:《组织男性从事同性性交易行为之定性研究——对李宁案的分析》,载《国家检察官学院学报》2005 年第 1 期;董玉庭:《ATM 机上非正常取款行为的刑法学分析——兼论类型分析方法在刑法解释学中的运用》,载《人民检察》2008 年第 8 期等。

③ 陈京春:《信息时代对刑法解释论的究问——ATM 机盗窃案和"艳照门"事件引起的法律思考》,载《法律科学》2008 年第 6 期,第 162 页。

④ 范忠信:《袁宝璟案与政府的安忍之杯》,http://hongfan.fyfz.cn/blog/hongfan/index.aspx?blogid= 72188,于 2009 年 7 月 25 日访问。

⑤ 袁林:《刑法解释观应从规则主义适度转向人本主义》,载《法商研究》2008 年第 6 期,第 118 页。

几个案件只是类似众多案件的缩影,产生激烈争议的根本原因不能不说与当前我国刑法解释的立场与运用情况有很大关联。

(二)理论探源:刑法解释的难点及观点之争

1. 问题切入——刑法解释的难点之所在

当前,在刑事案件审理过程中所凸显的诸如事实认定、法律适用或平衡处理等方面的争议,在一定程度上可以内化抽象为刑法的安定性与妥当性之间的冲突。[①]

法的安定性与妥当性对法律解释方法的影响,集中见于法学方法史上概念法学与利益法学、自由法学的争论。十九世纪盛行一时的概念法学对法律的解释偏重于形式逻辑的操作,排除法官对具体案件的利益衡量与目的考量,旨在彻底保证法的安定性。与此相对,利益法学、自由法学更强调运用目的来解释法律。利益法学的先驱人物耶林在其名著《法的目的》中提出"全部法的缔造者是目的",坚决反对逻辑崇拜和从概念到概念的形式解释,"因为法学不是数学,目的思考是决定性的"。随着利益法学对概念法学的取代,法的解释与适用脱离了概念法学的形式逻辑与形式解释,"不是逻辑优先,而是生活的价值居首"[②]。现实的利益评价越来越多地替代仅仅以形式逻辑的推理为基础的方法。

刑法解释可使刑法具体化、明确化及体系化,以维护刑法的安定性;同时,刑法又是公正、合乎目的的规范,刑法解释应当促进刑法正义。法的安定性与妥当性都应是刑法的价值目标,对刑法价值目标安定性与妥当性的侧重不同,将会影响刑法解释理论的选择。单纯追求安定性的刑法既不能实质地保障人权,也不能实现法益保护的目的,这一点已为历史所证明。同理,忽视安定性而过于追求妥当性,同样会导致刑法走向反面,没有安定性保障的实质正义隐藏着司法恣意、自由被践踏的巨大危险,最终走向实质的非正义。[③]因此如何衡平刑法的安定性与妥当性正是现代社会中刑法解释面

---

① 有学者认为:"法理念是以三个基本价值的紧张关系表现出来的,这三个基本价值是正义、合目的性与法的安定性。"参见张明楷:《刑法理念与刑法解释》,载《法学杂志》2004 年第 25 卷,第 11 页。在这里,笔者认为,"正义、合目的性"也正是妥当性的要求。

② [德]阿图尔·考夫曼、温弗里德·哈斯默尔主编:《当代法哲学和法律理论导论》,郑永流译,法律出版社 2002 年版,第 166、167 页。

③ 苏彩霞:《刑法解释方法的位阶与运用》,载《中国法学》2008 年第 5 期,第 99—100 页。

临的最大难点。

2. 立场选择——难点背后立论的观点之争

不同的视角立场和价值观念进行交锋、碰撞后就会产生不同的观点和意见,仔细分析当前刑法解释面临的尴尬与困惑,可以折射出刑法解释基本思想相互之间的冲突。①

(1)主要观点概述。一是主观说,又称立法者意思说。该学说风行于十九世纪的西欧大陆,即使在成文法相对落后的英伦国家,十九世纪以来该观点也在法院判案中长期占据主导地位。其基本主张为:刑法解释的目标应是阐明刑法立法时立法者的意思,一切超出刑法立法原意的解释都是违法的。美国的霍姆斯法官说:"在成文法的情况下……可以说就像与主权的命令交涉一样,唯一要做的事就是了解主权者想要的是什么。"②那时人们在理性主义的支配下,以为人类仅凭理性的力量就能够系统地规划出各种各样的自然法的规则和原则,并将它们全部纳入一部法典之中。而立法者们通过编纂条文繁多的法典打算回答可能出现的每一个问题,以此来否定那种以解释法律的途径来进行法官立法的一切可能性,并且"为法官提供一个完整的办案依据,以便使法官在审理任何案件时都能得心应手地引律据典"③。在这种情况下,任何对法律的解释都是对立法者在立法时表达的立

---

① 关于刑法解释的理论有多种,大致可以归纳为如下几种观点:第一种观点"法律文本说",认为对法律的理解限于法律文本字面上的含义。第二种观点"立法原意说",认为刑法解释的目标在于探求立法者制定法律时的原意。第三种观点"客观需要说",认为应按照社会发展变化的要求去阐明法律的含义。第四种观点"折中说",认为刑法解释不以探究立法原意为限,而是应当创造性地提示立法意蕴,并且使之能够与现实相吻合。其中"折中说"中也有分歧。具体内容可参见张明楷:《刑法学》,法律出版社 2003 年版,第 41—42 页;李希慧:《刑法解释论》,中国人民公安大学出版社 1995 年版,第 76—77 页;梁治平主编:《刑法解释问题》,法律出版社 1998 年版,第 190 页;张志铭:《中国的刑法解释体制》,载《中国社会科学》1997 年第 2 期;吴丙新:《刑法解释的基本思想及主体》,载《现代法学》2001 年第 3 期;姜伟、卢宇蓉:《论刑法解释的若干问题》,载《中国刑事法杂志》2003 年第 6 期;吴笛:《论刑法解释目标的理论基础与现实抉择》,载《福建公安高等专科学校学报》2007 年第 2 期;张明楷:《刑法解释理念》,载《国家检察官学院学报》2008 年第 6 期;许浩:《刑法解释的基本立场——对实用主义法律解释观的论证》,载《东方法学》2008 年第 6 期等。本文由于篇幅所限,摘其要,删其繁,主要就最具代表性的两种观点进行论述与探讨。

② [美]波斯纳:《法理学问题》,苏力译,中国政法大学出版社 1994 年版,第 336 页。在中国古代,关于古籍的注释也大都以追求原意、"求契作者之初心"为目的。仇兆鳌《杜诗详注》序中说:"是故注杜者必反复沉潜,求其归宿所在,又从而句字比之,庶几得作者苦心于千百年之上,恍然如身历其世,面接其人,而慨乎有余悲,悄乎有余思也。"参见董洪利:《古籍的阐释》,辽宁教育出版社 1993 年版,第 42 页。转引自张志铭:《法律解释概念探微》,载《法学研究》1998 年第 5 期,第 42 页。

③ [美]约翰·亨利·梅利曼:《大陆法系》,西南政法学院 1983 年印行,第 42 页。

法原意的理解,亦即找出立法原意。由于这种法律解释的主张以立法原意为认识目标,企图达到立法者的主观状况,因而被称为法律解释论上的主观解释理论。二是客观说,又称法律客观意思说。该学说认为,刑法解释应以揭示适用时之刑法之外在意思为目标,而不是立法者制定刑法时主观上所赋予刑法条文的意思。该学说自十九世纪末二十世纪初以耶林为代表的自由法学派首倡以来,在二十世纪初西方法律解释论上逐渐占了上风,到二十世纪六十年代德国哲学家伽达默尔创立哲学解释学而达到鼎盛时期。①其理论家们对法典万能和万能立法者大加嘲讽,主张法律并非死文字,而是具有生命的、随时空因素的变化而变化的行为规范。立法者一旦颁布了法律,法律便随着时间的变化而逐渐地并越来越远地脱离立法者而独立自主地生存下去,只有在适应新的社会需要的情况下才能保持活力。曾任法国最高法院院长的巴洛·博普雷在1904年庆祝《法国民法典》颁布100周年的著名讲演中曾明确地指出:"法官不应该一味试图寻找一百年前法典的制定者们在起草这一条或那一条款时的意图。他应该向自己提出这样的问题:面对一个世纪以来在法国思想、习俗、政治结构、社会和经济方面发生的一切变化,面对正义和理智要求法律条文自由地适应现代生活的现实,那么原立法者应有怎样的意图。"②客观解释理论的更激进的主张者干脆认为所谓立法意图只是一个纯属虚构的概念。从否定立法意图开始,法官对法律的解释逐渐演变成在法律解释的名义下对法律的创造,即法官造法。

(2)主观说与客观说的冲突。德国思想家马克斯·韦伯把合理性作了形式合理性和实质合理性的区分。形式合理性和实质合理性的冲突是法理学的轴心问题,二者存在"无法避免的矛盾"处于"永远无法消解"的紧张对立关系之中。③形式合理性和实质合理性在刑法解释论中与主观说和客观说是一一对应的。如前文所说,主观说强调探询立法者的立法原意,是一种强调尊重和忠实于立法者通过法律文本表达的立法原意的解释论,因而也被称为形式的解释论。而客观说则试图挣脱立法者的立法原意,根据变化了的情势与适用的目的,挖掘法律文本现在的合理意思。主观说与客观说

---

① 陈金钊:《法律解释的哲理》,山东人民出版社1999年版,第104页;陈弘毅:《当代西方法律解释学初探》,载《中国法学》1996年第3期。

② [法]亨利·莱维·布律尔:《法律社会学》,上海人民出版社1987年版,第73页。

③ 刘耀彬:《刑法解释的困境》,载《南京航空航天大学学报(社会科学版)》2008年第2期,第55页。

的对立,反映了对罪刑法定及其决定的刑法价值的不同追求,在二者之间如何选择就成为能否实现刑事法治的一块试金石。

无论追求形式合理性还是追求实质合理性,对于司法而言都是有利有弊。二者之间存在着一种此消彼长的矛盾关系。在刑法解释中,"我们必须在形式合理性和实质合理性之间谋求最大的交换值,必须在稳定与变动、保守与创新、原则与具体、整体与部分这些彼此矛盾的因素之间寻找一个恰当的均衡点,理论上有这么个均衡点,但在实践中如何捕获它,却大概是个永远也说不清楚、道不明白的问题"①。

(3)刑法解释有效性应有的立场。刑法解释的有效性原则是建立我国刑法解释论的核心。② 一般解释学的理论认为,解释并不是无中生有的"境外生象",它必须面对一定的文本(text)而进行,这是从对解释学发展历程的考察中得出的必然结论。③受罪刑法定原则的制约,和民法解释相比,刑法解释更倾向于从严解释的原则。④

我国当前刑法的价值目标应当是刑法的安定性优先,兼顾刑法的妥当性,这是与我国当前的依法治国建设目标、罪刑法定原则的现代内涵相适应的。⑤刑法本身的安定性是指"认知可能性、操作可能性与实践可能性的安定性",解释刑法首先应维护刑法的安定性,安定性是法治的首要要求。同时,"解释犹如法律本身一样,也服务于正义"⑥。如仅为维护刑法的安定性,"将法律的理想加以牺牲,必然使法律的解释沦为形式的逻辑化,难以促成正义的实现"⑦。因此,由刑法的价值目标决定,刑法解释的价值目标也应是以实现刑法的安定性优先,兼顾促进刑法的妥当性。⑧ 这样的认识为我们缓解主观说与客观说的冲突,破解刑法解释的难点提供了另外一种思路。

(三)应对之策:现代社会刑法解释观的优化与衡平

第一,在解释立场上,以公正审判权为指导采取修正的客观解释论。人

---

① 桑本谦:《法律解释的困境》,载《法学研究》2004 年第 5 期,第 3—13 页。
② 王平:《论我国刑法解释的有效性》,载《法律科学》1994 年第 2 期,第 31 页。
③ 陈兴良、周光权:《刑法司法解释的限度——兼论司法法之存在及其合理性》,载《法学》1997 年第 3 期,第 22 页。
④ 韩忠谟:《刑法原理》,中国政法大学出版社 2002 年版,第 48 页。
⑤ 苏彩霞:《实质的刑法解释立场之确立与展开》,载《法学研究》2007 年第 2 期。
⑥ [德] 考夫曼著:《法律哲学》,刘幸义等译,法律出版社 2004 年版,第 274 页、第 186 页。
⑦ 杨仁寿:《法学方法论》,中国政法大学出版社 1999 年版,第 97 页。
⑧ 苏彩霞:《刑法解释方法的位阶与运用》,载《中国法学》2008 年第 5 期,第 100 页。

类对法律解释重要性的认识已经使它跳出了"绝对禁止法官(院)解释立法"①的囚笼。因此,各国司法机关当前都在广泛运用刑法解释权,从而"力图使有关相对稳定性的需要和变化的需要方面这种相互冲突的要求协调起来"②。

　　我国的刑事法治目标不仅要实现"法治",而且要实现"良法之治"。主观解释论强调通过立法意图拘束法官,重在法的安定性。然而,立法意图或者难以探寻,或者面对无限丰富变动不居的社会现实时往往过时。客观解释论强调通过刑事政策上的目的考量,结合社会现实的变化,对刑法作出"同时代的解释",其优点在于具有灵活性、妥当性、开放性与实质性,但这也正是其隐患,即可能因追求妥当性、开放性而有损刑法的安定性,并且在司法实践中有可能成为解释者恣意的借口。因此,为了避免损害刑法的安定性与法官解释的恣意,现代社会应当从公正审判权出发,以刑法的有效性为基本立场对"客观解释论"进行扬弃,大力提倡"修正的客观解释论",即赋予客观解释论一定的论证负担,③通过承担更多的论证义务,避免刑法解释因妥当性而损害安定性,因灵活性而成为恣意性。正如出海远洋的轮船,虽然船长可以根据现实情况对轮船的航行进行调整,但终不能忘记出海时设定的目的地。博登海默亦认为:"就法律制度的基本结构改变而言,一般来讲,法官通常必须依赖外界的援助,他本人则不能拆毁法律大厦的实质性部分,也不能用新的法律代替原有的法律。"④

　　第二,在解释标准上,融合法官视域与公众视域。刑法的公众认同是实现刑事法治的重要条件,为此,在我国的刑法解释观转向"修正的客观解释论"时,必须实现法官视域与公众视域的融合。加达默尔认为,视域是指看视的区域(Gesichtskreis),这个区域囊括了从某个立足点出发所能看到的一切。⑤对刑法的解释,实际上是对刑法文本的解读,学者、法官、公民个人

---

　　①　沈宗灵:《比较法总论》,北京大学出版社 1987 年版,第 149 页。

　　②　[美]庞德:《法律史解释》,华夏出版社 1989 年版,第 1 页。

　　③　论证负担主要包括:证明自己的结论更能促进刑法的妥当性、正义性;证明自己的结论没有超出可能的文义,不违背国民预测可能性;证明文义解释、历史解释、体系解释的结论不合理,或者可能导致某种实质的不公平;等等。参见苏彩霞:《刑法解释方法的位阶与运用》,载《中国法学》2008 年第 5 期,第 100 页以下。

　　④　[美]博登海默:《法理学——法律哲学与法律方法》,邓正来译,中国政法大学出版社 2004 年版,第 585 页。

　　⑤　[德]加达默尔:《真理与方法》(上卷),洪汉鼎译,上海译文出版社 2004 年版,第 391 页。

由于其在整个社会中的地位、价值观等不同,每个人基于自己的处境对刑法文本的解读也就不同。如果说对刑法的解释是以法官的视域为标准,那么,依据法官个人视域所作出的判决就不可能起到定纷止争的作用。因此,为了合理有效地解决社会矛盾,实现社会的和谐发展,对刑法的解释必须努力实现法官视域与社会公众视域的融合。

实现法官视域与公众视域融合的重要意义在于:(1) 公众与法官相互尊重对方的理解和解释,通过对话与讨论可以实现互动并达成共识;(2) 刑法的解释当然应该尊重包括法官在内的法律专家的理解,但这种尊重并不支持法官作出任何判决,法官的判决必须受到公众的认同,以免出现因忠于法律而背离公众意愿的情形;(3) 刑法的解释在技术上更倾向于尊重法官及专家的理解,但在目标与结果上更应当尊重公众的认同,以免出现因为适用法律而背离刑法人本目标的结果。①

第三,在解释方法上,统一语义学与语用学。一般认为,刑法解释包括文理解释和论理解释,文理解释具有优先性。②拉伦茨说:"由一般的语言用法获得的字义,其构成解释的出发点,同时为解释的界限。"③坚持主观解释论的学者主张对刑法的解释应严格按照刑法条文字面的含义进行解释,即进行语义解释。然而,如果仅根据刑法条文进行字面解释,那么有时可能无法得出合理的结论。更何况语言的意义是人赋予的,语义会发生流变,既有"历时性流变",又有"共时性流变"。④ 当代的解释学已经明显从语义学转向了语用学,对刑法的解释,也应该从语义学适度转向语用学。这种转向要求我们在对某一刑法条文进行解释时,不能仅机械地根据刑法条文的字面含义进行解释,而要根据其在整个法律体系中的含义来进行解释。同时,由于法律规则体系仅是社会规则系统的一个组成部分,"那些正式的法律规范决不能胜任实现正义的所有工作,其间还存在着一些别的事物,后者决定性地参与了所有的审判工作,但并不见诸法典或法规的字里行间"⑤。因此在对刑法进行解释时还要将其放入整个社会规则系统中进行考察。

---

① 袁林:《刑法解释观应从规则主义适度转向人本主义》,载《法商研究》2008 年第 6 期,第121 页。

② 王政勋:《论刑法解释中的词义分析法》,载《法律科学》2006 年第 1 期,第 44 页。

③ [德]拉伦茨著:《法学方法论》,陈爱娥译,商务印书馆 2003 年版,第 219—221 页。

④ 苏力:《解释的难题:对几种法律文本解释方法的追问》,载《中国社会科学》1997 年第 4 期。

⑤ [美]庞德:《法律与道德》,陈林林译,中国政法大学出版社 2003 年版,第 24 页。

　　第四,在解释效力上,兼顾法律效果与社会效果。法律乃公平善良之树,具有人性化的关怀,其本原在于公平性和确定性。① 因此,从最终的结果上考虑,刑法的解释必须反映公众对正义的追求,满足公众对正义的需要。在刑法的规则体系中,规则与事实是分离的,即刑法是抽象的一般规则,而作为法律适用对象的事实则是具体的。规则与事实分离后,案件处理的法律效果有时也会游离于社会效果之外。通常表现为以下两种状态:一是法官与执法者可能走向法律机械主义,过于强调规则的正义性而忽略个案结果的正义性。哈耶克曾经指出:“司法判决震惊公共舆论并与一般预期相背离的大多数情势,都是因为法官认为他不得不墨守成文法的条文且不敢背离(以法律的明确陈述作为前提)三段论推论的结果所致。”② 二是法官与执法者受其知识与立场的局限,过于强调个案结果的公正性,而忽视规则正义的整体与普遍要求,甚至为了个案的正义性结果而曲解法律规则。因此,欲想最大限度地统一案件的法律效果与社会效果,刑法的适用者与公众之间必须就两种效果的关系达成共识,而能够有效地将两者结合的共同基础,就是公众所认同的常识、常理、常情。③ 因此,法官在适用刑法规则时,不能机械地执行规则,而应根据维系人类社会有序运行的,人们普遍遵循的,最基本的道理、情感对规则进行合理的解释,对个案作出普通公众所认同的判决。现代社会,在刑事审判中必须遵循适用刑法平等和罪刑相适应原则,在刑法解释中注重推行常识化的解释④才能够满足民众基本的正义诉求,增强刑法的公众认同度,从而促进我国刑事法制的良性发展,实现法律效果和社会效果的有机统一。

　　“刑法系由解释而生长而发展而醇化。”良好的刑法解释理论,对于刑法的正确适用,对于刑法和刑法学的良性发展,都是至关重要的。无视罪刑法定的要求,任意的刑法解释只能导致司法的滥用;而无视社会发展需要,否定刑法解释的价值只会导致司法的僵化与刻板。无论是前者还是后者,都会迷失法律的目的,削弱法律的价值。然而,评判标准的转型、惯性思维的转变是一个长期的渐进的过程,“关于何者为善,何者为恶的终极判断,并不

---

　　① 徐岱:《刑法关怀与刑法解释》,载《当代法学》2004 年第 1 期,第 92 页。
　　② [英]哈耶克著:《法律、立法与自由》(第 1 卷),邓正来等译,中国大百科全书出版社 2000 年版,第 183 页。
　　③ 陈世伟:《刑法解释的良心之维》,载《社会科学研究》2007 年第 3 期,第 77 页。
　　④ 王钧:《刑法解释的常识化》,载《法学研究》2006 年第 6 期,第 103 页。

是由个人智慧所决定的,而是由那些坚持错误信念的群体的衰弱或减少而决定的"①。所以,仍任重而道远。

三、录音录像制度良性运行的保障

正像人们所翘首企盼的那样,在我国经历了由点到面、由试行到推广这样一个渐进过程的录音录像制度,在 2012 年被素来有"小宪法"之誉的《刑事诉讼法》以修正案的形式收入囊中。② 回顾近年来录音录像制度的发展,其法律地位的确立也实属"水到渠成"。2007 年 3 月 9 日,最高人民法院、最高人民检察院、公安部、司法部联合发布的《关于进一步严格依法办案确保办理死刑案件质量的意见》第十一条明确规定:"讯问可能判处死刑的犯罪嫌疑人,在文字记录的同时,可以根据需要录音录像。"而对于职务犯罪案件的侦查,早在 2005 年 11 月 1 日,最高人民检察院第十届检察委员会第四十三次会议就通过了《人民检察院讯问职务犯罪嫌疑人实行全程同步录音录像的规定(试行)》,系统提出了在全国推行讯问职务犯罪嫌疑人同步录音录像的"三步走"计划,根据计划要求,到 2007 年 10 月 1 日,全国检察机关办理职务犯罪案件讯问犯罪嫌疑人必须全程同步录音录像。公安机关对全程录音录像也进行了积极探索,特别是在东南沿海等发达地区的公安机关,比较早地就开始全力推动对命案和涉黑案件嫌疑人的讯问试行全程录音录像。③ 伴随着公安机关基于实践一线的摸索和推动,检察机关的统一部署、先试先行,录音录像制度所具有的监督和证明的双重功能得到了理论界和司法实务部门的高度认可。在《刑事诉讼法》已经正式规定录音录像制度的前提下,录音录像制度如同一列满载着人们对人权保障美好希冀和对公平正义无限渴望的高速列车正在法治的轨道上等待远行。那么应当如何建构才能使这一制度的效用最大化? 必须采取哪些切实可行的举措避免出现社

---

① 〔英〕哈耶克:《自由秩序原理》,北京三联书店 1998 年版,第 37 页。

② 《刑事诉讼法》第一百二十一条明确规定:"侦查人员在讯问犯罪嫌疑人的时候,可以对讯问过程进行录音或者录像;对于可能判处无期徒刑、死刑的案件或者其他重大犯罪案件,应当对讯问过程进行录音或者录像。录音或者录像应当全程进行,保持完整性。"

③ 王殊:《公安部强调命案必破 将全力推动命案讯问全程录音录像》,载《新京报》2006 年 5 月 17 日。

会公众所担心的"经是好经,千万别念歪了"的担心,①以此保障这一制度的良性运作？这些都是当前所亟待研究解决的重要问题。

(一) 观念保障:录音录像制度良性运行的"助推器"

从《刑事诉讼法》中"侦查人员在讯问犯罪嫌疑人的时候,可以对讯问过程进行录音或者录像;对于可能判处无期徒刑、死刑的案件或者其他重大犯罪案件,应当对讯问过程进行录音或者录像"的规定来看,立法上对录音录像制度采取了权衡原则和法定原则相结合的思路。之所以不搞"一刀切"而让制度有弹性,主要是考虑到司法资源的不足、案件的性质以及特殊情况下无法及时进行录像等因素。② 其中"应当"是法定原则的体现,侦查人员必须依法进行录音或者录像,没有讨价还价的余地。"可以"是权衡原则的体现,赋予了侦查人员判断权,对个案可以录也可以不录,决定权在侦查人员。从社会公众的心理需要来看,对于"两可案件"(即法律规定不是应当录而授权侦查人员自由裁量的案件)倾向于录,以此最大限度地遏制刑讯逼供,强化讯问过程的人权保障。③

但是据此就认为侦查人员对"两可案件"也倾向录的话,这样的推论恐怕过于乐观。尽管录音录像制度有着双向保护的功能,"事实上,讯问同步录音录像制度的建立和运作不仅有利于保障侦查讯问依法进行、保护犯罪嫌疑人的合法权利,其对提高侦查讯问的效率,防止犯罪嫌疑人、被告人在起诉、审判阶段翻供,保护侦查人员免受被追诉人的不实指控也具有非常重要的价值"④,然而在当前的司法实务中,确确实实存在部分案件就是在不规范的讯问过程中取得突破,而且这些方法在某些情况下的确屡试不爽,这会让侦查人员在一定程度上形成了心理学上所指的"习惯依赖",这种传统惯性思维和办案方法使得有些侦查人员在心理上不愿意接受更多的规范限制,担心被戴上"紧箍咒"进而"作茧自缚",毕竟该项制度的监督规范讯问程

---

① 林蔚:《刑讯逼供出新招:录音录像真能监督全程?》,http://review.jcrb.com/zyw/n55/ca471106.htm.于 2012 年 6 月 11 日访问。

② 沈德咏、何艳芳:《论全程录音录像制度的科学构建》,载《法律科学》2012 年第 2 期,第 146 页。

③ 《全程录音录像可让刑讯逼供"见光死"》,http://china.findlaw.cn/lawyers/article/d39728.htm.于 2012 年 6 月 12 日访问。

④ 瓮怡洁:《英国的讯问同步录音录像制度及对我国的启示》,载《现代法学》2010 年第 3 期,第 108 页。

序的限制功能是显而易见的,而这种限制功能在侦查人员心理上还经常容易被放大,形成"一叶障目不见泰山"的负面效应,因而侦查人员往往对此持抵制态度。特别是法律规定中"可以"的授权性用语,赋予了侦查人员是否录音录像的选择权,在这样的一种情形下,如果观念不进行转变的话,可以预见的是,侦查人员选择不录的概率要大得多,这将会导致人权保障的弱化和社会公众预期的落差。

那么如何使侦查人员愿意采用这一制度,对"两可案件"尽量倾向于录呢？笔者认为建立一种利益导向很重要,这样可以引导、激励侦查人员主动地在两可之间尽量选择录。从利益考量上看,该制度所带给侦查人员的"好处"比起限制而言要多得多。实际上该制度的四个主要功能(转变执法观念、办案方式,提高侦查水平;监督讯问活动,加强人权保障;固定证据、遏制翻供;保护侦查人员不受诬告陷害)均有利于侦查工作,姑且先不论提高侦查水平,这是一个长期的积累过程,就说在个案中能够固定证据、防止被告翻供进而被法庭采信,避免"劳而无功",从而实现追诉目的,恐怕足以抵消该制度所带来的"压力",更何况该制度还能为侦查人员"洗冤",成为其免遭诬告陷害的"护身符"。因此从利益导向上分析,该制度带给侦查人员的利益远甚于限制监督,如果侦查人员能够切切实实地体会到制度带来的好处,就会在司法实践中实实在在地推行、落实这一制度,当然这种转变不会一蹴而就,有一个渐进的过程。

侦查人员诉讼观念的改变对该制度的推行有着先决意义,国外的实践也充分证明了这一点。例如在英国,早在二十世纪六十年代中叶就有人主张在讯问犯罪嫌疑人时进行同步录音,然而警方对讯问同步录音持强烈抵制态度,认为这是"一种更加严格和刻板的讯问程序……很可能导致讯问获得的信息减少,提起的公诉减少,作出的有罪判决减少,更多的罪犯逃脱法网"[①],这种态度在整个二十世纪七十年代都没有软化,警方的抵制使得讯问录音实验陷入了僵局。然而,八十年代初录音制度的"绝处逢生"同样来自警方对录音制度态度的急剧的、根本性的变化,他们对讯问录音制度表现了很大的热情,产生了浓厚的兴趣,最终促成讯问录音试验的成功,顺利颁行关于讯问录音的《警察与刑事证据法守则 E》(即《会见嫌疑人录音操作守

---

① See John Baldwin, "The Police and Tape Recorders," *The Criminal Law Review*, 1985 (11), p.696.

则》)和关于讯问录像的《警察与刑事证据法守则F》。为什么侦控方的态度有180度的大转弯？其中的奥妙就在于警察把讯问录音录像作为免受错误指控的一种保护机制,事实证明警察是这项制度的主要受益者。由于尝到了"甜头",侦查人员进而转变观念由消极抵制到积极参与,主动在讯问过程中采用录音录像制度,最终破解了这一难题。

当前,尽管我国对录音录像制度立法已经明定,但是从国外的经验来看,推行录音录像制度也不是全无阻碍、一帆风顺的,观念转变是一个艰难而漫长的过程,因此必须要有"长期作战"的思想准备。要坚持不懈地对录音录像制度双向保护的优点进行宣传,培养侦查人员有法必依的法律意识,提高侦查人员的审讯素质,逐步消除侦查人员的抵触情绪,从而让侦查人员愿意采用这一制度,进而彰显这一制度的独特价值。

(二)程序保障:录音录像制度良性运行的"方向舵"

1."全程"——监督规范功能的基础

《刑事诉讼法》有明确规定:"录音或者录像应当全程进行,保持完整性。"这款规定指明了录音录像制度运行的正确方向,对严防该制度在实践中发生变异,出现"跑偏"甚至"脱轨"有着至关重要的作用。其中"全程"是录音录像制度的灵魂,是这项制度的生命力之源。

全程的基本要求是"无缝对接",之所以如此,是因为如果录音录像无须全程进行,那么讯问人员完全可以在录音录像设备开启前对犯罪嫌疑人进行刑讯或采用威胁、引诱、欺骗等非法手段,在犯罪嫌疑人被迫供认有罪后再打开设备进行录制,在这种情况下,录音录像遏制非法取证的功能将丧失殆尽。[①] 一个时期以来,聂树彬案等数起冤案以及冤案的制造过程相继曝光,司法机关屡遭问诘,形象受损,司法公信力面临极大挑战,而冤案的"幕后黑手"几乎全是刑讯逼供。实际上,录音录像制度入法的一个重要原因就是遏制刑讯逼供。根据权威解读,"为从制度上防止刑讯逼供行为的发生,修正案草案增加规定了拘留、逮捕后及时送看守所羁押,在看守所内进行讯问和讯问过程的录音录像制度"[②]。

---

① 陈永生:《论侦查讯问录音录像制度的保障机制》,载《当代法学》2009年第4期,第75页。

② 王兆国:《关于〈中华人民共和国刑事诉讼法修正案(草案)〉的说明——2012年3月8日在第十一届全国人民代表大会第五次会议上》,http://www.npc.gov.cn/huiyi/1fzt/xsssfxg/2012-03/09/content-1707027.htm.于2012年6月11日访问。

然而，当前选择性同步录音录像①现象较为严重。由于侦查机关在审讯中处于优势地位，不少案件存在"先审后录"的情况，这种情况下的录音录像不仅不能杜绝刑讯逼供，反而加剧冤案的形成。"对于在讯问前，就及早使用不当手段'说服'或'制服'了犯罪嫌疑人，制造了合法假象的'聪明'的侦查人员，录音录像无能为力。"②上述问题的存在，导致全程同步录音录像无法成为犯罪嫌疑人免受刑讯逼供的"金钟罩"。

考察国外录音录像制度的发展历程，这种状况也不罕见。尽管英国的侦查讯问同步录音录像制度规则比较健全，但是实证研究显示，该制度施行后不当讯问仍有发生，甚至有 53％的警察承认他们会在正式讯问前试图以非正式面谈澄清嫌疑人的供述。在一些个案中，有时警察会使用"软化程序"（softening process，即采取口头威逼、利诱的方式）迫使嫌疑人作出供述，之后才对嫌疑人进行录音的正式讯问。③ 类似情况在美国也有体现，最典型的是美国 1989 年的中央公园慢跑者案，由于警方只在犯罪嫌疑人供认有罪时进行了录像，而没有对讯问的全过程进行录像，因而法官采纳了警方的录像材料为认定被告人有罪的根据，结果导致冤案的发生；相似的一幕也发生在 2000 年芝加哥的科尔西恩•贝尔（Corethian Bell）案中。④

因此，为了最大限度地遏制刑讯逼供，必须保证录音录像制度中"全程"要求的落实。侦查人员在接触被调查对象时就应当录音录像，包括将其控制并带到侦查机关讯问场所途中的整个过程，以及进入讯问场所时直至离开讯问场所时结束。在录制过程中要切实做到边问边录，录音录像资料要与讯问笔录时间、内容相呼应，从而在时间、空间上真正实现"全程"的要求。

2."全面"——固定证据功能的依托

如果说录音录像制度的功能只是旨在保护犯罪嫌疑人免遭刑讯逼供，

---

① 所谓选择性同步录音录像，是指讯问人员有选择地使用"同步录音录像"，而非真正"全程""同步""不间断"地录音录像。有人概括为："有用的录，供述的录，态度好的录，第一次录，关键犯罪事实录，综合讯问录，反之则不录。"参见张兆松：《讯问犯罪嫌疑人同步录音录像制度的困境及对策》，载《四川警察学院学报》2010 年第 3 期，第 2 页；马丽霞：《关于目前侦查询问同步录音录像问题的调研报告》，载《江西公安专科学校学报》2009 年第 4 期，第 11 页。

② 方工：《讯问犯罪嫌疑人除同步录音录像还缺少一方》，载《法制日报》（周末版）2009 年 5 月 7 日。

③ 叶宁、杨平：《讯问同步录音录像制度的冷思考——兼论刑讯逼供的制度性防范》，载《法制与经济》2009 年第 9 期，第 32 页。

④ 陈永生：《论侦查讯问录音录像制度的保障机制》，载《当代法学》2009 年第 4 期，第 75 页。

那么在录音录像过程中仅仅把握"全程"这一"量"的要求足矣。而要充分发挥录音录像制度所具有的另外一个重要功能,即固定证据的功能时,"全程"的要求就不足以有效保证这一功能的实现。录音录像固定证据功能的发挥要求录音录像真实、客观、可信,要如实反映讯问现场的情况。其中重要的一点就是不能对居中裁判者——法官产生不当影响。这里需要特别研究的是录像的"角度偏见"问题。

当前关于同步录音录像的方式,《人民检察院讯问职务犯罪嫌疑人实行全程同步录音录像技术工作流程(试行)》第 5 条规定:"在固定场所进行全程同步录音录像的,应当以画中画方式显示,主画面反映被讯问人正面中景,全程反映被讯问人的体态、表情,并显示同步录像时间,辅画面反映讯问场所全景。在临时场所进行全程同步录音录像,使用不具备画中画功能的录制设备时,录制画面主要反映被追诉人,同时兼顾讯问场所全景,并同步显示时间。"由此可见,我国检察人员在进行录音录像时,摄像头主要对准被追诉人;即便是录制全景,主要也以被追诉人为对象。

然而研究表明,如果摄像头仅仅对准犯罪嫌疑人,会导致裁判者产生因果错觉(illusory causation),在这种错觉的支配下,裁判者很容易轻信口供是真实自愿的。为了验证这一结论,美国学者拉塞特教授等从 1986 年开始进行了关于录像角度的一系列试验。实验证明,与采用录音或笔录形式固定的自白相比较,摄像头对准嫌疑人的自白更容易让人对自白的真实自愿性表示认同,并且这种"录像角度偏见"普遍存在于各种关于犯罪的讯问中。不仅如此,实验还显示即便事先充分提醒试验者,仍不能避免偏见发生。值得玩味的是,即使是法官同样也无法避免这种"录像角度偏见"。拉塞特教授的试验在建立同步录音录像制度的国家引起强烈反响。为了避免"录像角度偏见"所可能产生的副作用,二十世纪九十年代初,新西兰警察执行委员会为录音录像制度的推行制定了一系列程序规则,其中要义之一就是要求摄像头不能仅对准犯罪嫌疑人。①

基于摄像头的放置对确保录音录像的客观性十分重要,因此必须完善录音录像制度的操作流程,侦查人员在讯问犯罪嫌疑人时摄像头应当同时对准被讯问人和讯问人员侧面,以便于尽最大努力避免"角度偏见"带来的不当影响。

---

①　陈永生:《论侦查讯问录音录像制度的保障机制》,载《当代法学》2009 年第 4 期,第 75 页。

（三）机制保障：录音录像制度良性运行的"润滑液"

1. 强化侦查权控制机制

录音录像制度的一项重要功能就是对讯问过程的规范监督。欲有效发挥这一功能，就必须强化对侦查权的控制，特别是要建立严密的监督机制，强化侦查人员讯问前的行为约束。因为如果侦查行为缺乏严格约束，侦查人员将完全掌控侦查活动，这将给侦查人员施加不当影响提供了机会，从而迫使犯罪嫌疑人供认后再录音录像。一旦发生这种现象，将会使该制度所具有的遏制人们所深恶痛绝的刑讯逼供等非法取证行为的功能彻底丧失。因此，为使该制度在法治轨道上良性运行，必须改进、完善相关制度。如何强化侦查权控制机制，应做到以下几点：

一是严格时间限制。在司法实务中，犯罪嫌疑人自被拘留、逮捕至被释放或移交法院，有很长一段时间被侦查机关所掌控，因此要降低犯罪嫌疑人被侦查人员实施身体或心理强制的潜在风险，就必须尽量缩短侦查机关控制犯罪嫌疑人的时间。基于这一认识，当今世界许多国家的法律对侦查机关控制犯罪嫌疑人的时间作出明定。譬如，由《美国联邦刑事诉讼规则》第5条"持根据控告签发的逮捕令执行逮捕的官员，或者未持逮捕令执行逮捕的其他官员，应当无不必要迟延地将被逮捕人解送至最近的联邦治安法官处"①的规定可见，美国警察逮捕之后控制被追诉人的时间很短暂。又如《德国刑事诉讼法典》第115条规定："根据逮捕令逮捕被指控人后，应当不迟延地向管辖案件的法官解交。"该条a款进一步规定："对被指控人至迟在逮捕后的第二天不能向管辖案件的法官解交的时候，应当不延迟地，至迟是在逮捕后的第二天向最近的地方法院法官解交。"②从中可知德国警察逮捕之后能够控制被追诉人的时间最长不超过2天。

反观我国，立法不仅不要求侦查机关在拘留、逮捕犯罪嫌疑人后立即带见法官，甚至对侦查机关拘留、逮捕犯罪嫌疑人后应在多长时间内将其送交看守所都没有作出规定。虽然公安部于1988年5月14日发布的《公安机关办理刑事案件程序规定》第145条规定"对被拘留、逮捕的犯罪嫌疑人、被

① 《美国联邦刑事诉讼规则和证据规则》，卞建林译，中国政法大学出版社1996年版，第32页。

② 《德国刑事诉讼法典》，李昌珂译，中国政法大学出版社1995年版，第51页。

告人应当立即送看守所羁押",但由于该规定中"立即"的弹性很强,因而在司法实践中并未得以严格执行。[①] 2012 年《刑事诉讼法》第 91 条对原第 71 条关于公安机关逮捕的规定作了修改,增加了"逮捕后,应当立即将被逮捕人送看守所羁押"的规定,为此有必要将"立即"的含义加以明确化,将被拘留、逮捕的犯罪嫌疑人、被告人送看守所羁押的时间法定化。考虑到建立录音录像制度主要目的是遏制刑讯逼供,建议将侦查机关拘留或逮捕犯罪嫌疑人后移交看守所的时间限定为 24 小时之内。

二是推行机构分离。严格控制侦查机关控制犯罪嫌疑人的时间对防止刑讯逼供非常重要,起到了时间上的"屏蔽"效用,然而该效用的发挥倚仗于"负责未决羁押的机关必须独立于侦查机关"这一前提。因为如果负责未决羁押的机关与侦查机关有隶属关系,羁押职能与侦查职能就可能出现混同,负责未决羁押的机关就可能尽量配合侦查机关,对侦查机关的非法取证行为持放任态度。正因如此,西方国家特别强调负责未决羁押的机关与侦查机关分立。例如在英国,在提出起诉以前和提出起诉以后,羁押犯罪嫌疑人、被告人的机构是不同的。在提出起诉以前,犯罪嫌疑人被羁押在各警察局内设的拘留室中,由独立于侦查人员的羁押官(custody officer)和审查官(review officer)负责。[②] 在提出起诉后,犯罪嫌疑人、被告人将被解交至其他与警察机构没有任何关系的机关羁押。在多数西方国家,未决羁押与已决羁押一样,都是由监狱负责。[③] 而监狱通常由司法行政机关掌管,由于司法行政机关在刑事诉讼中不承担侦查职责,因而由监狱承担未决羁押职责更有利于保护犯罪嫌疑人的合法权利。

而在我国,由于看守所隶属公安系统,其对犯罪嫌疑人权利能否提供有效保护令人生疑。作为下属部门,看守所往往更倾向于与侦查机关相互配合以有效打击犯罪。既然看守所也承担收集证据、打击犯罪职责,因而实践中出现看守所放任侦查机关采用非法手段获取口供的现象也就不足为奇

---

① 如在震惊全国的杜培武案中,杜培武自 1998 年 4 月 22 日下午被"侦查控制"(包括 7 月 2 日被刑事拘留)到 7 月 31 日被逮捕,一直未被送交看守所,而是被关押在专案组办公室或杜培武所在单位(昆明市戒毒所)的职工宿舍,直到因刑讯逼供被迫认罪后才被移交看守所。参见王达人、曾粤兴:《正义的诉求——美国辛普森案与中国杜培武案的比较》,法律出版社 2003 年版,第 204—206 页。

② 陈瑞华:《问题与主义之间——刑事诉讼基本问题研究》,中国人民大学出版社 2003 年版,第 184 页。

③ 孙本鹏:《比较法视野中的未决羁押场所设置》,载《人民司法》2004 年第 7 期。

了,犯罪嫌疑人在看守所羁押期间被刑讯逼供的案件屡见不鲜原因即在于此。这一难题的破解之道在于,要在制度设计上割裂看守人员与侦查机关的隶属关系,将看守所由公安机关划归司法行政机关,确保其中立的地位,看守所仅负责保护被羁押人的权利,不承担侦查职责。讯问被羁押的犯罪嫌疑人必须在看守所的讯问室中进行,看守人员有权对讯问活动,包括同步录音录像进行监督,犯罪嫌疑人认为讯问程序违法的,有权申请看守人员进行处理。

2. 建立证据采信机制

一是关于录音录像资料证据属性界定问题。这里涉及两个问题,一是录音录像资料是否具备独立的证据属性,二是录音录像资料属于哪一种证据种类。对于第一个问题,笔者认为应当赋予其独立的证据属性。首先,从必要性上看,目前《刑事诉讼法》已经建立起录音录像制度,在这样的背景条件下,从法律上明确赋予录音录像资料以独立的证据属性有重要的意义和价值。原因在于:只有具备独立的证据属性,其在证明待证事实时才能够"名正言顺",进而在法庭上提交此项证据时,才能明确遵循何种质证程序和规则;[1]其次,从可行性上讲,有人专门将其与证据形式之一的讯问笔录作了比较,[2]结果表明录音录像资料与询问笔录的证据特征相比有过之而无不及,因此也应当赋予其证据属性。

至于第二个问题,当前有关录音录像的证据类型众说纷纭、莫衷一是。[3]证据学的原理告诉我们证据种类是根据证据事实的表现形式,在法律上对证据进行的分类。尽管录音录像资料是固定犯罪嫌疑人供述和辩解的方式,但是它并非以言词证据的形式来表现案件事实,而是以录音机、录像机、

---

① 沈德咏、何艳芳:《论全程录音录像制度的科学构建》,载《法律科学》2012 年第 2 期,第 143 页。

② 潘申明、魏修臣:《从规范执法到诉讼证据——以检察机关侦查讯问全程同步录音录像为视角》,载《证据科学》2012 年第 1 期,第 69 页。

③ 关于这个问题,大致有下列几种观点:一是认为录音录像是一种新的特殊证据,兼有言词证据和物证的特征,属视听资料证据;二是认为录音录像资料属于证据保全的方式,不能把它们当作诉讼法上的视听资料;三是认为在实体意义上,录音录像是一种固定询问结果的方法,在程序意义上属于视听资料证据。参见杜世相:《出庭公诉研究》,中国检察出版社 2001 年版,第 126 页;公安部政治部编:《刑事证据学》,中国人民公安大学出版社 2003 年版,第 187 页;肖志勇、瞿伟:《讯问全程同步录音录像若干问题探讨》,载《中国刑法杂志》2007 年第 3 期,第 100 页。

计算机等高科技设备来记录并显示内容来证明相应事实的证据,①因此将其归为视听资料较为妥适。

二是关于录音录像资料的可采性问题。证据的可采性,又被称作证据能力、证据资格,其意为"提交法庭的证据具有法庭或者法官极有可能接受它,也就是允许其在法庭上提出的品质"②。一般而言,如果录音录像具备形式合法和内容合法两个基本要求,就应当认为有可采性。

形式合法是指录音录像的制作符合特定规范。由于我国的相关规定尚未特别详细,借鉴国外经验,一般应包括音质、画质清晰明确,过程完整连贯等要素。特别值得强调的是,因为录音录像在使用中实际存在着被删改、伪制等风险,因此对刑事证据的原始性加以保护显得尤为重要。同步录制时应当在同一台设备上录制正本与副本两套录音录像资料。正本由录制人员、讯问人员以及被讯问人三方共同签字后,当着被讯问人的面密封保存,是为原始资料,其启用必须经过严格的法定程序。诉讼中使用副本,一旦在法庭审理过程中,辩方对副本的真实性产生争议而法庭认为必须调用正本进行核对时,可将正本依程序调出与副本进行核对。

而内容合法包括两点:其一是指讯问录音录像必须为犯罪嫌疑人真实意思的表示,客观真实是录音录像资料的"精气神",是其价值之所在。其二获取程序必须合法。我国《刑事诉讼法》中规定:"严禁刑讯逼供和以威胁、引诱、欺骗以及其他非法的方法收集证据,不得强迫任何人证实自己有罪。"采取刑讯逼供收集证据只会导致"能忍者不吐实,不能忍者吐不实"。其他非法方法也极易导致所收集的证据内容失真。当录音录像资料形式与内容均合法时,录音录像资料具有可采性。

那么对于那些违反录音录像规定所得供述是否具有证据能力也是一个值得研究的问题。当前,国外对于违反录音录像规定所得供述的处理方式一般有两种:其一是绝对否定其证据能力,并予以刚性排除;其二是相对否定其证据能力,并赋予了法官的自由裁量权。相比较而言,后一种观点更为妥当。惩罚犯罪自古以来乃刑事诉讼活动的主题,随着人权观念的深入,人权保障问题开始为各国刑事诉讼所关注并体现在立法和司法中。但凡事有

---

① 沈德咏、何艳芳:《论全程录音录像制度的科学构建》,载《法律科学》2012 年第 2 期,第 145—146 页。

② 郭志媛:《刑事证据可采性研究》,中国人民公安大学出版社 2004 年版,第 20 页。

度,当我们强调人权保障的同时,也不能忽视社会秩序维护的重要性。过分偏重人权保障而忽视刑事诉讼追诉和惩罚犯罪的基本功能,则可能产生"物极必反"的负面效应。① 应当认识到,违反录音录像规定与供述的自愿性没有必然的联系,仅凭违反录音录像规定而武断否定供述的证据能力有失公允。如果最终判断不存在刑讯逼供等非法取证行为,供述的确是出于自愿,这时供述仍然具有证明力。

3. 完善辩方参与机制

一是关于程序启动的选择权问题。在司法实践中,进行录音录像之前一般都会对被讯问人进行告知,保证其知情权。而至于被讯问人对录音录像是否享有程序启动的选择权,即是否必须征得被讯问人的同意,法律没有明定,学术界有截然相反的两种观点。一种观点认为,被讯问人不享有程序启动的选择权,主要考虑到"讯问全程同步录音录像是侦查行为的组成部分,具有职权性和一定的强制性,为了维护社会公共利益和社会秩序,犯罪嫌疑人对是否实行全程同步录音录像只能有知情权,而不具有选择权。不能因为犯罪嫌疑人不同意而不实施全程录音、录像"②。但也有人从比较法的角度提出了不同的观点,认为应明确赋予被讯问人对录音录像的程序启动选择权。以英国为例,《警察与刑事证据法守则 E》规定,犯罪嫌疑人在录音开始时以及录音进行过程中有权随时拒绝录音:"如果嫌疑人在会见开始时或在会见过程中,或在会见中断期间,对正在进行录音的会见提出抗议,警官应解释会见正在被录音及本守则的规定,即要求警官将嫌疑人的抗议录进录音带这些情况。当所有抗议已被录音或嫌疑人拒绝录他的抗议时,警官可以关掉录音机。"笔者认为,是否赋予被讯问人程序启动选择权应根据制度在特定时期的主要目的来决定。正如上文所述,当前录音录像制度入法主要是基于保障人权、遏制刑讯逼供的考虑。我们可以设想一下,在当前有些侦查人员还对该制度抱有抵触情绪的情况下,如果轻率地赋予被讯问人的程序启动权,那么可以预料到可能会出现有些侦查人员会事先做工作,让被讯问人被迫"自愿"放弃该制度的采用的情况,立法的重要目的将会落空。因此,在现阶段,笔者认为应该有限制地赋予被讯问人的程序启动

---

① 沈德咏、何艳芳:《论全程录音录像制度的科学构建》,载《法律科学》2012 年第 2 期,第 145—146 页。

② 阿儒汗:《论讯问全程同步录音录像制度的构建》,载《人民检察》2006 年第 6 期。

权,即对"可以"的情况,侦查人员在采用录音录像制度时,还应征求被讯问人的同意,而在"应当"的情况下,无须征得被讯问人的同意。

二是关于录音录像资料使用权问题。在录音录像结束后,应该赋予辩方对录音录像材料的使用权。首先,录音录像制度的主要目的是遏制刑讯逼供等非法取证行为的发生,允许辩方查阅使用录音录像资料将有助于辩护律师发现讯问过程是否规范、合法,一旦发现违法之处就可以申请法庭排除非法手段获取的口供,促进立法目的的实现。其次,从客观上讲,录音录像资料是对讯问过程的如实记载和具体反映,其中囊括的内容和信息既可能对被追诉人不利,也可能有利。而囿于诉讼立场,在法庭上,控方往往倾向于展示其中证明被追诉人有罪或者罪重的信息,而有意或疏忽那些证明被追诉人无罪或者罪轻的信息,因而给法庭传递的信息是不全面的,这将影响法官对案情的全面了解和正确判断,反之,如果辩方有权查阅使用录音录像资料,将极大地有利于辩方寻找辩护证据,从而使得法官"兼听则明",在全面查清案件事实的基础上做出公正裁判。[1] 再次,武器对等、控防平衡是现代刑事诉讼的基本要求,惩罚犯罪、保障人权是现代刑事诉讼的基本价值取向。如果不赋予辩方对录音录像的分享使用权,仅作为控方的"私人武器""独家秘籍",那么不仅违反了刑事诉讼的基本要求,而且将使得这一旨在保障人权的制度异变而沦为片面追惩犯罪的工具。因而许多国家都规定,在录音录像结束后,辩护律师有权查阅录音录像材料。如英国《警察与刑事证据法守则 E》第 4 条第 16 款和《警察与刑事证据法守则 F》第 4 条第 19 款规定,会见结束时,讯问人员应当给嫌疑人一份书面通知,说明录音录像材料的用途以及查看录音录像材料的方法,并告知嫌疑人如果其被起诉或者被通知将被起诉,警方将尽可能及时给其提供一份录音录像材料的复制品。我国《律师法》第 34 条规定:"律师担任辩护人的,自人民检察院对案件审查起诉之日起,有权查阅、摘抄、复制本案的案卷材料。"因此建议录音录像完成后,侦查机关应当告知嫌疑人委托的律师,有权到侦查机关查阅、复制有关材料。

"好雨知时节,当春乃发生。"在刑事法制领域劲吹人权保障春风的当下,作为鲜明体现人权保障意旨的录音录像制度好比及时雨,"随风潜入夜,

---

[1] 杨绍华、易赛键:《维护司法公正 强化人权保障——就〈关于修改中华人民共和国刑事诉讼法的决定〉访郎胜、张军、樊崇义》,载《求是》2012 年第 8 期,第 33 页。

润物细无声",其承载信息的多元、记载内容的全面、再现效果的逼真、采用方式的快捷等特点给诉讼过程带来了极大的方便。可以预见的是,经过侦查部门广泛摸索、实战演练,已经有着较为深厚经验积淀基础的录音录像制度在被立法"隆其地位"的情况下,一定会带来人权保障水平的新提升。当然,"徒法不足以自行",尽管立法已明定,然而"具体操作问题如果不重视,做得不够、不好,人们往往不会把问题归结于具体执行层面,而对方针政策本身的科学性、正确性产生怀疑"①。因此,如何在司法实践中"把好经念好",真正落实这些保障举措确保录音录像制度的良性运行,从而提升司法公信力、推进公正高效权威的社会主义司法制度建设成为下一个亟待研究的新课题。

四、我国刑事诉讼合意制度的建构

经济的发展导致社会关系日益复杂化,尤其是二战后,全球的犯罪率大幅攀升,而我国目前正处于新旧体制的转轨时期,社会生活中诱发和滋生违法犯罪的因素明显增多,司法机关承担着艰巨的任务。根据近几年最高人民检察院和最高人民法院的工作报告,我们可以看出检察院与法院接受与处理的刑事案件数量激增;同时,社会治安方面的新情况、新问题不断涌现,犯罪的形式和手段不断翻新,集团化、智能化的趋势都让司法机关面临严峻的考验,现有的侦查手段和侦查条件已落后于形势的发展,司法机关不得不面对犯罪数量剧增和难度加大两方面的问题,其负担日益沉重。另一方面,刑事司法活动又具有高耗能的特点,办理刑事案件需要大量的司法资源,但是社会的司法资源供给量在一定的时期内是有限的,我国目前还处于社会主义初级阶段,经济尚不发达,现有的财政状况使得在司法活动上投入的财力、物力有限,所以侦查手段的提高就很有限,案件的处理也很难出现明显的起色。诉讼效率的低下迫使人们寻求现实的解决办法,司法实践为协调各方利益也呼唤着制度的推陈出新。

随着法制的民主化和科学化,原本泾渭分明的公法和私法之间出现了相互借鉴、相互融合的趋势,在刑事诉讼法这一严格意义的公法中也开始渗透了一些私法领域特有的价值观念,诸如当事人主义、协商、契约等,其中,

---

① 张军:《创新刑事审判 化解社会矛盾》,载《法律适用》2011年第2期,第4页。

带有浓厚私法色彩的合意也逐渐被引入刑事诉讼中,这就为解决上述难题提供了契机。① 将合意观念引入刑事司法领域,用诉讼主体的意思自治来解决多样性的争端,使诉讼程序更加具有包容力,这对致力于实现控制犯罪与配置司法资源间动态的平衡以及构建成熟的刑事司法制度而言,不失为一种理性的选择。刑事诉讼合意制度包括程序和实体两方面问题,涉及刑事诉讼的多个阶段,下面主要以公诉案件中起诉和审判阶段的实体问题为视角,力图更准确、更明晰地加以研讨。

(一)刑事诉讼合意制度解析

刑事诉讼合意制度的出现和存在有着内在的合理性,因此本部分就该制度的理论问题作出多方位的剖析,以便对该制度有一个全面清晰的认识,为其合理、完善的构建作好铺垫。

1. 刑事诉讼合意制度的内涵

合意,指当事人之间就一定事项达成的一致意思表示。正如黑格尔所说:"契约关系起着中介作用,使在绝对区分中的独立所有人达到意志同一……一方的意志仅在他方的意志在场时作出决定。"②由此,刑事诉讼合意制度的内涵似乎可以界定为:在刑事诉讼中,控辩双方就程序问题或实体问题达成一致意思表示,从而对诉讼的进程或结果产生一定法律后果的制度。其实质是控辩双方通过对话和协商的方式就案件的处理达成基本共识,从而使讼争以双方满意的方式得到衡平式的解决。③ 因此在刑事诉讼中,我们应尽量通过谈判、协商、沟通等途径达到双方合意的状态。

2. 刑事诉讼合意制度的理论基础

一是契约精神。英国法律史学家亨利·梅因曾言:"迄今为止,所有进

---

① 刘根菊、李静:《在我国构建刑事诉讼合意制度之探讨》,载陈光中、陈卫东主编《诉讼法理论与实践》(2005 年卷),中国方正出版社 2005 年版,第 137 页。

② [德]黑格尔:《法哲学原理》,范扬、张企泰译,商务印书馆 1961 年版,第 81—82 页。

③ 值得注意的是,控辩双方在刑事诉讼法律关系中所形成的合意,是双方真实意志的表达,是一种双向的交流与沟通,而不是"唯我独尊"的单方行为,否则就构成了合意的异化。如同季卫东先生所作的评论一样:"所谓合意,不是你好我好的乡愿,而是求大同、存小异的有原则的自愿。所谓交涉,不是单纯的利益交换,而是指'在法律阴影之下的交涉'。但是,不能片面地宣扬规范和强制,轻视交涉和合意,否则,就难免在不经意之间忤逆以契约原理为核心、以程序正义为基干的现代法的精神,甚至步入中国古代法家式的强制命令性法律模式的歧途。"参见[日]棚濑孝雄:《纠纷的解决与审判制度》,王亚新译,中国政法大学出版社 1994 年版,第 3—4 页。

步社会的运动都是一个'从身份到契约'的运动。"①合意理念发端于私法领域的契约自由原则,②从刑事诉讼合意制度的发展动因来看,它体现了一种契约精神,这种契约精神之所以和刑事司法制度密切地结合在一起,其社会根源在于现代社会多元化时代特征的现实要求。随着整个人类社会在总体上进入了多元化时代,不同的利益诉求都得以彰显,不同的价值取向都得到尊重,人们对自由拥有前所未有的渴望,对不同价值的选择备加珍视,但由此却带来了权威的脆弱、认同的困难、确定性与安全感的丧失,传统的以"单线性与强制性"为主要特征的诉讼程序无法满足诉讼参与者多元化的利益要求,缺乏当今社会所要求的价值负载能力,它也不能承受多元化所带来的张力。③ 而刑事诉讼合意制度作为契约观念进入刑事司法程序的产物,它可以有效地回应多元化社会的冲击。④

二是诉权理论。诉权理论作为民事诉讼中一个重要的理论基石,体现于民事诉讼活动的始终。从某种意义上讲,刑事案件与民事纠纷之间并不存在一条清晰的楚河汉界。对此,有学者从国家法与民间法二元对立的角度上得出了同样的结论:"民事与刑事的区分并不是法律上唯一的分类,但也许是法律分类最无可置疑的一种。不过,……那种认为民刑之分具有公理性和普适性的看法无疑是一种心理上和观念上的幻想。事实上,民事和刑事的区分像法律上的许多其他分类一样是人为的和'构成性'(constitutive)的。它并不具有不证自明的合理性,更不是放之四海而皆准的客观真理。"⑤刑事诉讼与民事诉讼作为公力救济的两种方式,其本质是一致的,都是司法机关运用国家权力来解决社会冲突与纠纷的活动。因此在刑事诉讼中,同样存在着"诉",控辩双方同样享有诉权,即启动诉讼程序并依法进行诉讼活动的权利。诉权理论为刑事诉讼合意制度提供了理论上的支持。尊重诉讼主体的诉权,也就理应尊重这些基于处分权而达成的合意结果。

---

① [英]亨利·梅因著,沈景一译:《古代法》,商务印书馆1959年版,第67页。
② 罗豪才主编:《现代行政法制的发展趋势》,法律出版社2004年版,第146页。
③ 马明亮:《辩诉交易在中国的发展前景》,载《中国刑事法杂志》2003年第2期,第69页。
④ 在当代刑事司法领域,除了有"犯罪控制与保障人权"的显性观念作为制度的价值支撑外,通过"对话与协商、获取合意下的社会治理"的契约观念,如同成文规则之外的"潜规则"、长江波涛汹涌之下的"暗流",也现实地发挥着不可忽视的作用。
⑤ 梁治平:《在边缘处思考》,法律出版社2003年版,第67—68页。

三是新正义观。随着社会的多元化发展,传统的正义观受到实践的巨大挑战。刑事诉讼合意制度的萌生正是司法制度自我完善、摆脱两难困境的必然结果,在合意制度中洋溢着一种新的正义观,它为刑事诉讼提供了进一步拓展的思路。这可从以下两个层次来理解:一是相对正义。在司法实践中,受主客观条件的限制,绝对的完全的正义是不存在的。如果我们"不注意实际条件和多种复杂因素的制约去追求理性化,不仅难以奏效,而且还可能因为完全破坏了既成的有序状态而使情况更糟"[①]。正是基于对现状的充分认识和理性的思考,相对正义的理念应运而生。虽然刑事诉讼合意制度在程序保障上不如普通诉讼程序那么充分,但是并不能简单认为它导致了诉讼正义的缺失。一方面,诉讼各方所获得的其他价值在一定程度上可以弥补程序正义上的不足,使其通过刑事诉讼合意制度而获得的价值总量不少于普通程序;另一方面,刑事诉讼合意制度同样具备了正当程序的基本要件,因此,可以认为该制度仍然涉及程序正义和实体正义。二是兼顾个体正义和整体正义。日本学者小岛武司曾指出:"正义的总量——也称整体正义,是否能达到令人满意的标准,这是衡量一国司法水准高低的真正尺度。"[②]同时,尽管"给予每个人以其应得的东西的意愿乃是正义概念一个重要和普遍有效的组成部分"[③]。但是,罗尔斯也强调:"不能把对制度来说的正义原则和适用于个人及其在特定情况下的行为的正义原则混为一谈。"[④]两位学者所要表达的意思是一致的,即强调司法制度必须兼顾整体正义和个体正义两方面,而刑事诉讼合意制度恰恰可以使两种正义达到共融。[⑤]

[①] 龙宗智:《相对合理主义》,中国政法大学出版社 1999 年版,第 138 页。

[②] [日]小岛武司等:《司法制度的历史与未来》,法律出版社 2000 年版,第 35 页。

[③] [美]博登海默:《法理学——法哲学及其方法》,邓正来、姬敬武译,华夏出版社 1987 年版,第 235 页。

[④] [美]约翰·罗尔斯:《正义论》,何怀宏、何包钢、廖申白译,中国社会科学出版社 1988 年版,第 4 页。

[⑤] 对于每个具体案件来说,就被追诉者而言,可以避免被定重罪或被判重刑的风险,减轻了心理上的巨大压力,也有利于对他们进行教育和改造,实现修复性司法之功效;对于法官、检察官而言,该制度能够降低诉讼中的风险和错误,确保司法的正当性,维护他们的职业声誉;再者,被害人也能尽早从讼累中解脱出来,获得比较确定的抚慰和补偿,从而恢复被破坏的和谐关系。概而言之,刑事诉讼合意制度的灵活性能缓和定罪量刑规则的刚性和刻板,从而增强裁决结果的接纳度和司法威信,实现对个体的正义。另外,刑事诉讼合意制度还着眼于司法制度和社会整体正义的最大化。该制度能够避免僵化的单一正义,增强对程序主体的尊重和保障,体现"以人为本"的思想;能够有效地化解司法救济深度与广度之间的矛盾;更利于整合被破坏的社会关系,消除仇恨和敌视,预防犯罪于未然,营造一个更加和睦安定的社会环境。

四是效益理论。我们知道,诉讼过程伴随着大量的成本投入,这一"生产正义的成本"分为两部分:国家负担的"审理成本"和当事人负担的"诉讼成本"。[①] 通过对刑事诉讼合意制度的研究,我们会清楚地看到它能够以有限的司法资源来最大限度地满足社会需要,尽可能地做到减少投入,增大收益。首先,从案件的处理上分析,该制度能够降低控方的指控难度,而辩方也能相应减少在辩护上的投入;其次,就结果的确认过程而言,法官只需审查合意的自愿性、真实性,并在其内容不违反基本司法公正的情况下予以确认即可,避免了因诉讼的审级而产生的双重成本和风险;再次,从合意的程序观之,烦琐复杂的程序得以简化,这与犯罪率上升、案件堆积如山的司法现状相适应,满足对结案数量的要求;最后,从执行这方面而言,合意的达成使控辩双方易于接受裁判的内容,乐于与司法机关合作,另外,一些非刑罚措施的采用也利于对罪犯的教育改造,这些都可以减少在执行刑罚所带来的司法资源的投入。因此国家可以利用诉讼合意制度所节省的司法资源去重点处理那些重大、复杂、疑难且未达成合意的案件,从而优化了司法资源配置,满足了整个社会的需要。

以上四个方面构成刑事诉讼合意制度赖以生存的理论土壤,它们相互依存,相互联系。其中,契约精神是其核心,诉权理论是其理论依据,新正义观和经济效益理论是其价值导向,它们构成了一个多层次、多角度的体系。

3. 刑事诉讼合意制度独特的司法功能

以契约观念为核心的刑事诉讼合意制度,可以有效地缓解多元社会对程序正当化带来的冲击,使刑事司法制度获得了包括参与者在内的广泛社会支持。具体而言,刑事诉讼合意制度有以下司法功能:第一,它为刑事司法制度注入了民主自治精神。合意制度中"自由选择与协商"的契约观念,使得无论什么差异的利益诉求都能比较恰当地整合到司法程序之中,诉讼主体可以积极地进行利益选择而不是完全被动承受,这就从另一视角保障了程序的民主自治精神,这种自治性价值的实现,正是人们孜孜以求的目标。[②] 契约还蕴含着义务的自觉履行,从而可以弥补单方强制的片面性。[③]

---

① [日]棚濑孝雄:《纠纷的解决与审判制度》,王亚新译,中国政法大学出版社1994年版,第283—296页。

② 夏霆:《初探诉讼合意的法理根据》,载《行政与法》2003年第3期,第81页。

③ 杨解君:《行政法的义务、责任之理念与制度创新——契约理念的融入》,载《法商研究》2006年第3期,第62页。

第二,它增强了司法的确定性。现代司法的一个主要特点是"不确定性",从超然的角度看,也许这正是它的魅力所在,但这对那些与司法结果休戚相关者而言,却可能会使其备受心理煎熬——诉求被搁置、肉身被束缚。所以,控诉机关与刑事被告人热切希望获取比较确定的结果就成为必然的反应,而刑事诉讼合意制度就能比较有效地满足该要求,把诉讼参与者对司法不确定的恐慌降到了最低限度。第三,它使司法制度能够回应来自犯罪学与刑法学的理论挑战。犯罪学中的"同意理论"与刑法学中的"人格责任论"①在各自领域都有着重要的地位,刑事诉讼合意制度能够对此作出比较满意的回应:控诉机关结合犯罪嫌疑人的人格特征,谋求以"同意"为基础的司法结果。由于该机制也对被害人利益一并参考,并为社会节省了资源,所以,它真正体现了"照顾社会成员的个体利益并增加社会福祉"的"同意理论"之精神。第四,它能帮助刑事司法实现"双赢"。司法程序的设计应该以获取"双赢"为目标,合意下的契约是达此目的便捷利器,刑事诉讼合意制度特别强调利益的相互性。从政府的角度讲,准予被告人作有罪供述,可以尽快地实现惩罚目标,节省本已稀缺的司法资源,而且这也与刑事司法制度的恢复性目标相一致;对被告人而言,他看到了可以获得较轻刑罚的可能,同样可以减少参加传统程序可能给名誉带来的负面影响。可以说,以契约观念为核心的刑事诉讼合意制度凭其独有的方式,维护了刑事程序的信誉与正当性。最后,它还有利于社会和谐的目标。②人类的各个历史阶段无不流露出对和谐的深深渴望。矛盾与冲突并非人们的本意,在诉讼中的自愿对话与合作使纠纷这种社会病理现象"不治而愈",毫无疑问是最为理想的。

(二) 刑事诉讼合意制度在我国的萌生

1. 刑事诉讼合意制度产生的社会背景

一种制度的出现、发展离不开孕育它的社会条件,而刑事诉讼合意制度也是植根于它所处的经济、政治、思想、文化等环境中,并与之相融合、相协调。

---

① 马明亮:《辩诉交易在中国的发展前景》,《中国刑事法杂志》2003 年第 2 期,第 73 页。

② 孟德斯鸠把人类社会的规律及物理存在物的规律称之为自然法。人类自然法的第一条是和平,他在批判霍布斯的人性观时指出:"权力和统治的思想是由许多其他的思想所组成,并且是依赖于许多其他的思想的,因此,不会是人类最初的思想。"参见[法]孟德斯鸠:《论法的精神》,商务印书馆 1997 年版,第 4 页。

一是市场经济的要求。市场经济的运作要求社会主体具有较强的自主性、交易行为具有较强的稳定性和可预测性。这些反映到刑事诉讼中,即要求控辩双方享有更多的自主空间,同时增强裁判内容的可预测性,使整个诉讼处于井然有序的状态。此外,市场经济允许在公平的基础上追求效益的最大化,效率优先的观念逐渐深入人心,而效益理论在刑事诉讼中的引导作用即表现为各主体希望以较低的诉讼成本获得较高的诉讼收益。

二是民主文明的呼唤。文明的进步加快了法治社会的发展,民主制度逐步确立,专制力量被不断削弱,法律被注入了一种人文精神,法律关系中的每一位主体都应受到尊重和关怀,其中在刑事诉讼中更强调实现程序上的正义,诉讼当事人的利益受到更多的关注,被赋予广泛的诉讼权利,他们在程序中的主导性不断增强,各种意愿得以表达并受到相当程度的关注,从而确保整个诉讼程序的正义和民主。

三是价值取向的多重。当今社会是一个利益多元化、民主与自治精神不断提升、越来越注重人文关怀的共同体,在这个共同体中,人们相互依赖与合作,现代法律也起着人们相互合作的桥梁作用。正如施瓦茨教授所说:"我们似乎正从个人突出的理想移向彼此合作的理想。在法律中如同在社会里,竞争正变为相互依赖。"①司法制度必须适应这一社会背景,作出相应的调整以保证程序的有效性。这就要求刑事诉讼制度的建构具有更强的包容性,给诉讼主体提供充分表达意愿的空间和机会,让他们自愿协商,权衡利弊,最后达成共识,从而实现多元化的价值诉求。

四是传统文化的倡扬。中国几千年来的道德伦理都提倡人与人之间应和睦相处,讲究友善往来,即使出现矛盾纷争,也力求"化干戈为玉帛",并在纠纷的解决上体现一种"非讼"思想,即重视非诉讼的礼法教化,通过劝导的方式使当事人双方让渡或部分让渡自己的权利,从而实现在互谅互让的基础上自行解决纠纷。这种思想一直延续至今,并为现代文明所继承和发扬。

2. 刑事诉讼合意制度出现的直接动因

关于刑事诉讼合意制度出现的直接动因可以归结为以下两点:

一是该制度的出现是对审判局限性的回应。审判的职能总是围绕"孰是孰非"而展开,并在此基础上适用法律(作出裁判),审判结果也总离不开这两

---

① 〔美〕伯纳德·施瓦茨:《美国法律史》,王军等译,中国政法大学出版社 1989 年版,第 315 页。

个方面的依据：客观的现有法律；法官认定的证据与事实（最终依凭法官的主观判断）。但令人遗憾的是，这两者都存在它们自身无法克服的局限。

现代法律是一套由概念和规则交织复合而成的逻辑系统，庞杂的社会纠纷不可能完全与之吻合。更何况，法律也未必制定得十全十美。一则从经验上看，现有的法律并不总是合理的。"不仅历史上有大量例证表明国家制定法的不合理，而且当代的法律经济学或制度经济学分析也已从逻辑上证明，即使立法程序再民主，立法动机和意图是好的，也无法使制定法获得这种普适的合理性。"①再则法律也有不周延的缺陷。尽管立法者竭尽全力，但是仍会在法律中留下各种缺陷和漏洞。所以亚里士多德说："完全按照成文法律统治的政体不会是最优良的政体，因为法律只能订立一些通则，不能完备无遗，不能规定一切细节把所有的问题都包括进去……法律绝不可能及时地适应这个需要。"②同时，法官对案件证据、事实的认定与裁量也存在模糊性与误差的可能。恩格斯曾经指出："人的思维是至上的，同样又是不至上的，它的认识能力是无限的，同样又是有限的。"③法官对案件事实的认定都属于认识的"个别实现"，都是在完全有限地思维着的个人中实现的，并且受到审限的限制，从而，法官对事实的认定都不是"绝对真理"而是"相对真理"。

上述的缺陷足以向我们显示作为社会正义最后堡垒的审判制度却并不总能令人感到至善至美。诉讼合意正是从这一审判缺陷的角度出发，来弥补法律程序的正当化机制。它意味着通过展开能够保障当事人主体性、自律性的程序这一过程本身给处理结果带来正当性。用康德的话说就是："当某人就他人事务作出决定时，可能存在某种不公正；当他就自己的事务作决定时，则绝不可能存在任何不公正。"④

二是该制度的产生也是司法实践的必然要求。社会的进步使民主和权利意识得到了强化，二十世纪中期以来，在世界范围内的人权保障潮流和美国"正当程序"革命的影响下，刑事诉讼更加注重程序运行过程中的权益保障和程序本身的正当性，我国也顺应这种潮流的发展，开始逐渐借鉴和吸收对抗制模式的优点，使我国诉讼制度和程序日益缜密，在程序上和实体上都

① 苏力：《法治及其本土资源》，中国政法大学出版社 1996 年版，第 61—62 页。
② ［古希腊］亚里士多德：《政治学》，商务印书馆 1983 年版，第 163 页。
③ 中共中央编译局：《马克思恩格斯选集》（第 3 卷），人民出版社 1972 年版，第 126 页。
④ 尹田：《法国现代合同法》法律出版社 1995 年版，第 20 页。

加强了对当事人权益的保障。然而,由于诉讼程序的烦琐和复杂,整个案件的诉讼周期被大大地延长了,以至于适用体现程序正义的普通程序成了诉讼的奢侈品。于是,司法机关迫于受案的压力不得不冲破诉讼程序的束缚,试图依靠严打等手段来有效地控制犯罪,消除由于司法低效所带来的社会无序,但事实证明,严打并不能从根本上使犯罪增长的势头得到控制,至多只是在一个很短的时期内获得一定的成效,接着便是犯罪数量的迅速回升并迅速增加。这种方式不但损害了当事人的合法权益,而且是对整个诉讼制度的严重破坏,正义与效率的矛盾仍然没有得到妥善解决,刑事诉讼陷入了进退维谷的境地。[①]

严峻的现实迫使司法实务部门和学者们去寻求新的应对机制,探索出一种较为完善的制度早日摆脱这种尴尬的困境。

3. 刑事诉讼合意制度在我国的萌芽

面对现状,司法界开始反思以往的诉讼制度,并考虑试行富有建设意义的协商合作模式,它们给刑事诉讼摆脱困境提供了新的思路。

一是中国式辩诉交易。2002 年 4 月,黑龙江省牡丹江市铁路运输法院审理了孟广虎故意伤害案,其中控方同辩方就定罪和量刑进行了交易。此案在司法实践中打破了现行法律框架,开了我国辩诉交易的先河,一时间成为司法界讨论的焦点问题。[②] 另一起比较典型的辩诉交易的实例是余振东涉嫌侵吞国有资产案,按照传媒机构公开播出的资料,中国警官按照相关的法律程序,做了大量的工作,让余振东在辩诉交易书上签了字,成功地实现了国家法律机构的目标。[③]

---

① 刘根菊、李静:《在我国构建刑事诉讼合意制度之探讨》,载陈光中、陈卫东主编《诉讼法理论与实践》(2005 年卷),中国方正出版社 2005 年版,第 141—142 页。

② 张景义、李文广:《聚焦国内"辩诉"交易第一案》,载《人民法院报》2002 年 8 月 8 日。

③ 余振东,涉嫌侵吞国有资产 4.85 亿美元的中国银行开平支行原行长,2001 年卷款逃到美国。中国公安部通过国际刑警组织发出了"红色通缉令",并根据《中美刑事司法协助协定》请美国司法部协助冻结涉案赃款,逮捕犯罪嫌疑人。2003 年 12 月,余振东被捕,在确凿的证据面前,他很快承认了自己的罪行,令他没有想到的是,在他被捕并且认罪以后不久,就见到了来自中国的警官,而中国的警官开门见山地提出了一项交易:控辩交易。应该说,后来正是这种控辩交易有效地促成了余的归案。(公安部驻美国联络官员大启说:这个交易就是余振东认罪,同意接受遣返回中国,我们中国执法部门答应对他进行什么样的法律惩处,让他接受什么样的法律制裁。这样的话就需要双方做一个交易,他要在这个交易上面签字。)中国警方和余振东一共见了五次面,2004 年的 2 月 5 日,余振东虽然同意达成控辩交易,但是到签署文件的时候,他又变卦了。经过又一轮的解释和说服,半个月以后,余振东终于在控辩交易书上签了字。参见中国中央电视台新闻频道:《社会记录:贪官末路》,http://www.cctv.com/yyy.htm。

　　二是简易程序。1996 年刑事诉讼法增加了简易程序,使得一些简单的案件得以在较短的时间内审结,提高诉讼效率的效果明显。2003 年 3 月最高人民法院、最高人民检察院与司法部联合发布了《关于适用简易程序审理公诉案件的若干意见》,对简易程序又作了进一步的完善,这些规定使简易程序得以科学规范地运作,节约了司法资源,提高了诉讼效率,增强了对被告人权利的保护力度,使诉讼的民主性大为增强,确立了控辩协商的机制,充分体现了一种利益交换的合作精神,达到了"双赢"的效果。

　　三是普通程序简化审。由于简易程序将其适用范围限定在一些简单轻微的案件,因此对这一程序的适用仍然不能缓解司法机关办案力量不足的压力,为此,针对学界简易程序多样化的建议,2003 年 3 月最高人民法院、最高人民检察院与司法部联合发布了《关于适用普通程序审理"被告人认罪案件"的若干意见(试行)》,并据此设立了普通程序简化审。该程序的重大意义在于使公正与效率这两大基本价值目标协调统一于其中,把合意理念更为广泛地引入刑事诉讼领域,建立了激励被告人自愿做出有罪答辩的机制。[1] 这充分体现了一种互惠性的合作精神。

　　四是证据开示制度。尽管我国刑事诉讼法及相关司法解释没有规定证据开示制度,但是实践中一些检察机关与律师已在庭前相互开示证据,并且这种做法还有扩大的趋势。[2] 该制度使控辩双方在证据开示的环节中建立了一种交换机制,双方针锋相对的紧张局面有所改善,并代之以互惠的、稳定的协作关系,从而保证诉讼的有序性、有效性和公正性。

　　虽然以上几种制度或程序在适用范围、条件、运作规则上都各不相同,但是它们有着共同的理论内核——合意,蕴含着一种"对话与协商、妥协与合作"的精神。从实践中所取得的效果来看,它们既能快速有效地解决讼争,又实现了司法资源的合理配置,并使正义和效率两大价值目标达到了共融,因此成为刑事诉讼摆脱困境的现实选择。

---

　　① 卞建林:《如何看待被告人有罪答辩——辩诉交易的一点启示》,载《政法论坛》2002 年第 6 期,第 21 页。

　　② 例如,北京市东城区人民检察院在 2002 年率先进行了证据开示改革,还制定了《证据开示实施规则(试行)》;云南省永康市人民检察院于 2000 年 3 月推行庭前证据开示制度;2002 年 6 月,北京市海淀区法院与 25 家律师事务所签订了"证据开示协定书",并全面开展了证据开示活动,最高人民法院也围绕公正与效率主题,将证据开示作为司法改革重点。这些改革和试点对完善我国的证据制度,最大限度地实现司法公正与效率起到很好的促进作用。

（三）刑事诉讼合意制度的构建

由于刑事诉讼合意制度有理论上深厚的基础和实践中实施的必然性，因此在刑事诉讼中建立一种富有建设意义的协商合作模式有利于早日摆脱困境，更好地为我们的社会生活服务。

1. 国际上相关制度之考察

"他山之石，可以攻玉"，从英美法系国家的情况来说，辩诉交易是美国刑事司法中运用十分广泛的一项特别审判程序。所谓"辩诉交易"是在审判开始前，控辩双方进行协商，检察官以降低指控强度或要求法官减轻处罚，换取被告作有罪答辩，从而放弃正式法庭审判的权利，而法官据此直接对被告定罪处刑的特别审判程序。辩诉交易在美国刑事程序中取得统治地位，其最有力的证据，也是一个简单的事实："在过去的 150 年里，很难找出其他的创新程序能与辩诉交易的发展与盛行相媲美。"①虽然辩诉交易历来并没有好的"名分"——它取代了追求真理的高贵之战，它给我们的是一纸躲躲闪闪、偷懒式的停战协定，即使它的历史不值得我们为之吹起嘹亮的号角，但它还是胜利了——它的兵不血刃与暗度陈仓使其横扫刑事司法领域，并击败了负隅顽抗的陪审团。在英国，辩诉交易虽没有这么盛行，但采用辩诉交易方式处理的案件数量也在逐年上升。② 受英美影响的其他一些国家和地区也相继在刑事程序中也确立了类似制度。

二战以后，传统的大陆法系国家和地区在司法改革潮流中，也不同程度地吸收、借鉴了英美法系的一些做法，并结合本国实际创设、发展了具有本国特色的合意制度或实践。

意大利的 1989 年新刑事诉讼法典新增了五种速决程序，其中，依当事人要求适用刑罚程序的"认罪交易"制度在很大程度上采纳了美国的辩诉交易制度的内容。受多方面因素的影响，意大利新刑事诉讼法典在很大程度上对该程序的适用进行了限制，这些限制显示了意大利在移植辩诉交易制度方面的独创性。德国在二十世纪七十年代就逐步在法律之外的司法实践中产生了辩诉交易，而且适用越来越普遍。此外，其他一些大陆法系国家如

---

① 马明亮：《辩诉交易在中国的发展前景》，《中国刑事法杂志》2003 年第 2 期，第 73 页。

② 刘涛、刘咏梅、尹摇山：《论辩诉交易的发展及其借鉴意义》，载《西南交通大学学报（社会科学版）》2000 年第 3 期。

法国、荷兰、西班牙等在司法实践中也存在着一定程度的诉讼合意制度。[①]除了以上所述的控辩双方就实体问题达成合意以外,各国诉讼法中还制定了许多类型的简易程序可供控辩双方合意选择。例如日本刑事诉讼法中规定的略式程序充分说明了立法对控辩合意的尊重。[②]

通过对两大法系相关制度的介绍,不难看出尽管它们各具特色,互有千秋,但是其拥有相同的实质:通过合意使讼争得到衡平式的解决。

2. 构建刑事诉讼合意制度的现实分析

一是刑事诉讼合意制度的局限性。尽管刑事诉讼合意制度具有其令人向往的独特魅力,但是它也不是一剂包治百病的良方。该制度有着自身比较明显的局限性。主要表现为与刑事司法制度的现有基本原则相冲突。经过几个世纪的发展,刑事司法制度已经确立了诸多基本原则,并以此为底线来保证刑事诉讼的正当性。无罪推定原则已成为当今刑事司法的基本原则,它保证了被告人在没有被法院定罪之前的基本人权待遇,成为辩方对抗控方的核心武器;同时,罪刑法定原则明确了犯罪的法定化和刑罚的法定化,并在此基础上确立了罪刑相适应原则和法律面前人人平等原则,将法律作为统一尺度适用于全体公民,重罪重罚,轻罪轻罚,同罪同罚。这些原则共同构成了刑事司法制度的基石,而刑事诉讼合意制度却与之大相径庭。控辩双方协商采用的是有罪妥协原则,双方的合意以协议为基础来影响量刑,这就可能产生重罪轻判或者同罪不同罚,从而导致罪刑不均衡、法律适用因人而异。这些无疑对传统司法制度提出了巨大的挑战,使理论界和实务部门一时难以接受。

二是刑事诉讼合意制度与相关制度的关系。刑事诉讼合意制度与沉默权制度、证据开示制度、律师辩护制度互相联结,互为支撑,而目前在我国这些相关的制度或付诸阙如或尚不完备。我国《刑事诉讼法》中有规定,犯罪嫌疑人对侦查人员的提问,应当如实回答。这实际上对被追诉者的沉默权给予了否定,如实陈述的义务使得辩方在检察机关面前处于被动的地位,消极对抗的权利难以保障,缺少与检察机关进行协商的重要筹码,也就决定了刑事诉讼合意制度难以生存下去。证据开示制度是对抗

[①] 熊秋红:《刑事简易速决程序探究》,载陈光中、江伟主编《诉讼法论丛》(第 2 卷),法律出版社 1998 年版;[加] 江礼华、杨诚主编:《外国刑事诉讼制度探微》,法律出版社 2000 年版,第 116 页。

[②] 彭勃著:《日本刑事诉讼法通论》,中国政法大学出版社 2002 年版,第 333 页。

式诉讼中极为重要的程序,它让控辩双方在了解彼此手中证据的基础上保证信息资源的对称。我国刑事诉讼法及司法解释尚未规定该制度,实践中的试行也只限于很小的范围,并且还存在许多纰漏和不足之处。在绝大部分案件中,辩方所掌握的信息量与控方所掌握的信息量仍然不对等,被告人缺乏与对方抗衡的重要武器,其薄弱的力量难以保证与检察官在平等环境中进行协商。刑事诉讼合意制度要求有发达的律师辩护制度为被追诉者提供有效的辩护,但我国律师辩护制度存在着严重的缺陷,律师权利无论在立法上还是在实务中,都受到了方方面面的束缚和制约,辩护律师难以发挥其应有的作用。在现行刑事诉讼法改革了起诉方式之后,辩护方获取案件信息的渠道更加狭小,律师的调查取证权、阅卷权、会见权等诉讼权利得不到保障,办理刑事案件的风险之大使辩护律师的参与率一直低下,再加上我国的律师队伍不够发达,律师执业水平有待提高,法律援助制度尚不完善,①使本来就处于弱小境况的辩方力量更显薄弱,辩护功能难以发挥,公平的对话也就很难实现。

三是刑事诉讼合意制度在中国构建的障碍。该制度在当前中国刑事司法领域的土壤和气候环境下进行架构还会遭遇到不少的障碍。这些障碍主要表现为:一是公众的契约观念限制了该制度的发展。"大道之行也,天下为公"②,与西方国家相比,中国的契约观念较为淡薄。古代不发达的商品经济抑制了契约观念的发展,契约自由所依赖的"权利本位"十分薄弱。当今中国,在传统诉讼理念的支配下,人们难以接受在刑事领域中的这种蕴含着平等主体间相互妥协的纠纷解决方式。检察机关代表的是国家,行使的是公权力,辩方则旨在维护个人利益,行使的是私权利,两者不可同日而语,又怎么能够私下进行协商! 二是追求实体真实的理念限制了该制度的适用。刑事诉讼法施行几十年,其工具性的意味仍比较浓厚,在理念上,刑事诉讼仍然强调发现案件的"实体真实",不允许诉讼各方以自己的主观意志对案件事实作出协商。三是控辩双方地位失衡使平等协商难以实现。目前在职

---

① 汪建成:《建立刑事证据开示制度的必要性》,载《法制日报》1999 年 12 月 5 日理论版。

② 《礼记·礼运》开篇就提出的这句话,作为一个伟大的理想,几千年来一直受到中国主流思想的推崇。在当代中国,国家利益、集体利益代表了"公",因而获得了"神圣不可侵犯"的宪法地位;至于个人利益或个体利益,只能称为"私"利,就不具有那样的神圣性了。概而言之。"公"对于"私",总是存在着无可置疑的优先性和正当性。反过来,"私"对于"公",就只能处于次要的地位了。参见喻中:《探寻"私了"之谜——一种刑事案件解决方式的法社会学考察》,载徐静村主编《刑事诉讼前沿研究》(第四卷),中国检察出版社 2005 年版,第 107 页。

权主义模式下,刑事诉讼呈现的一大症结是:控辩双方地位不平等,对抗条件和交涉能力失衡。试想,控辩双方在这样的交易平台上合作,即使有协商的外壳,也难以达成公平、自愿的合意结果。四是控辩双方的处分权受限使该制度难以有发展的空间。当前检察官可以裁量的案件范围非常有限,仅限于"对于犯罪情节轻微,依照刑法规定不需要判处刑罚或者免除刑罚"的案件。而被告人的被动地位决定其不会享有更多实质性的主体权利,参与诉讼预期的效果也就很难保证了。

四是刑事诉讼合意制度在我国发展的有利因素。在发现刑事诉讼合意制度构建过程中诸多不利因素的同时,我们也看到了令人欣喜的一面。二十世纪八十年代以来的经济政治体制改革使社会大众的思想观念随之产生了巨大的变化,市场经济的逐步完善使"契约自由""合意""意思自治"等观念为大众所普遍接受,时间观念、效益观念也已深入人心,这些为刑事诉讼合意制度在我国的适用提供了可能。同时,建设"和谐社会"的战略目标也要求我们不断健全民主法治,构建公平正义、诚信友爱、人与人和睦相处的社会,这些社会需求成为该制度建构的突破口。伴随着改革开放进程的逐步推进,全社会的法治意识普遍提高,这为合意制度在刑事诉讼中的运作提供了必要的前提。全球化的发展使各国之间的联系更加紧密,一系列国际公约的制定成为我国完善司法体制的重要外源型动力。司法机关一直进行积极而有益的改革措施为创设刑事诉讼合意制度打下了良好基础。近几年,全国各地的司法机关在诉讼中吸收了合意的因素,先后进行了"普通程序简化审"、辩诉交易、证据开示、量刑建议、污点证人等制度的尝试,①这些改革试点工作均取得了较好的效果,为刑事诉讼合意制度的发展与完善积累了宝贵经验。

3. 刑事诉讼合意制度的构建

构建刑事诉讼合意制度应该在借鉴国外有益经验的基础上对其进行严格的限制、完善的规范,最大限度地避免其负面影响,以促进刑事诉讼多项价值目标间的协调实现。

第一,立法上明定刑事诉讼合意制度。"名正则言顺",将刑事诉讼合意

---

① 由南京市检察院制定的《南京轻罪案件公诉政策运用指导意见(试行)》正式出台,这意味着只要符合该《意见》规定的适用范围和条件的犯罪嫌疑人,今后检方可对其作出不起诉或建议公安机关撤销案件。参见帅勇:《与被害人达成和解,可不起诉》,载《南京日报》2006 年 7 月 12 日。

制度通过立法予以规范和明确,意义重大。这种意义就如同将一般意义上的自由转化为法律权利一样。"因为如果意志仅仅是主体的意志,那么它能否克服人为的障碍或束缚就完全取决于主体的力量与外在的障碍或阻力之间的对比,而通常情况下外在障阻总是处于优势。可是,当主体的自由意志得到了社会正式代表——国家的承认时,它就具有了合法性,从而表现为'普遍的权利'。以自由权利形式表现出来的意志已经不再仅仅是主体的意志,它同时也是国家的意志。因此,任何对它的侵犯也都是对国家权威的侵犯,要受到国家强制力的回击。"①同时这种意义还表现在,一旦不同主体的自由意志上升到法律层面,也就同时为他们的自由意志设定了法律上的边界,如果超出了这一边界范围,则这种自由权利的行使就为法律所否定而构成违法。这也正如卢梭所说:"人是生而自由的,但却无往不在枷锁之中。"②

第二,限定刑事诉讼合意制度的适用范围、适用条件与内容。在适用范围上,由于可能判处十年以下有期徒刑的案件在我国占有相当大的比例,因此将适用范围界定为十年以下有期徒刑的案件,可以最大限度地避免司法资源的浪费。另外立法上还应明定不适用该制度的情形,主要包括犯罪性质严重的案件,如危害国家安全犯罪、严重侵犯公民人身权利的暴力性犯罪、故意实施的危害公共安全犯罪、毒品犯罪等;犯罪情节特别严重的案件以及犯罪集团的首要分子、累犯等。在适用条件上,只针对那些证据确凿但不够充分或者事实清楚、证据确实充分,但某些证据在收集程序存在瑕疵的案件,并且应当充分保障被告人的自愿性、充分听取被害人的意见,使公诉人、被告人、被害人三方参与协商并取得一致意见,并不得损害国家、集体或他人的利益。在协商内容上,仅限于量刑而将罪名排除在外,③同时双方可以就量刑的幅度进行协商。为了不使罪刑法定原则受到过大冲击,一般情况下可控制在法定刑的三分之一以内,对于犯罪情节比较轻微的案件可以适用缓刑。同时可以对以上规定保留适当的例外,以做到灵活的处理。另外双方还可以就诉讼程序作出协商,这样有利于提高诉讼程序的主体性,符

---

① 张文显主编:《法理学》,高等教育出版社 1999 年版,第 239 页。
② [法]卢梭:《社会契约论》,何兆武译,商务印书馆 1980 年版,第 8 页。
③ 在美国,检察官可以通过降格指控或撤销其他指控换取被告作有罪答辩,自由裁量权过大,这就可能产生两个不良的后果:一方面,使罪犯逃脱应得的严厉处罚;另一方面,容易导致强迫被告人认罪的情况,有违司法的公正。同时,也大大冲击了法律的确定性和规范性。因此我们在刑事诉讼合意制度中应禁止控辩双方就罪名进行协商。

合诉讼效率的意旨。

第三，关于具体程序的设计。在程序上可以分为以下几个步骤：首先，公安机关在案件的侦查中，可以在对案件侦破难度、调查取证难度的评估基础上，向检察机关提出进行诉讼合意的建议。需要注意的是，此程序不是诉讼合意的必经环节。其次，检察机关根据自身的判断或者公安机关的建议，认为案件符合刑事诉讼合意制度的范围和条件的，应当在第一次讯问被追诉者时，告知其有权自愿选择是否适用诉讼合意制度，如果被追诉者选择与检察官进行协商，那么检察官应告知其权利义务及其法律后果。再次，由控辩任何一方提出证据开示的建议，经双方协商同意后，具体商定开示的时间、地点，届时，由检察机关的书记员将开示过程制成开示纪要或笔录，由双方签字或盖章，一式三份，控辩双方各一份，另一份可由控方提交法院。控辩双方在知悉对方证据后，如果认为必要，那么辩护律师就在征得被追诉者同意后，向检察机关提出合意的申请或者接受检察机关的合意建议，有被害人的案件，检察机关还应通知被害人参与协商。随后便进入磋商阶段，达成合意的，检察机关、被追诉者或其辩护律师及被害人或其代理人共同签订书面协议，载明协商的参与人、时间、地点及具体内容，并由各方在协议上签字或盖章。最后，检察机关在协商后应及时向法院提起公诉，将协议书提交给法官，同时将证据开示纪要或笔录、案卷中的主要证据材料提交给法庭，人民法院在开庭前可以查阅案卷。在开庭审判时，检察官应就协商的理由和过程向法庭作出陈述，并宣读协议的内容，然后由法官进行审查，在询问、核实后，法官可以简化庭审的环节而宣布接受控辩双方之间的协议，并用判决书的形式对协议内容作出认定，判决书一经送达即生效，对此判决被告人不能上诉，检察机关不能抗诉；如果法官经审查认为协议不具备事实基础，或协议违背了被告人的自愿性、明知性等，那么法官有权拒绝接受该协议，并裁定撤销，建议检察机关重新起诉。在此，有一点需要明确的是，在其后的诉讼程序中，任何一方均不得以对方在协商过程中的"自认"作为证据进行抗辩。[①] 同时为了最大限度地防止刑事诉讼合意中违约行为或其他不当行为的出现，有必要建立相关的救济机制。

第四，相关制度的设立与完善。第一，建立沉默权制度。应当取消刑事

---

① 刘根菊、李静：《在我国构建刑事诉讼合意制度之探讨》，载陈光中、陈卫东主编：《诉讼法理论与实践》（2005 年卷），中国方正出版社 2005 年版，第 144—145 页。

诉讼法中"犯罪嫌疑人对侦查人员的讯问,应当如实回答"的内容,规定被追诉人对于来自官方的讯问有拒绝回答的权利,并设置沉默权的告知程序,确立非法证据排除规则,规定侵犯沉默权的救济程序。此外,鉴于沉默权的负面影响,对于严重危害国家、社会安全的犯罪应作为例外加以规定。第二,实行证据开示制度,并将其制度化、规范化。一是规定证据开示所遵循的原则,即依法开示、双向开示①、非经开示的证据排除和诚信原则;二是开示的主体限于检察官和辩护律师;三是证据开示的范围,应当明确控辩双方的证据开示是不平衡的,检察机关负有全面开示证据的义务,辩护律师只负有限度地开示证据的义务;四是规定证据开示的时间、地点和具体程序;五是规定对证据开示的司法控制;六是对于违反证据开示义务的行为设置一定的救济手段和制裁措施,以确保该制度的有效运作。第三,完善律师辩护制度。应当强化辩护律师的诉讼权利;创造律师辩护的有效条件,包括观念保障、结构保障、信息保障和能力保障;②强化律师参与诉讼合意的作用,在谈判中切实保护被告人的合法权益,向检察官提出合理可行的量刑建议,保障合意的公平性。

第五,观念的转变与更新。法律的形成与一国的法律文化、国民心理有很大关系,③因此要在中国建立刑事诉讼合意制度,必须首先转变人们的观念,通过切实有效的宣传教育来塑造适应司法改革的理念,同时还要靠积极推行司法制度改革来加速理念的更新,双管齐下,为这一制度的建构夯实观念基础。

"红日初升,其道大光",合意理念融入刑事司法领域有着美好的愿景。市场经济和民主政治从本质上说是一种信奉自治的制度,权利的合法性基础正是来自选择,通过诉讼主体间的平等对话和协商来达成合意,以取得讼

① [加] 布鲁克曼·戈登·罗斯:《公诉方证据披露与初步听审》,载《外国刑事诉讼制度探微》,法律出版社 2000 年版,第 199 页。

② 谢佑平、江涌:《审前程序的改革:以律师辩护为视角》,载陈光中、徐静村主编:《诉讼法理论与实践》(2004 年卷),中山大学出版社 2005 年版,第 265—269 页。

③ 法国比较法学家勒内·达维德说:"尽管立法者大笔一挥,条文就可以修改或废止,但是法律条文背后的一些根本因素却不是他能左右的,因为它同一个国家的文明和思想方式密切地联系着。"参见[法]勒内·达维德:《当代主要法律体系》,漆竹生译,上海译文出版社 1983 年版,第 168 页。在当下中国,必须积极培育契约精神,真正确立程序正义理念,切实转变刑罚观念,认知当事人主义的诉讼理念以及被告人程序主体价值,从而增强裁判结果的接纳度和司法威信,与构建和谐社会的大气候合拍。

争的衡平式解决。当然,由于该制度在国外正处于探索、完善阶段,而在中国还处于萌芽状态,因此对该制度持有过高的期望值恐怕不是一种实事求是的态度。制度的完善是永无止境的,刑事诉讼合意制度在我国的发展、成熟需要一个长期的过程,因此,未来依旧任重而道远,我们还应当在实践中继续探索,不断改进,使之日臻完善与科学。

第七章 公正审判权的司法保障

　　司法实践中的问题最终还要回归到司法实践中去,公正审判权的研究不能不回归实践的理路。公正审判权是公民享有的一项将自己受到侵犯的宪法权利和其他法律权利与司法救济连接起来的基本程序性权利,它的行使和实现需要科学、合理的司法保障。"在人类宪法和宪政史上,过去,现在都出现过或仍然存在着这样的事实:在宪法上冠冕堂皇地规定着公民享有这样或那样的自由和权利,但在现实生活中,由于缺乏相应的特别是有效的司法保护机制,公民的自由和权利并没有在现实生活中得到实现。"①因此,有学者精辟地指出:"仅就个人权利的尊重和保护而言,其实既不必强求在我国传统文化中从来无本无源的自然法信仰,也不必援引某种特定的意识形态,甚至无须正当化的复杂论证,只要宪法和法律中规定的权利得到切实实行也就可以额手称庆,进而可以'候河清之有日'了。"②而司法本质的自然要素是"裁判机构的公正,以及诉讼当事人获得公正审理的权利"③,因此,国家必须确保法官能够站在中立的立场上,充分尊重和保障当事人的公正审判权,公正审理、公正裁判。公正审判权作为一项基本人权,特别需要司法中的审判权来切实地加以保障。相关理论研究表明,审判权本质上是以个案中的法律解释权与自由裁量权为内容,④因此,对作为审判权一体两面的法律解释权和自由裁量权的适当行使对审判权的正当运用有着至关重要的意义。其中,利益衡量对法律解释权的正确行使价值重大;而经验法则对自由裁量权的规范运用的作用也不可小觑。以下本书将以在审判实践中引起人们广泛关注的经验法则和利益衡量的运用为例来说明二者与公正审判权

---

　　① 陈云生:《宪法监督司法化》,北京大学出版社 2004 年版,第 230—231 页。

　　② 季卫东:《法治秩序的建构》,中国政法大学出版社 1999 年版,第 9 页。

　　③ [意]莫诺·卡佩莱蒂:《比较法视野中的司法程序》,徐昕、王奕译,清华大学出版社 2005 年版,第 338 页。

　　④ 王源渊:《略论审判权的范围与限度》,载《法学评论》2005 年第 4 期,第 45 页。

的互动以及它们对公正审判权得以顺利实施的"保驾护航"作用。

一、经验法则的良性运作对公正审判权实现的保障

当前,经验法则在审判实务中的运用已经成为人们热议的焦点问题之一。所谓经验法则,"它是指人们在长期生产、生活以及科学研发过程中通过对各种现象的观察、识别和认知,而在观念上形成的一种理性认识,这种理性认识是对有关事物的现象、表征和内在逻辑结构带有普遍性的领悟与把握。在证据法意义上,经验法则是法官依照日常生活在特定条件下所形成的反映事物之间内在必然联系的事理作为认定待证事实的根据的有关法则。"①众所周知,准确认定案件事实是正确适用法律的基础和前提,而在司法实践中,由于当事人的证据意识不强,搜集、使用证据的能力不足等因素使得案件事实真伪不明的情况时常出现。如果法官在裁判中受到严格"证据裁判主义"的束缚,当遇到即使通过举证责任的分配也难以做出接近正义的裁判,却又不得不在真与伪之间做出判断的情况时,运用经验法则解决法官内心的矛盾,从而准确认定事实及适用法律显得格外重要。从这个意义上讲,"经验法则对事实认定具有一种规范和前提的意义"②。然而,如何确保经验法则在司法审判中得到妥当运用、充分发挥其效用值得探究。恰当地运用经验法则,不仅能够准确认定案件事实,实现"案结事了",进而产生良好的社会示范效应,更为可贵的是,能够对当事人的基本人权之一——公正审判权起到有力的保障和促进作用,反之,经验法则一旦运用失当则极易导致案件处理不公,危害当事人的公正审判权,使公众广泛质疑,产生不良的社会影响,最终导致司法公信力下降,司法权威受到严重挑战。因此,在经验法则看似平静的外表下潜伏着波涛汹涌的暗流,前几年引起社会各界广泛关注的"彭

---

① 毕玉谦:《论经验法则在司法上的功能与应用》,载《证据科学》2011 年第 19 卷(第 2 期),第 133、135 页。但是由于经验法则历史久远、含义深邃,至今还没有一个统一的概念可以准确地表述它,对其概念的明确揭示与对意义的合理阐发仍然是学界孜孜不倦加以研究的课题。有关争鸣请参见蔡颖慧:《论经验法则在民事诉讼中的适用》,载《证据科学》2011 年第 19 卷(第 2 期),第 168 页;张中:《论经验法则的认识误区与实践困境》,载《证据科学》2011 年第 19 卷(第 2 期),第 145 页;张亚东:《经验法则——自由心证的尺度》,北京大学出版社 2012 年版,第 1—12 页。

② 张卫平:《认识经验法则》,载《清华法学》2008 年第 6 期,第 15 页。

宇案"恐怕就是经验法则运用失败的典型适例,[①]这真可谓是"成也萧何,败也萧何"。由此可见,欲实现经验法则运用效果的最大化,必须对经验法则的运用进行适度而有效的规制。那么经验法则为什么需要规制,规制的深层原因以及规制所要实现的目标是什么,究竟有哪些因素在经验法则运用中起着"控制阀"的作用,规制的路径如何选择等就成为一些值得研究的问题。

(一) 实然之态:经验法则运用面临的窘境

近年来,在我国的立法以及审判实务中,随着证据立法步幅的加快以及"彭宇案"等个案的激活,由于经验法则不当使用带来的不良社会影响正越来越引起人们的高度关注,经验法则规制问题也悄悄跃入社会公众和学术界的视野。当前不当运用经验法则主要表现为不敢用、不愿用、不屑用以及不会用四种情形,前三种情形(不敢用、不愿用、不屑用)导致了经验法则的运用呈现出缺省状态,而后一种情形(不会用)在一定程度上导致经验法则的运用走向另外一个极端,即呈现出强势状态(或称僭越状态),以下分述之。

第一,经验法则的缺省形态。该形态主要表现为法官将认定事实和适用法律的过程完全教条化,走入了机械执法误区。诚然,经验法则来源于生活,是对过去社会生活中所反复呈现的常理、常情和常态加以归纳和提炼所得到的知识,与生活中的事实有高度的相似相仿性,在一定程度上可以作为推论曾经发生过的事实、探知未知领域、廓清抽象概念、澄清模糊认识的一种行之有效的方法,而且在大多数特定情形下,经由经验法则推导出来的结论也是与事物的原初状态高度吻合的。然而,我们不得不承认,以经验法则推导出来的事实在某种程度上还是有疑问的,因为它毕竟不是原来曾经发生过的事实,两者之间还是有很大差别的。特别是法官在裁判案件时,还要承担由于运用经验法则不当所引起的事实认定错误所招致的风险,起码这种风险存在的可能性是有的,是绝对避免不了的。基于利益的考量,司法实践中出现了不敢用、不愿用、不屑用等情形,产生经验法则运用的缺省状态。

---

① 当然,也有学者以严谨、宽容的学术态度,辩证分析了该案例,揭示了该案例所蕴含、阐发的积极意义,认为彭宇案的一审判决尽管在经验法则的运用上出现了问题,但是正因为一审判决书贯彻了心证公开原则,对事实认定的推理过程给予了详细的描述,这才使其成为我们反思经验法则运用的一个珍贵的样本。参见吴洪淇:《从经验到法则:经验在事实认定过程中的引入与规制》,载《证据科学》2011 年第 19 卷(第 2 期),第 166 页。

不敢用是因为经验法则运用难度大，水平技巧要求高，弄不好身败名裂；不愿用是出于得不偿失的心理，因为运用经验法则有时确实是吃力不讨好；而不屑用往往基于明哲保身的考虑，既然有证明责任在此"保驾护航"，何必舍近求远。说到底，还是反映出法官们对与经验法则运用所相伴相生而来的风险的惧怕与回避。这种情形进一步加剧了经验法则运用的全面萎缩。而在审理案件的过程中，一旦法官忽视了本该应用的经验法则，而直接运用证明责任裁判案件，极易导致实体裁判的错误。经验法则既然是人们从日常生活中归纳出来的经验总结，其中也必然蕴含着社会普通群众对事物的认识和他们的价值观和公正感。因此，当案件的裁判结果与民众依据经验法则得出的结论不一致时，民众就有理由怀疑裁判，甚至进一步质疑裁判的公正性，导致人们对裁判结果的不认同、不信服，使得司法公信力进一步遭到贬损，当事人的公正审判权得不到有力保障。

第二，经验法则的强势形态。经验法则的运用所呈现的另一样态同样值得关注。一是由于立法的粗疏所导致的经验法则运用不当。一个比较典型的例子是"直接证据的证明力一般大于间接证据"的规定。这种规定的妥当性是有疑问的，因为直接证据与间接证据只是证据的一种分类而已，并不能说它们二者之间在证明力上有高下强弱之别。这种规定并不具备经验法则所应具有的高度盖然性的基础，因此，如果在审理案件过程中运用诸如此类的不具备高度盖然性经验基础的法律推论，不仅会扭曲对相关证据的评判，更为严重的是将会影响对案件事实的准确认定，进而导致裁判的不公。二是法官的自由裁量权过大所导致的经验法则的滥用。从理论上讲，经验法则的启动给各方当事人带来的机会均等，然而如果经验法则被滥用，就极有可能成为个别案件中为一方开脱举证责任的借口。三是使用经验法则裁判案件容易导致法官自由裁量权的过度扩张，从而带来裁判的恣意。有时经验法则会成为法官逃避或扩大审判的理由，埋下裁判不公的隐忧，他们甚至将"经验法则"作为其枉法裁判的冠冕堂皇的理由，走入了滥用"经验法则"误区，这种现象也可被称作经验法则的泛化。[①] 在当前"经验法则"滥用的情形中，有以下问题值得引起充分关注：其一是对可能出现的情况考虑得不全面、不充分，"只见树木不见森林"。经验法则的运用需要考虑各种可能

---

① 所谓经验法则的泛化是指将诸多不具有高度盖然性的经验性推论作为经验法则的内容引入事实认定的过程中。参见吴洪淇：《从经验到法则：经验在事实认定过程中的引入与规制》，载《证据科学》2011年第19卷（第2期），第164页。

性,但有时法官却咬定一端而忽略其他可能性。其二是重复论证、多重推测。这种做法无异于画蛇添足,做无用功,甚至还极有可能起反作用。重复论证耗时耗力、事倍功半;多重推测混淆主从、犹豫难决,同样会阻碍经验法则的妥当运用,进而影响裁判的准确性。其三是突出表现为未经论证的主观臆断。"九层之台,起于垒土",基础工作的重要性可想而知。然而,在审判实务中,尽管法官多次运用经验法则,但他们对经验法则的内容却没有论证,而是主观决定,主观偏向太强,没有对各种可能性进行通盘考虑和对不同观点的合理性进行仔细比较,这样其所依据的经验法则的可靠性就很难令人信服。

(二) 缘由探寻:经验法则不当使用原因解析

出现误用、滥用等经验法则不当使用现象的原因可以归结于内因和外因两个方面。

第一,从内因上看,经验法则的自身特点容易将其置于被滥用或误用的境地。一是内涵的模糊性。从词源上看,经验法则一词最初出现在 1893 年德国学者弗里德里希·斯坦(Friedrich Stein)的关于法官内心认知的著作中,它被定义为是一个来源于一般性确定性经验基础上所形成的一般性法则。[①] 但是由于弗里德里希·斯坦在创设这一概念时所给的定义不够明确,加上在不同国家、不同语言之间的演绎和流传,使得人们对经验法则产生了多样化的理解。特别是在诉讼语境下,经验法则引发了诸多争议,众说纷纭,莫衷一是。关于经验法则认识上的不同乃至分歧,反映出经验法则内涵的模糊性,同时也反映出其概念的深奥与难以琢磨,正如美国学者特文宁所言,经验法则是一个"容纳了具有良好理由的信息、深思熟虑的模式、逸闻趣事的记忆、影响、故事、神话、愿望、陈腔滥调、思考和偏见等诸多内容的复杂的大杂烩"[②]。当然,笔者认为目前对经验法则认识及定义的不同只是研究的视角不同而已,不存在孰优孰劣的问题。然而对经验法则内涵存在的不同理解,会在很大程度上影响经验法则功能的发挥,也为司法实践中经验法则的不恰当运用埋下了隐忧。二是有差异的盖然性。经验法则源于对个体

---

① [意] Michele Taruffo:《关于经验法则的思考》,孙维萍译,载《证据科学》2009 年第 17 卷(第 2 期),第 174 页。

② 张中:《论经验法则的认识误区与实践困境》,载《证据科学》2011 年第 19 卷(第 2 期),第 145 页。

经验的一种不完全归纳,这就导致其不是一种确定性的知识,而是以盖然性为其内容,其盖然性程度高低直接决定了案件事实能在多大程度上接近真实。① 经验法则的盖然性内涵,来源于其生成的归纳性过程。有学者认为,按照科学和常识,从感觉和经验中我们通过归纳获得了那些具有普遍必然性的知识,之后,以这些知识为基础,通过演绎得到个别性知识,而这些个别性知识对我们的行为具有现实指导意义。传统归纳逻辑从本质上讲,就是旨在揭示如何从个别性的经验知识升华到具有必然性的一般知识的思维过程和思维方法。② 虽然就总体而言,经验法则应当具有高度盖然性,但是在实际生活中,不同的经验法则由于人们获得的途径千差万别,兼有认知水平、归纳方式等因素的综合影响,每个经验法则的盖然性从客观上讲还是有一定差别的,有的经验法则的盖然性相对较低,而有的经验法则的盖然性则相对要高,甚或达至必然性,各种情形皆有,不可一概而论。因而在司法实践中,经验法则所具有的有差异的盖然性这一特点使得经验法则在运用上更加难以把握。三是相对性。总体而言,"经验法则毕竟属于一种生活经验,理论上要求具有一定高度的盖然性,但由于事物发展的普遍性与特殊性,……人们对客观事物规律性的认识受一定时空条件的局限,而客观事物范围具有极其广大和发展的无限性,因此,人们的生活经验和社会实践在一定条件下也只能反映事物发展的相对性趋势"③。在这一点上,我国台湾地区学者王甲乙认为,从经验法则的性格上讲,它来自丰富多彩的生活,具体而不抽象,流动而非定型,因此适用经验法则应全面综合考虑其存在基础、生成机理和背景资料等因素,而不应僵化地机械运用。④ 相对性的特征要求对经验法则的认识及处理不能绝对化,而应该辩证地、根据客观情况的不同善加调节和运用。四是它还具有内隐性、地域性、时效性等特点。就内隐性来说,它有时也被称为主观性、内在性,即经验法则是人们主观认知对客观世界的反映,属于主观见之客观的范畴,它存在于人们的认识之中,并不一定真实地、完全地反映事实本身。经验法则的地域性,是指经验法则的产生

---

① 吴鹭华:《论经验法则在民事诉讼事实认定中的适用》,载《经济研究导刊》2010年第14期,第150页。

② 陈波:《论证是哲学活动的本性》,载赵汀阳主编《论证》,辽海出版社1999年版,第76页。

③ 毕玉谦:《试论民事诉讼中的经验法则》,载《中国法学》2000年第6期,第118页。

④ 曹鸿兰:《违背经验法则之研究——以事实认定为中心》,载《民事诉讼法之研讨(四)》,台湾三民书局有限公司1993年版,第129页。转引自蒋贞明:《论经验法则的适用与完善》,载《证据科学》2011年第19卷(第2期),第177页。

与运用往往与特定的地域紧密相连,除了常识、公理之外,对很多经验法则的认识与理解必须充分考虑到当地的特定情况,要因地制宜,具体问题具体分析,否则容易"水土不服"。正如有学者指出的,由于"十里不同风,百里不同俗",某个区域内为群众熟知的风俗习惯,在另外地区就会变得不适用。①此外,时效性也是经验法则所具有的显著特点。在某一时期广为适用的经验法则随着时代的变迁、社会的发展也可能不再适用,因此在经验法则的运用上要特别考虑到与时俱进、因时而异。上述特点也使得经验法则变得扑朔迷离、难以捉摸,使得经验法则的运用变得十分复杂。

第二,从外因上,经验法则的适用具有一定的局限性。一是受法官知识水平、业务素质的制约。在审判实务中妥当地运用经验法则对法官的能力有着异乎寻常、近于苛刻的要求。作为一种主观判断活动,运用经验法则准确认定事实不仅需要法官有着深厚的学养、敦厚的素养、深邃的观察力、深刻的思辨力,而且还要求法官"世事洞明,人情练达",对社会有充分的了解,对世态有明晰的认识,对事物的发展趋势和规律有准确的把握,对是非曲直有公正的判断。而这种能力、水平、素质的培养绝非朝夕之功,需要一个长期的潜移默化的积累过程。二是法官运用经验法则的心证公开程度不够。裁判文书是真实反映法官审判过程的有效载体,经验法则的运用情况理应在其中得到充分反映。但是由于经验法则的适用具有条件性,运用经验法则推定事实的过程是复杂、动态和不易把握的。基于多一事不如少一事的心态,避免言多必失,法官们在裁判文书中对经验法则的运用情况往往一笔略过或做模糊处理,有时从裁判文书中并不能找到经验法则运用情况的详细说明,因此在认定事实方面,经验法则在有些情况下能不能起作用,到底能起多大的作用也是一个令人颇费思量的问题,心证公开程度的不足严重影响了经验法则作用的发挥。三是民众的参与度不够,经验法则的推广转化乏力。经验法则来源于民众的认知,智慧来自民间,因此在经验法则的运用中不能忽视民众的参与和支持。然而在当下,就经验法则的运用而言,民众的参与程度远远不够,往往法官自己在唱"独角戏",有"曲高和寡"之嫌,导致司法与民意渐行渐远。四是经验法则的运用是一个系统工程,也存在着如何科学发展的问题。当前对经验法则的系统运用缺乏深入研究,各自为战,对内容的把握、标准的适用、尺度的规范都缺失。再加上有些法官对

---

① 蒋贞明:《论经验法则的适用与完善》,载《证据科学》2011 年第 19 卷(第 2 期),第180 页。

经验法则运用的重要性认识不足,缺乏通盘规划,往往是急用才学,致使经验法则的适用长期在一种低水平、低层次上徘徊,运用的技术含量低,容易产生裁判的说理性不足,裁判力度不够的现象。总之,经验法则的推广转化工作乏力,使经验法则作用的发挥大打折扣。

基于内因和外因的相互影响、作用叠加,经验法则在审判实务中容易被不当使用,从而会对当事人的公正审判权造成严重危害。因此如何对经验法则的运用进行有效规制,以尽量克服经验法则自身以及运用过程中的局限性,充分发挥经验法则的作用以保障当事人的公正审判权就成为一个亟待解决的问题。

(三) 应然之理:经验法则规制目标界说

经验法则的规制应当是基于对经验法则运用现实问题的有效回应。相关规制措施的完善应当以理论的创新为逻辑起点,因此,对经验法则规制目标的研究成为完善规制路径之前所必须解决的前提性、关键性问题。

以一定的目标为导向对经验法则进行规制,做到"师出有名",不仅可以加强对经验法则规制的理论指导,而且能够保障规制的系统性、有效性。有学者认为,现代社会是法治社会,它构筑的基础是民有、民治、民享原则,如果把现代社会视为一种宏大的构造的话,那么维护和实现民权则是贯穿其始终的基本设计指导思想,就这一点而言,现代社会当中一切制度设计,在根本上都可以,也应该以民权为基本衡量尺度。[①] 经验法则规制目标的确立尤其应该遵循这一基本理念,以充分体现对权利的充分关切、对司法的人文关怀。有学者认为,在世界范围内,公正审判权已经成为民主法治社会中公民所享有的一项基本人权,它所具有的普遍性、不可替代性、不可剥夺性、母体性、地位重要性,决定了它是人权体系中涉及人的基本属性和终极价值的基本人权,为国际社会所公认,也为国际人权法确认和保障。[②] 因此,笔者认为将公民的基本权利——公正审判权的保障作为经验法则规制的目标应该

---

① 张志铭:《当代中国的律师业——以民权为基本尺度》,载夏勇主编《走向权利的时代》(修订本),中国政法大学出版社 2000 年版,第 110 页。

② 熊秋红:《解读公正审判权——从刑事司法角度的考察》,载《法学研究》2001 年第 6 期,第 24 页;黎晓武:《公正审判权入宪是实现司法公正的必然选择》,载《法学论坛》2003 年第 4 期,第 111 页;曹盛、朱立恒:《公正审判权的宪法性论说》,载《当代法学》2009 年第 4 期,第 148 页;张吉喜:《刑事诉讼中的公正审判权——以〈公民权利和政治权利国际公约〉为基础》,中国人民公安大学出版社 2010 年版,第 26 页。

是一个再恰当不过的选择。将公正审判权的保障确立为经验法则规制的目标来源于对法官自由裁量权历史发展的理论研究以及对经验法则运用所涉案件的现实价值等方面的考量。

从自由裁量权的发展脉络来看,经验法则是克服成文法局限性的一种必不可少的重要方式。众所周知,严格依法裁判、正确适用法律是现代司法的基本要求,因为"依据法律规范来裁定具体的个别纠纷,从而维护作为权利义务体系的法秩序,正是依法审判为根本原则的近代司法制度的一个本质属性"①。但是,社会生活是复杂的、富于变化的,那种认为法律能调整一切社会关系的想法注定只能是一种不切实际的幻想。正是因为成文法的局限性,若在审判过程中采用严格的规则主义,并不能保证所有案件能够得到公正解决,甚至于有时根本无法解决,在这种情况下,就更不要奢谈司法公正了。为此,必须赋予法官自由裁量权,正如美国学者莫尔蒂默和卡底所言:"为了实现个体的正义,为了实现创设性正义……自由裁量都是不可缺少的。取消自由裁量会危害政治秩序,会抑制个体正义。"②当然,法官的自由裁量权必须是适度的、有限制的,"如果任其自由行使,如果它变成一种法官用来将个人的信仰和哲学强加给政府的其他部门的借口,它就阻碍了进步,并造成人们对法院的不信任和怀疑"③。因此,赋予法官自由裁量权并不意味着允许法官滥用自由裁量权,滥用只会导致司法擅断。

证据制度发展的历史表明,无论是大陆法系还是英美法系,绝大多数法治国家都凭借着对人类理性、良知的无比信赖,赋予裁判者在事实认定及法律适用上愈来愈大的自由裁量权。然而,相伴而生的难题也同时出现,即如何最大限度地避免法官将这种模糊的信任转变成主观的肆意擅断。④ 作为一种柔性约束机制,经验法则是用来约束法官自由心证的。自由心证是法官的一种内在的思维活动,其外在主要体现为自由裁量权的行使。由于内因和外因的综合影响,在司法实践中,经验法则约束自由裁量权的效果并不理想,导致经验法则本身也需要规制,需要尽量克服经验法则在适用中的局

---

① [日]棚濑孝雄:《纠纷的解决与审判制度》,王亚新译,中国政法大学出版社1994年版,第30页。

② 张文显:《二十世纪西方方法哲学思潮研究》,法律出版社1996年版,第627页。

③ [美]本杰明·卡多佐:《司法过程的性质》,苏力译,商务出版社1998年版,第56页。

④ 蔡颖慧:《论经验法则在民事诉讼中的适用》,载《证据科学》2011年第19卷(第2期),第167页。

限性,同时提升经验法则的实际效果,保证案件的公正审理。

有学者认为,在当前主流的学术论证中,一般经验法则均是以限缩法官的自由心证的制度设计目的而出现。[①] 产生这一认识的原因可以从经验法则的发展简史中得以说明。[②] 而对经验法则进行规制,是对自由裁量权的再次限制,再次限制自由裁量权的目的,体现了排斥裁判恣意的意图,以保证审判权力的公正行使,使案件得到公正的审理、公平的解决,受损的社会关系得到修复,恢复到和谐圆满的状态。而限制极易导致滥用的自由裁量权恰恰是保障当事人的基本人权之一——公正审判权。[③]

再从审判实务上看,将公正审判权作为经验法则规制的目标体现了规制经验法则的初衷,即经验法则的规制是为了充分有效及时地保障当事人的公正审判权,这种权利保障的意识在司法实践中具有重要的价值。当今社会非常重视当事人接受公正审判的权利,许多国家的宪法以及国际公约都有关于公民接受公正审判的权利的明文规定。[④] 追求公正结果是当事人将纠纷提交司法解决的根本目的所在。在当前的司法审判中,公众之所以对诸多经验法则不当使用的案件产生强烈反响和诸多质疑,从表象上看是因为公众对该案法官在运用经验法则处理案件时,把自己的"私知"作为"常理""日常生活经验""社会情理",误用了经验法则,滥用了自由裁量权。然而从深层次上进行分析,表象的背后显示了公众对此类案件当事人的公

---

① 陈慰星:《现代司法技术与经验法则的运用》,载《南通大学学报》(社会科学版)2008 年第 1 期,第 114 页。

② 关于事实认定中的经验角色变迁简史,参见吴洪淇:《从经验到法则:经验在事实认定过程中的引入与规制》,载《证据科学》2011 年第 19 卷(第 2 期),第 158—159 页。

③ 有学者认为,公正审判权就是公民在审判过程中享有法院对案件进行公正的审理和裁判的权利。参见朱立恒:《公正审判权研究——以〈公民权利和政治权利国际公约〉为基础》,中国人民公安大学出版社 2007 年版,第 28 页。也有学者称之为裁判请求权,不过认为裁判请求权包括了两种权利,即诉诸司法的权利和公正审判权。参见刘敏:《裁判请求权研究——民事诉讼的宪法理念》,中国人民大学出版社 2003 年版,第 25 页。

④ 如日本宪法第 82 条规定,法院的审讯及判决在公开的法庭上进行。美国宪法修正案第 5 条作为联邦层次的以及第 14 条作为州层次的立法均规定,未经正当法律程序,不得剥夺任何人的生命、自由或财产。《世界人权宣言》第 10 条规定:"人人于其权利与义务受判定时及被刑事控告时,有权享受独立无私之法庭之绝对平等不偏袒且公开之听审。"《欧洲人权公约》第 6 条第 1 款规定:"保障任何人在接受私法上的权利及义务之判决或在接受刑事追诉时,有通过依据法律设置的独立且公平的法院,在合理的期间内,接受公正且公开的审理的权利。"而《公民权利及政治权利的国际公约》第 14 条第 1 款明确规定:"所有的人在法庭和裁判所前一律平等。在判定对任何人提出的任何刑事指控或确定在一件诉讼案件中的权利和义务时,人人有资格由一个依法设立的合格的、独立的和无偏倚的法庭进行公正的和公开的审讯。"《美洲人权公约》第 8 条第 1 项也有类似的规定。

正审判权受到侵犯的不满与愤怒,从而激发了"为权利而斗争"的强烈意识。① 而正是由于公众认为当事人的公正审判权受到损害,案件的处理未能体现出公平公正,没有实现人权保障之意旨,这才使此类案件的裁判结果令舆论哗然,至今仍然引起人们研究兴趣的最根本原因。这也在一定程度上从另一个侧面为公正审判权是经验法则规制的目标这一立论提供了有力的佐证。

此外,如果说经验法则是借助对经验的柔性约束进而实现对整个事实认定过程的有效控制,②而经验法则为自由心证的运用设置了控制机制,③那么对公正审判权的保障与对法官自由裁量权的限制本身就是经验法则规制的一体两面。然而以公正审判权的保障作为经验法则规制的目标,笔者认为更符合经验法则规制的要求,主要是基于以下几方面的考虑:一是将公正审判权作为经验法则规制的目标能够充分激发法官的权利保障意识。有学者曾精辟指出,"公正审判权是人权司法保障中的核心权利",它的确立与否直接"关系到司法审判是否'以人为本'的问题",④因此在具体案件的审理中,特别是在遇到必须运用经验法则的情形时,如果法官能牢固树立人权保障意识,充分认识到经验法则的适当运用正是保障有关案件当事人的公正审判权,"内化于心"并"外化于形",那么可以预见到法官在运用经验法则处理案件时会更加审慎、更加稳妥,从而更为公正、积极地处理好案件。二是将公正审判权作为经验法则规制的目标能够对社会公众的行为产生良好的指引和强烈的导向作用。在案件运用经验法则的过程中,当事人的公正审判权若得到充分尊重和保障,无疑会推进经验法则的妥善运用,从而促进审判公正的实现。而基于公正审判权基础上的公正审判会增加人们对诉讼的

① 正如耶林所指出的,在法权(Recht)的概念中有斗争和和平的对立,和平是法权的目标,斗争为实现法权的手段。若没有这种斗争,法权自身终将被否认。参见[德]鲁道夫·冯·耶林:《为权利而斗争》,法律出版社 2007 年版,第 1—2 页。

② 吴洪淇:《从经验到法则:经验在事实认定过程中的引入与规制》,载《证据科学》2011 年第 19 卷(第 2 期),第 163 页。

③ 有学者认为,自由心证原则在规定自由的同时,也规定了非自由的一面,从这个意义上讲,自由心证原则是限制法官对证据判断的原则,而不是相反。这种限制就在于法官对证据的判断并不是随心所欲,而是必须根据经验法则。这是自由心证原则的核心,从这个意义上讲,自由心证并非关于法官自由的原则,而是限制法官的原则。参见张卫平:《认识经验法则》,载《清华法学》2008 年第 6 期,第 13 页。

④ 赵建文:《〈公民权利和政治权利国际公约〉第 14 条关于公正审判权的规定》,载《法学研究》2005 年第 5 期,第 148 页。

信赖感和期望值,[①]人们可以从审判的结果加以反推,知道哪些行为是经验法则所能够包容的,哪些行为是经验法则所应予排斥的,从而不断调整自身的行为模式和思维方式。一旦人们的合法权益受到侵害,审判公正的相关印象和经验法则良性运用的现实将会积极促使权益受到侵害的当事人诉诸司法,通过公正审判给予自身最有力、最圆满的保护。三是将公正审判权确立为经验法则规制的目标也顺应当今世界人权保护的历史潮流。它不仅能够切实加强司法审判中对人权的保护,而且还有利于就相关主题展开国际间的交流与合作,促进我国司法保护人权水平的全面提高。

(四) 必然之势:经验法则规制的路径选择

围绕将公正审判权的保障作为经验法则规制目标这一基本前提,以权利保障为基点来认真、审慎地设计经验法则规制的路径,落脚点应该从促进当事人公正审判权的充分实现来考虑。循着这一思路分析,笔者认为当前学术界和司法实务界所提出的赋予当事人的反驳权,设立当事人对经验法则提供反证、质疑的规则,明确规定违法经验法则作为上诉理由[②]等建议都是切实可行的,但站在公正审判权的保障这一角度,还有进一步发挥拓展的空间。在经验法则规制的问题上,首先应从当事人的立场出发,以当事人所处的位置看待经验法则的规制问题,围绕当事人对公正审判权的需求、了解当事人对公正审判权的现实期待来设计,对诸如"我对经验法则的要求是什么,什么才是我心目中理想的经验法则"等问题,应该说当事人是最有发言权的。

从当事人方面,最重要的考虑就是经验法则要确实是能够做到"放之四海而皆准",起码在一定时期内是这样。这里就涉及经验法则的固化问题,也就是说经验法则应着重显现它的"法则性",或者说是高度盖然性。当前,学术界与司法实务界做出了许多积极有效的探索,关于经验法则的等级化、体系化以及类型化等建议[③]都是对经验法则进行规制的一些行之有效的方

[①] 樊长春、朱立恒:《论公正审判权的价值构造》,载《学海》2009年第5期,第130页。

[②] 吴鹭华:《论经验法则在民事诉讼事实认定中的适用》,载《经济研究导刊》2010年第14期,第150页;胡忠惠:《经验法则对法官自由心证的影响》,载《山东工商学院学报》2007年第5期,第92页;魏加科:《论经验法则在事实认定中的作用》,载《辽宁教育行政学院学报》2005年第9期,第12页。

[③] 吴洪淇:《从经验到法则:经验在事实认定过程中的引入与规制》,载《证据科学》2011年第19卷(第2期),第166页。

法。然而,由于极有可能陷入法定证据的窠臼以及作用的有限性,容易引起人们的质疑与诟病,①因此,有必要对上述方法加以改造,使之符合经验法则规制的终极目标——公正审判权的保障之意旨,改造的主要思路为积极引入民意沟通机制。

民意沟通机制包括了民意的征询及转化两个主要部分。充分了解民众对经验法则运用的需求是法官与社会进行有效互动的重要环节,经验法则运用中相关民意的征询包括了征询主体、对象以及方式等多方面内容。关于征询主体可以分为法院与案件的承办法官两个层次:法院主要从组织层面对经验法则运用过程中类案所反映的带有普遍性的问题进行征询;而案件承办法官主要对个案审理中所遇到的经验法则及时征询意见、提出建议。经验法则的征询对象不仅要有数量的要求,而且应具有广泛性、多样性及代表性的特点,力避将个别情况视为一般问题、特殊情况当作普遍现象。在征询的方式上,要注意相关措施多样性、灵活性与效果真实性、有效性的结合,可以充分发挥新兴媒体资源的作用,开设专门电子邮箱、开通法院微博、实时更新法院官方网站来征询民意,也可以通过民意沟通协调会、专家论证会、专题征询活动、与相关行业组织等建立长期联络机制等方式进行,特别是对于一些特殊经验法则的运用,可邀请相关领域、相关部门的专家参与或主持论证,必要时可向社会广泛征求意见。在做好民意征询工作的基础上,另一项重要的工作就是民意的转化。民意转化的目的是将通过民意征询采集到的民意进行过滤,去粗取精,去伪存真,留存合理的民意,化解不合理的民意,将公众的关注点和舆论的风向标引领到提升司法公信力、倡扬社会公平正义的方向上去。因为民意的内容包罗万象,而且变动不居,极易受外界各种因素的影响;民意所传递出的信息也有很大局限,它多为即时表达、浮于表象、零碎分散,以至于探寻整体民意极为不易。此外,民意在形成过程中也易于走向极端,充分呈现出其非理性的一面,因此,必须通过民意转化来"提纯"民意。要做好民意转化工作,首先需要法院通过广泛调研,集思广

---

① 张卫平:《认识经验法则》,载《清华法学》2008年第6期,第19页。对此,我国台湾地区有学者认为,大陆法对证据的适格性很少加以限制,而交由法官为合理地裁量。此项裁量,固应凭经验法则,但对于具体的事实,应选择何种经验法则,也属于法官自由裁量权的范围。虽不无滥用裁量权的危险,但事实本具有相对性,也不宜过度类型化,以限制其裁量权的运用。参见陈朴生:《刑事诉讼法实务》(增订版),1979年版,第566—567页,转引自刘善春、毕玉谦、郑旭《诉讼证据规则研究》,中国法制出版社2000年版,第621页。

益,在此基础上制订恰当、科学、合理的民意评价标准,然后再对所征询到的民意进行汇总、过滤、分类、分析、研判,最终以民意评价标准为尺度,将理性的民意准确地挖掘出来。具体就经验法则的征询与转化工作来讲,第一步就是要建立经验法则的甄别、筛选机制,然后要经过多次评定的程序,对经验法则进行充分、合理、及时的论证,特别是对于那些司法审判中特定的个案所要运用到的具体的经验法则要格外慎重,以保证确认后的经验法则确实能够具有充分的"法则性",换句话说,运用后不会招致公众广泛质疑的经验法则才能运用于个案的具体审判过程中。总之,通过民意沟通机制的有效运作,在民众的充分参与下,尽可能形成具有普遍性的也就是德国证据法学者汉斯·普维庭所提出的四类审判经验中的前两类,特别是第一类的经验法则①,来实现经验法则的稳定性和不易推翻性,最终达至高度盖然性,提高当事人对案件审理结果的诉讼预期和诉讼前景的理性判断,进而采取理性的诉讼行为,不致因经验法则的盖然性不足而影响甚至损害当事人的公正审判权。

司法审判作为法官与当事人相互作用的"场","场"中另一角色——法官在经验法则的规制方面所起的作用同样不能小觑。正确或合理地运用经验法则实际上包含两个方面的内容,一方面是如何保证对经验法则的判断符合人们的普遍认识法则,而另一方面则是怎样才能防止法官的主观擅断。②尽管当前对经验法则的适用主体是法官还是当事人,抑或二者兼备仍有争议,③但是不可否认的是法官对经验法则的适用有着决定性的意义,"司法判决最终仍然是基于法官的价值取向而做出的判断"④。因此,在确认公正审判权作为经验法则规制的法理基础的前提下,法官应该积极、审慎、稳妥地行使经验法则,保障当事人公正审判权的落实。

一是要加强对法官人文素养、业务素质的培育。经验法则功能和作用在审判实践中的充分发挥离不开法官这一积极能动的主体,因此必须注重

---

① 汉斯·普维庭教授按照盖然性的不同将经验法则分为四类,分别是:生活规律——经验基本原则——简单的检验规则——纯粹的偏见。参见[德]汉斯·普维庭:《现代证明责任论》,吴越译,法律出版社 2000 年版,第 155—162 页。

② 张卫平:《认识经验法则》,载《清华法学》2008 年第 6 期,第 18 页。

③ 李江海:《经验法则及其诉讼功能》,载《证据法学》2008 年第 16 卷(第 4 期),第 420 页。

④ 张建超、刘庆国:《经验法则在民事诉讼中对案件事实的认定作用》,载《山西省政法管理干部学院学报》2006 年第 2 期,第 61 页。

对法官的培训,①尤其要认真选择培训的课程,增加权利保障的相关内容,加强权利法保障方面的学习。当前的对策仅局限于对经验法则、事实认定等业务知识的学习,②这是远远不够的。在法官培训过程中,不仅需要教授其运用经验法则的业务知识,更要提升法官的权利保障意识。笔者认为,要想使法官在审判案件的过程中运用好经验法则,审判技能的提高固然重要,人权保障意识的增强尤为迫切,不仅要提高法官的业务素质,而且要大力提升法官的人文素养,要让法官具有良知、具备公正心,站在人权保障的高度重视经验法则的行使,慎用、善用经验法则,时刻敬畏人权,处处保障公正审判权,以公正审判权得到充分保障以及实现为圭臬。让经验法则不仅成为平衡情、法、理冲突的桥梁,而且成为体现人文司法的衡量器。③ 在运用经验法则的过程中,法官不仅应当表达对法律的忠诚,更应该表达对民众的忠诚,④让当事人能够充分感受到浓郁的司法人文关怀氛围,提高当事人对经验法则运用的认同度、接受度、满意度。

二是要加大个案中人民陪审员的参审力度。为了保障公民依法参加审判活动,促进司法公正,我国法律制度中规定有人民陪审员制度。随着社会的进步和发展,人民陪审员制度在法院审判工作中发挥着越来越大的作用,具体到经验法则的运用上,笔者认为更需要借助人民陪审员制度所体现出来的民主价值,将人民陪审制度的效能充分发挥。有观点认为,实行陪审便于充分利用陪审员丰富的社会阅历及其对经验法则的深刻把握,以弥补职业法官由于受专业视角的限制而对经验法则掌握的不足而导致对事实认定上的偏差,有助于避免法官在运用经验法则时的独断专行。⑤ 因此,在制度

---

① 通过培训等方式,不断提高法官借助经验法则这种特殊的证明手段的积极性和主动性,以便使法官在运用审判技巧和业务能力上取得明显的和实质性的进展,促进司法公正的有效实现。参见毕玉谦:《试论民事诉讼中的经验法则》,载《中国法学》2000 年第 6 期,第 118 页。另外,有人还建议建立院庭长审阅把关制度、改革审判委员会错案追究制度,充分发挥法院内部组织和管理层面的作用。参见吴献雅:《经验法则类型化研究——以民间借贷案件为中心的考察》,载《北京政法职业学院学报》2009 年第 4 期;韩文彦:《正确对待民事审判中的经验法则》,载《辽宁行政学院学报》2007 年第 10 期,第 38 页。

② 刘春梅:《浅论经验法则在事实认定中的作用及局限性之克服》,载《现代法学》2003 年第 3 期,第 142—143 页。

③ 董茂云、徐吉平:《法官良知对于司法过程的意义——兼论法官良知与现代宪政体制及理念的关系》,载《复旦学报》2003 年第 6 期。

④ 喻中:《从立法中心主义转向司法中心主义?——关于几种"中心主义"研究范式的反思、延伸与比较》,载《法商研究》2008 年第 1 期。

⑤ 张亚东:《经验法则——自由心证的尺度》,北京大学出版社 2012 年版,第 228 页。

设计上,凡是涉及运用经验法则的案件,建议尽量邀请人民陪审员参加审理。建立健全陪审员名册,从时间保证、财力支持上让人民陪审员积极踊跃地参与到案件的审理中来,并真正做到人民陪审员与审判员"同职同权",特别是对经验法则的可信度、可接受度等问题应该让人民陪审员充分发表自己的见解,合议庭成员充分进行互动和探讨,并且法官对陪审员的意见应重点考虑,努力做到案件中所拟运用的经验法则是最优的,具有高度盖然性,力避只是因为经验法则本身"不过硬"而产生的案件审判中的"硬伤",致使经验法则运用失败,案件处理不公,进而导致侵犯公正审判权现象的发生。

三是要通过加强裁判文书的说理做到心证公开。法官在运用经验法则推定事实的过程中,应做到心证公开,因为经验是无限的,而规则是有限的。有学者指出:"经验法则的法则性和盖然性是一对难以调和的矛盾,但人类理性告诉我们,在使用经验法则时必须同时考虑这两个问题。"①因此,在经验法则所涉案件的审理上不仅要全力保障当事人证明权的有效行使,更要为当事人质疑权的行使提供充分的空间。作为法官运用经验法则审理具体案件的载体,裁判文书中心证结果的公开尤为重要。在涉及经验法则运用案件的裁判文书中,首先,要准确、系统、全面归纳当事人的诉请与答辩意见,详尽说明是否支持诉请及是否采纳其答辩意见;其次,应列明和厘清案件中双方争议的焦点问题,并结合案件的事实及相关证据,有层次、有重点地分析、推导、阐释支持法官内心确信的心证事实,完整反映经验法则运用的全过程;再次,法官在裁判文书中还需充分论证经验法则运用的理由,对经验法则进行准确、全面、详尽的阐释,加强裁判结果的说服力。必要时,可以在当事人的申请下,在其领取签收裁判文书时,法官当面接受当事人的询问,对经验法则的适用做到再次充分释明。

四是要加强经验法则运用审判经验的推广与转化。审判经验来源于审判实践,又高于审判实践,是经过锤炼的实践理性。为了加强对公正审判权的保障,提高涉经验法则运用类案件的审判效率与效果,必须充分关注、深入进行经验法则运用过程中审判经验的总结。一是归纳和提炼重点类型、重要案件审理过程中所运用的经验法则的审判经验,起到一定的示范和导向作用。重点类型、重要案件汇聚了某一特定时期案件的基本特点、主要动向,反映了该时期案件的基本样态,有很强的代表性与可借鉴性。因此,其

---

① 张中:《论经验法则的认识误区与实践困境》,载《证据科学》2011年第19卷(第2期),第156页。

所运用的经验法则也具有极强的稳定性与一定的普遍性,对此种经验法则在运用过程中所凝结的审判经验进行系统化整合、体例化概括对法官今后审理类似案件、推进案件裁判尺度的统一无疑是一项具有重要价值的工作,极具示范意义。不仅如此,这种做法还能使社会公众知晓相关经验法则,比较准确地规划和预测自己的行为及法律后果,充分发挥经验法则的调整、指引、评价、预测、强制、教育等功能,形成一定的导向作用,有效预防和减少社会矛盾纠纷的发生。二是有层次、有结构地分片、分面总结推广审判经验,达到"广而告之"的效果,如此一来既能够限制司法随意性,也有助于巩固适用经验法则的一致性和连续性。经验法则运用过程中所形成的审判经验是多种多样、纷繁芜杂的,因此,采取一定的标准对经验法则进行层次和结构的划分相当必要。当前可以遵循"先易后难""先简后繁"的原则对审判实践中所提炼出的经验法则进行分层,再根据相类似的经验法则之间的内在逻辑联系进行结构上的编排,努力编织一张经验法则运用之"网",形成严密的适用规范,最大限度地限制司法恣意,保障公民的公正审判权。在此基础上,充分考虑到经验法则固有的时效性、地域性等内在特点,分片、分面地推广审判经验,达到因地制宜、因时制宜的效果。三是循序渐进、按步骤地总结推广经验法则运用的审判经验,审判经验是由司法实践中的一个个运用经验法则的具体案件所得出的个别经验串联起来的,人们的认识也有一个由浅入深的过程,遵循着"认识—实践—再认识"这样一个客观规律,因此,对经验法则运用审判经验的总结与推广是一个长期的、渐进的过程,不可能"毕其功于一役",为此要加强对司法实践中所提炼出来的、审判实务中迫切需要的经验法则的运用规律以及运用效果的研究,及时发现新情况、新问题,特别是关注那些带有发展倾向性、转化可能性的问题,及时进行跟踪研究,做到及时跟进、未雨绸缪,将经验法则运用审判经验总结工作做成一个开放型、拓展型的工作,不断加强经验法则运用所涉及审判经验的收集反馈系统等各项机制的建设,以充分实现公正审判权保障之旨趣。

二、利益衡量的妥当运用对公正审判权实现的保障

法官在司法审判过程中进行法律解释时,不可能不进行利益衡量。① 自

---

① 梁慧星:《电视节目预告表的法律保护与利益衡量》,载《法学研究》1995年第2期,第83页。

二十世纪九十年代以来,国内学者对法律上的利益衡量方法进行了一定的介绍与探索。较早把利益衡量的方法引入我国的是梁慧星教授。而苏力则较早运用这种方法研究实际中的权利冲突问题。[①] 利益衡量处于法律方法当中的最高境界,整个司法裁判可被视为一个利益考量和价值权衡的过程。这对法官提出了很高的要求,也加大了裁判结果的不可预测性。重视利益衡量方法在审判中的正确运用对公正审判权的落实具有重要的保障与促进作用。

(一) 利益衡量:法律解释学的重要发展走向

利益衡量论乃是当今法律解释学的一种重要发展走向。季卫东将其表述为:"是在承认主观价值判断和保持演绎思维的结构的同时,通过对于各种价值判断的先后、轻重、优劣进行科学的理由论证和交换计算来实现法律决定的客观性、妥当性的尝试。"[②]作为一种法解释方法论,利益衡量源自德国自由法学。"在德国,自由法学运动,一方面,从科学的认识论出发建立了法社会学,另一方面,在解释方法论上产生了利益法学。"[③]利益衡量背后的法理渊源是自由法学和现实主义法学。这两种法学理论虽然来自不同的法系,但是在把概念法学作为它们共同攻击的对象方面却有着基本一致的立场。日本受德国法的影响很深,利益衡量作为一种法解释方法论,出现于二十世纪六十年代,加藤一郎和星野英一是主要代表。从加藤一郎的学术背景看,其利益衡量理论显而易见受到美国现实主义法学的长期浸润。[④]

概念法学源于德国的潘德克顿法学和法国的注释法学派,到了二十世纪初,概念法学占据了支配地位。它的主要特征可概括如下:第一,独尊成文法,排斥习惯法和判例,以成文法为唯一法源。第二,不承认法律有漏洞,认为社会生活中的案件,都可以按照逻辑方法从成文法中得到圆满处理,过度强调法律体系的逻辑自足性。第三,过分注重形式逻辑的操作,即强调文义解释和体系解释,排斥解释者对具体案件的利益衡量。第四,将法官只是

---

① 陈金钊、焦宝乾:《中国法律方法论研究学术报告》,载《山东大学学报(哲学社会科学版)》2005 年第 1 期,第 18 页。

② 季卫东:《法律解释的真谛》,中国政法大学出版社 1998 年版,第 98 页。

③ 段匡:《日本的民法解释学(五)》,载梁慧星《民商法论丛》(第 20 卷),金桥文化出版(香港)有限公司 2001 年版,第 325 页。

④ 吕世伦:《现代西方法学流派》(上卷),中国大百科全书出版社 2000 年版,第 477 页。

视为适用法律的机器,否认法官的能动作用,否定法官的司法活动有造法功能。① 概念法学使法律思想陷于僵化保守,它在指导司法实践时,强调形式逻辑在适用法律中的重要作用,将具体案件中进行利益衡量的可能性从法官判案过程中完全排除,否定了司法权的能动性。

概念法学遭受到自由法学和现实主义法学的强烈批驳。以耶林"目的法学"而引发的自由法学运动坚持认为,"自由法学家并不想解除法官忠实于成文法的一般义务。然而,当实在法不清楚或不明确的时候,或者当当代立法者不可能按法律的要求审判案件的时候,那么法官就应当根据占支配地位的正义观念来审判该案件。如果连这些正义观念也无法确定,法官就应当根据其个人主观的法律意识来判决"②。这段话意在表明,成文法存在着不可克服的漏洞,法官不能仅凭逻辑推理适用法律,而应当在法目的的支配下,从成文中发现处理案件的一般规则,从而使案件处理的结果符合社会发展的需要。二十世纪三十年代初在美国出现的现实主义法学在很大程度上也是为回应社会发展新的需求。美国现实主义法学的先驱霍姆斯提出两个关于法律的著名概念,一个是"法律的生命不是逻辑而是经验";另一个是"法律就是对法院事实上将作什么的预测"。对于现实主义法学家来说,前一个论断是对概念论或形式主义法学的批判,后一论断更是被认为是现实主义法学对法律概念的表达。③ 由此可见,利益衡量是学者们因不满概念法学而创造出来的一种法解释的方法,是为法院处理案件的结果如何更好地回应社会需求所开出的一个处方。它是法社会学的一种方法,它不认为制定法在逻辑上能够获得完全自足,它不是单纯地追求案件事实与法律规定的简单相切,而是更关注法律适用后的社会实际效果,正如有学者所说:"利益衡量方法将法官上升为社会公共利益和个人利益冲突的协调者和仲裁者。法官通过利益衡量,判断何者利益更为重要,最大可能地增进社会的整体利益。"④因此,从利益衡量的理论渊源看,它是作为一种法解释的方法论运用于司法实践过程的,从这种角度上讲,它已经成为法律解释学的重要发

---

① 梁上上:《利益的层次结构与利益衡量的展开》,载《法学研究》2002 年第 1 期,第 52—53 页。

② 章剑生:《论利益衡量方法在行政诉讼确认违法判决中的适用》,载《法学》2004 年第 6 期,第 51 页。

③ 沈宗灵:《现代西方法理学》,北京大学出版社 1992 年版,第 310 页。

④ 甘文:《行政与法律的一般原理》,中国法制出版社 2002 年版,第 135 页。

展走向。

(二) 利益衡量的缘起:法律局限性与司法能动性的冲突与衡平

从一般意义上说,正确地适用法律,其结果对社会和当事人都应是公正的和可接受的,而有时法律的公正适用却导致了适用结果的不公正,从而严重危害了当事人的公正审判权。这种法律运用的形式与实质的冲突,就其原因在于法律是不完善的,法律相对于社会生活永远都是滞后的和不完备的。

法律本身实现公正的局限性与司法的与时俱进的能动性之间的冲突决定了法官适法的主动性与利益衡量的必要性。法律本身实现公正的局限性主要表现在以下几个方面:一是法律语言的模糊性与社会现实的确定性之间的矛盾;二是法律规则的稳定性与社会现象的发展性之间的矛盾;三是法律的抽象概括性与社会事实的复杂多样性之间的矛盾;四是立法预见的局限性。每一位立法者都试图创立一部能应付一切的法律,可是不论立法者多么高明,从来就不存在能长时间适用一切情况的法律,面对纷繁复杂的社会纠纷,法律总有空白的地方。[①] 因此,法律的局限性与司法与时俱进性的冲突呼唤着利益衡量方法的产生。当明确的法律不能合理解决现有的纠纷或者法律对已发生的纠纷不能提供恰当的解决方法,而法官又不能以无法律规定为由拒绝裁判时,法官必须根据一定的规则进行利益衡量,然后对纠纷给出解决的方案。

另外,利益衡量产生的必要性还在于法律解释有复数解释结论的可能性。[②] 承认法律解释有复数解释结论的可能性,这在现代法解释学上已是共识。在复数的解释中,法律解释的选择归根到底是价值判断问题,因此不能将问题绝对化,说某一种解释是绝对正确,某一种解释绝对错误。尽可能妥当、合理地解释是法解释学所孜孜以求的目标。正如杨仁寿先生对利益衡量的含义所作的解说:"法官在阐释法律时,应摆脱逻辑的机械规则之束缚,而探求立法者与制定法律时衡量各种利益所为之取舍,设立法者本身对各种利益业已衡量,而加取舍,则法义甚明,只有一种解释之可能性,自须尊重

---

①　郑永鹤、吴金水:《论行政审判中的利益衡量》,载《政治与法律》2001 年第 2 期,第 28—29 页。

②　梁慧星:《电视节目预告表的法律保护与利益衡量》,载《法学研究》1995 年第 2 期,第 83 页。

法条之文字。若有许多解释可能性时,法官自须衡量现行环境及各种利益之变化,以探求立法者处于今日立法时,所可能表示之意思,而加取舍。斯即利益衡量。换言之,利益衡量乃在发现立法者对各种问题或利害冲突,表现在法律秩序内,由法律秩序可观察而得知立法者的价值判断。发现之本身,亦系一种价值判断。"①从以上解说中可见,利益衡量不可避免地要涉及对权利冲突的协调。② 在处理具体案件的过程中,法官面临的案件中有时存在着无法消解的利益冲突,而可供法官选择的法律条文基本上给不出灵丹妙药。这种社会现实与制定法不一致的相互冲突的情况,提醒人们对法律的关注不能仅仅局限于表面,更应当关注的是法律内部的逻辑力量。③ 通过探求、研究法律内在的逻辑力量,可以找到解决问题的妥当、有效的方法,这是在保持现有法律体系相对稳定的情况下静悄悄地进行法律革命。在此过程中,作为衡平方法的利益衡量显然是一种极为有用的武器,对充分保护当事人的公正审判权具有重要的作用。

(三) 利益衡量的标准:主观特性与客观要求的冲突与衡平

关于利益衡量有无客观标准这一问题,利益法学并没有给出明确的回答。利益法学的意旨似乎仅仅在于为人们提供一种考察的角度,或者说一种思维方法。它既无可能也无能力给人们提供一套固化模式或恒定标准来对人们的具体实践进行指导。法律解释存在于利益衡量过程中的事实说明,法官作为解释者,无论如何也不能排除其本人的主观因素,这在一定程度上势必引起主观与客观之间的激烈冲突和紧张关系,也会对公正审判权的实现产生重要影响。

然而法律解释本身还是存有客观性的可能。关于这一点,当代方法论解释学者贝蒂认为,解释的客观性要求,并不是要求绝对的客观性,而是相对的客观性。尽管在绝对的、最终知识意义上的客观性是无法达到的,但是客观的意义内容仍然是一个他人创造力的对象化。④ 由此可见,法律解释在

---

① 杨仁寿:《法学方法论》,中国政法大学出版社 1999 年版,第 175—176 页。

② 常怡、黄娟:《司法裁判供给中的利益衡量:一种诉的利益观》,载《中国法学》2003 年第 4 期,第 81 页。

③ 章剑生:《论利益衡量方法在行政诉讼确认违法判决中的适用》,载《法学》2004 年第 6 期,第 52 页。

④ 梁慧星:《民法解释学》,中国政法大学出版社 2000 年修订版,第 136—138 页。

解释者本人能够自律并严格遵循一定规则的前提下是可以形成其外在的、客观的标准的。就利益法学派所倡导的利益衡量而言,人们不难发现,尽管没能对衡量的客观标准给出确定的答案,但是它却对法官的解释给出了一个"临界线"、一个可资参考的相当灵活的评价标准,该标准就是一定的社会需求。卡多佐法官曾说:"当需要填补法律的空白之际,我们应当向它寻求解决办法的对象并不是逻辑演绎,而更多是社会需求。"①在此,卡多佐主要是从社会效果这一角度来理解社会需求的,正是基于这一标准,不仅使法官找到了一个自由发挥的空间,同时,通过法官的这种灵活性解释,司法才得以在不断变动的社会秩序当中始终能够获得正当性和公允性。

结合已有的研究成果,②利益衡量的标准可以从以下几个方面进行把握:一是公众舆论。舆论"是群众对国家的政治、政府决策、公共问题和对负责处理这些政策和问题的人所公开表示的意见"③。作为政治家的法官④自然必须重视舆论的导向,这是因为,一方面,通过舆论法院可以比较充分地了解社会大众对某种利益的看法与感受,据此决定平衡与取舍,就能大体上使判决符合人们的实际需求。另一方面法院也必须积极关注社会舆论,否则极有可能站在社会矛盾的风口浪尖上,这与法院的社会角色是非常不相称的。只有形成公众舆论与法院解释之间的良性循环,即公众舆论影响司法判决,司法判决促成健康的公众舆论,司法的社会功能才能真正实现。从利益衡量的角度看,如果某一个判决无法体现公众对利益衡量的期望,那么这一判决就无法得到公众的拥护和支持,然而公众对判决的接受度对法院来说又是非常必要的。在国家权力体系中,司法权是最弱的一环,它既无军权,又无财权,其主要的力量在于民众对其判决道义性的信服与对其权威的尊重。因此法院在利益衡量时应对公众舆论保持足够与谨慎的重视。

二是社会价值观念。社会价值观念是社会经过对社会流行的各种评价进行不断反省而提炼出来的。正确的价值观念,不仅为建构合理社会筑牢了思想基础,而且是民族的团结繁荣、凝心聚力的动力之源。我国台湾地区

---

① [美]本杰明·卡多佐:《司法过程的性质》,苏力译,商务印书馆 1998 年版,第 75—76 页。

② 胡玉鸿:《利益衡量与"社会需求"——诉讼过程的动态分析之一》,载《法商研究》2001 年第 3 期,第 56 页。

③ 李道揆:《美国政府和美国政治》(上册),商务印书馆 1999 年版,第 73 页。

④ [美]查尔斯·A.比尔德:《美国政府与政治》(上册),朱曾汶译,商务印书馆 1987 年版,第 60—61 页。

的学者杨日然先生将这类价值归为三类,即"宪法明白表示的各种价值""一般人的标准""法律的基本原理原则"。① 作为一种流动的观念形态,社会价值观念可能会因其易变的特点导致司法活动无所依赖。在法律问题上,社会价值观念要成为司法(包括利益衡量在内)的依据,必须具有如下的基本特征:第一,正当性。即该种价值观念是已经被历史证明为正当的价值观念。第二,主流性。即该种价值观念是为社会上大部分民众所接受的主流的价值观念,只有主流的社会价值观念才能作为司法活动中利益衡量的依据。第三,关联性。既该种价值观念必须能够解决法律的缺陷或填补法律的空白。显然,社会价值观念同时也成为制约法官自由裁量权的锐利武器,保证着司法判决与社会生活的基本关联。

三是社会效果。这里所说的社会效果,就是指法官为价值判断所作判决见于社会后,被公众认知和接受的程度。一般而言,利益衡量的场合多发生于利益冲突的个案之中,个案事实在利益衡量的场合如此重要的原因在于社会的发展常常引发连锁反应,从而导致利益衡量所依赖的基础悄然发生变化。公共政策就是适例。"时代改变了,公共政策也必定随着改变。今天被相信为与公共福利相一致的一项判决或一项原则,明天可能与之不相一致。人们的道德观念,那些一般最通行的惯例,以及关于什么促进福利及生存的意见也会慢慢地随着时间、环境而逐渐改变。"② 显然,在这种情形中,如何用新的标准来判定利益间的冲突,已不可能套用原有的规则,而需要根据个案所涉及的利益主体、利益范围等进行新的界定。另外个案的事实本身往往也会成为如何衡量的标准,对个案事实本身的权衡实质上就是对社会效果的评价与分析。正如美国政治学家希尔斯曼所指出的:"在各种影响司法决定的因素中,决定本身可能带来的经济和社会后果也是其中之一。无论作出决定的法律论据多么振振有词,而当这一裁决可能使汽车制造、钢铁、石油等主要工业停摆时,大多数法官是会踌躇的。"③ 其中有关"社会效果"的考虑,同样可以作为"利益衡量"的注脚。因此,社会效果是完善利益衡量应用标准评价机制的重要内容之一。

---

① 杨日然:《判决之形式妥当性与实质妥当性》,载杨日然《法理学论文集》,台湾月旦出版社股份有限公司 1997 年版,第 551—552 页。

② [美] A.L.科宾:《科宾论合同》(下册),王卫国等译,中国大百科全书出版社 1998 年版,第 723 页。

③ [美] 希尔斯曼:《美国是如何治理的》,曹大鹏译,商务印书馆 1986 年版,第 189 页。

（四）利益衡量的内核：权利位阶次序的冲突与衡平

利益衡量的另外一个重大问题是利益是否存在位阶。博登海默认为："人的确不可能凭据哲学方法对那些应当得到法律承认和保护的利益作出一种普遍有效的权威性的位序安排。然而，这并不意味着法理学必须将所有利益都视为必定是位于同一水平上的，亦不意味着任何质的评价是行不通的。"[①]这段话似乎想要表明一个道理，那就是一般意义上的利益位阶是可以被感知和认同的，最后的评价结果却是在特定情境下法官以当时的社会需要为基础，根据被重新评定的利益位阶来作出相应解释而形成的。由此看来，利益是可以从层次结构上进行划分的。

根据利益衡量的需要，利益可以细分为四种，即"当事人的具体利益""群体利益""制度利益"以及"社会公共利益"。[②] 而且，四种利益之间形成一个有机的层次结构，是一种包容和被包容的关系。[③]在司法审判过程中，要想克服恣意以保证案件得到公正审理，在利益衡量时就必须遵循利益的层次结构以及其内在规律进行。这就要求法官在审理案件中遵循以下思路：把当事人的具体利益作为起点，在社会公共利益的基础上，充分联系群体利益和制度利益，特别是对制度利益进行综合衡量，从而得出妥当的结论。其中，妥善处理所涉及的法律制度的制度利益和社会公共利益的关系是关键。对制度利益的处理不能僵化，要放到整个社会中去考察，要看该制度是否有利于维护和促进社会经济的发展，是否有利于维护和促进人民大众在社会的政治生活和整个精神生活中的自由和权利，是否有利于社会稳定和社会进步。当制度利益能较好地体现社会公共利益时，该制度利益就不能破坏，只能作价值补充和漏洞补充。如果制度利益已不能反映社会公共利益，对社会公共利益起到阻碍作用，抑制了社会进步和发展，那么在对当事人的具体利益进行衡量时，就应该大胆地抛弃或冲破落后法律制度的束缚。正如法国最高法院院长 Ballot Beaupre 在纪念法国民法典颁布一百周年所指出

---

① ［美］E. 博登海默：《法理学—法律哲学与法律方法》，邓正来译，华夏出版社 1999 年版，第399 页。

② 当事人的具体利益是案件双方当事人之间的各种利益，群体利益则是类似案件中对类似原告或类似被告作相似判决所生的利益。而社会公共利益是一个抽象的模糊的概念，具有整体性和普遍性两大特点。与社会公共利益相类似，制度利益也是一个模糊的抽象的概念，它是指一项法律制度所固有的根本性利益。

③ 梁上上：《利益的层次结构与利益衡量的展开》，载《法学研究》2002 年第 1 期，第 56 页。

那样:"法官具有最广泛的法律解释权,他大可不必固执地试图确定一百年前民法典起草者的原意。他必定会向自己说,正义和理性要求法律条文应更广泛地合乎人情和适应现代生活的现实和要求。"①

值得强调的是,在利益衡量时必须重视个人利益,特别是在涉及公正审判权保障的情况下,群体利益、制度利益和社会公共利益不能成为否定个人利益的理由。国家尊重与保护个人利益是现代法治的基本价值取向之一,虽然个人利益可能有时与群体利益、制度利益和社会公共利益发生冲突,但是通过对个人利益的保护也能够促进群体利益、制度利益和社会公共利益的发展。如果发生利益冲突,那么这几种利益应当在最大限度内获得兼顾与平衡,以个体利益为基点以有效保护当事人的公正审判权。

(五) 关于利益衡量的运用

对理论、原则、方法进行研究的目的在于司法审判中的实际运用,为了切实有效地保障当事人的公正审判权,在利益衡量的运用方面要特别注意把握好以下几点:

第一,在运用原则上,要注重自由与谦抑的冲突与衡平。利益衡量在实际运用中可能导致恣意,从本质上看,利益衡量论主张法律解释应当更自由、更具弹性,解释时应当考虑具体案件当事人的实际利益,解释所强调的正是基于解释者个人自由自在的价值判断。另外,利益衡量的作用还在于弥补法律漏洞,这种从法律空白到法律的创设,极易造成主观上的恣意。②那么,如何避免这种恣意,寻求尽可能的妥当方案,笔者认为,利益衡量总的目标是追求冲突利益的协调和平衡,法官在利益衡量时必须保持行为的节制,在主观任性与自律要求的冲突中,遵循谦抑原则来保持衡平。利益衡量的谦抑原则的要求主要表现为以下几个方面:1. 法官在利益衡量问题上态度要慎重,必须是出现法律对个案确实没有具体规定或者适用现行法律将明显导致裁判不公正的情形时才能使用,而不能随意采取利益衡量的方法。2. 法官在利益衡量时必须要考虑到裁判结果的现实性,即其在利益衡量时的价值判断应当符合当时的国情和地区现状,并对裁判的结果承担实现的义务。3. 法官应保持相类似的案件在利益衡量后有相类似的结果,以保证

---

① 沈宗灵:《比较法总论》,北京大学出版社 1987 年版,第 150 页。
② 梁上上:《利益的层次结构与利益衡量的展开》,载《法学研究》2002 年第 1 期,第 55 页。

利益衡量行为的连续性和统一性。

另外,在遵守谦抑原则的前提下,还要考虑以下几个相关的原则:一是整体利益最大化与损害最小化原则。利益衡量的结果应使各种利益尽可能地达到最大化,达到最佳或是均衡,最大限度地增加社会财富。利益最大化原则是经济学上著名的帕累托最优状态理论在审判实践中的体现。另外,有时只考虑利益最大化不足以得出明晰结论,必须对几种不同的损害进行合理的比较和衡量,以正确判断何种处理结果造成的社会损害最小。二是充分正当性原则。进行利益衡量时,必须充分考虑影响特定利益关系的各种因素,尤其必须排除一些不应考虑的因素,如当事人的人身、财产状况、地位,等等。三是社会一般标准原则。法官作为利益衡量的运用者,所作出的司法决定应反映社会价值而不是个人的价值。利益衡量要反映社会的一般价值观念,并促进社会的发展。四是禁止过度原则。法官在公共利益和个人利益之间进行利益衡量时,不能为了公共利益的目的而过度侵害个人利益,应该在充分兼顾个人利益的基础上作出最佳判断,以有效保护当事人的公正审判权。

第二,在基本方法上,要把握抽象利益比较法与经济博弈分析法的冲突与衡平。一是抽象利益比较法。利益衡量论以价值相对主义为基础,注重对甲、乙双方具体利益的比较。利益衡量论的倡导者加藤一郎教授指出:"对于具体情形,究竟应注重甲的利益,或是应注重乙的利益,进行各种各样细致的利益衡量以后,作为综合判断可能会认定甲获胜。"[①]该方法的基本路径为:第一步,框定个案的具体案情,对双方利益作利益衡量。包括确定本案当事人争执和利益,考察此利益的产生来源,列出两种相反的解释,仔细探讨假使采用前一种或后一种解释将会导致何种不同的后果。"之所以必须采取'在个案中之法益衡量'的方法,正是因为缺乏一个由所有法益及法价值构成的确定阶层秩序,由此可以像读表一样获得结论。"[②]第二步,将利益进行分类与定位,对当事人利益与社会利益作利益衡量。第三步,利益张扬最大化,牺牲最小化。如此复杂的利益冲突,法院必须给出解决冲突的答案。当冲突的利益都在现行法律保护的情况下,"权利的相互性"成了司法

---

① [日]加藤一郎:《民法的解释与利益衡量》,梁慧星译,载梁慧星主编《民商法论丛》第2卷,法律出版社1995年版,第78页,第64页以下。转引自梁上上:《利益的层次结构与利益衡量的展开》,载《法学研究》2002年第1期,第54页。

② [德]卡尔·拉仑茨:《法学方法论》,陈爱娥译,商务印书馆2003年版,第279页。

判决的难题之一。[①] 利益衡量的法律解释方法在一定程度上缓解了这一难题所带来的压力。基于上述利益衡量,并考虑到法律基本精神及现代法制之基本精神,以此作出较为合理和较为妥当的解释。然而,由于抽象利益比较法的理论性较强,它牢固地建立在对利益所作的基础性分析与利益位阶的价值判断上,在很大程度上依赖于利益衡量者自身对利益含义的准确把握。而一旦利益衡量者对利益,特别是对公共利益把握不准或判断有误时,利益衡量就很容易产生恣意,导致人们对这一方法产生怀疑与抵触,从而限制了这一法学方法中的"黄金方法"的应用。因此,抽象利益比较法有必要进行内容的改进与充实,基本思路之一是加入经济定量分析的内容,使其不但便于操作,而且还能够最大限度地发挥利益衡量的实践价值。二是经济博弈分析法。正如"法律的终极原因是社会福利"[②],在司法过程中法官所追求的目标也应当是一种社会福利。既然是一种福利、一种利益,那么就可以用经济分析的方法对它们作出具体的利益判断。法的博弈分析,是指利用经济学中的博弈模型分析法律问题。其基本概念包括:"参与人、行动、信息、战略、支付函数、结果、均衡。"[③]其中参与人、行动、结果属于博弈规则,均衡是博弈的目的。在一个具体的案件中,一般只涉及三方参与人,即法官、原告、被告。因此在司法过程中,存在两组博弈关系,一组是法官与双方当事人之间的博弈,另一组是双方当事人之间的博弈。由于在此研究的主要是法官的利益衡量,所以在这里将主要探讨法官与双方当事人之间的博弈。法官的判决通过改变人们对行为的预期来改变博弈的结果,裁判结果必须追求社会效益的最大化,降低"社会交易成本",符合时代发展的主旋律。[④]唯有如此,法官的判决才能获得社会的认同。在此,法官需要权衡两方利益,预测选择保护某一种利益所带来的后果。法院的判决并不仅仅涉及本案件的两方当事人,它更多的是关注本案的判决对以后的类似的情况的预测作用。判决给双方参与人进行战略选择所提供的标准和信息都不相同,由此所带来的博弈分析的效果也会产生很大差异。因此,为了追求更大意义上的利益,法官应当计算各种可能的因素,对判决所带来的效果进行经济学上的定

---

① 苏力:《〈秋菊打官司〉案和邱氏鼠药案和言论自由》,载《法学研究》1996年第3期。

② [美]本杰明·卡多佐:《司法过程的性质》,苏力译,商务印书馆2000年版,第39页。

③ 张维迎:《博弈论与信息经济学》,上海人民出版社2002年版,第12页。

④ [美]波斯纳:《法律的经济分析》,蒋兆康译,中国大百科全书出版社1997年版,第13页。

量分析,以便于确定给各方参与人带来最优选择的是哪一种博弈标准。①

相比较而言,上述两种方法各有可取之处。在笔者看来,更倾向于选择经济博弈的方法,因为该方法将经济学的成果充分融入法学之中,具有两个学科的综合优势,因此更经得起推敲和论证,也更能够有力保障当事人的公正审判权。

第三,在提升利益衡量对保障公正审判权的效果方面,要立足于提升法官素质与提高司法能力之间的冲突与衡平。司法能力具有非常丰富的内涵和外延,其集中表现为法官运用法律解决和处理各种案件的能力,②即裁判案件的执业能力。因为裁判能力的高低直接反映司法能力的强弱,而利益衡量方法的灵活运用是体现法官裁判能力的重要一环,因此可以说,利益衡量与司法能力有着内在的和本质的必然的联系,从这个意义上讲,注重利益衡量在案件分析裁判中的效果最大化是法官提高司法水平、促进自身司法能力建设、弘扬司法精神的最佳途径之一。任何一个案件的审理都是一个以事实认定和法律适用为着眼点的法律论证过程,这个过程实际上又是一个非常周密严谨的法律思维过程。因此,办好一个案件,要求法官必须具备高水准的文化素养和知识底蕴。其中具备独特的法律思维方式与灵活适用法律的能力是必不可少的。

审判工作的基本要求是严格依法裁判,实现审判公正,充分保障当事人的公正审判权。然而法律不可能面面俱到,法官也不能把法律当成字典。如果我们把"依法裁判"仅仅理解为"以法律条文裁判",不免会陷入误区。在法律与事实之间的互动关系中,法官必须重新理解法律才能构建适用于个案的裁判规范,特别是现实生活中的那些疑难案件,都是法律规范难以涵盖事实的案件。此时,一方面,法官不能以没有法律规定或法律规定不明确为由,对当事人之间的争议拒绝作出裁判;另一方面,当共性的法律难以弥合其与个案之间的缝隙时,如何找到一个对个案处理而言既正当合理又符合现行法的裁判方法,以公正、合理、妥善地解决当事人之间的纠纷,需要的就是法官适用法律的能力。笔者认为,在法律规定不明确或出现法律漏洞的情况下,法官要以宪法精神和法学理论为依据,灵活运用利益衡量的方法来弥补成文法的不足,从而实现公正审判,有效保护当事人的公正审判权。

---

① 李秀群:《司法过程中的利益衡量》,载《法律方法》2003 年第 2 卷,第 320 页;李秀群:《司法中的利益衡量——一个博弈论的分析》,载《山东公安专科学校学报》2004 年第 1 期,第 77 页。

② 刘瑞川:《浅论司法能力》,载《人民司法》2005 年第 2 期,第 32 页。

　　另外,法官作为法解释者的代表,毫无疑问其自身的素质高低对利益衡量方法是否得以正确运用有着重要的、潜移默化的影响。利益衡量的作用能否得到充分有效的发挥直接取决于法官的素质高低,法官的知识结构、文化修养、对案件涉及的各种利益的性质和重要性的认识程度都可能影响利益衡量效果的实现。而当前法官的素质参差不齐,为了充分运用好利益衡量这一方法,凸现其特有价值,就必须不断提高法官的素质,提高法官的司法水平和司法能力。我们认为,应当从政治素质、业务素质、法律意识、职业道德等诸方面来大力提升法官素质。在政治素质的培养上,法官要具有高度的责任感和坚定的立场以及极强的事业心。认真执行法律赋予的职责,这也是法官的司法之本。在业务素质的培养上,法官要精通法律专业知识,加强研究能力,培养思维能力及科学分析能力,对诉讼案件做到及时、公正的审理和裁判。在法律意识的培养上,要求法官加强法律修养,循序渐进,潜心钻研,不断积累实践经验。在职业道德的培养上,法官作为社会正义的守护神,应当具有高尚的职业道德,这就要求法官在履行其职责过程中应当遵循行业规范,要做到清正廉洁,不畏权势,刚正不阿。通过以上途径切实充分地提高法官队伍的整体素质,以承担起维护法律尊严的神圣使命。另外,利益衡量将纠纷处理的最终决定权交给法官,尽管法官作出的价值判断形式上可能附加了各种理由,但这些理由的取舍与法官个人的好恶关系是极为密切的。

　　在努力提高法官素质的前提下,还要做好以下几点配套工作:第一,法官应该根据法律文本进行利益衡量,尽可能地将结论在形式上结合具体的法律条文予以阐明。从某种意义上讲,法律乃是"理"与"力"二者的有机融合,法理分析判断谓之"理",现行法律规定是为"力"。只有"理"而没有"力"只能被称作道德,反之,只有"力"而没有"理"就会异化为强权;并且,"理"若没有"力"的支持,说服力也很微弱。因此,法官判决应当做到理力兼具。第二,现代民主法治国家视公开原则为一切机关活动的基本原则。英国大法官 Lord Action 曾说:"秘密使人腐化,在司法亦然,任何事务经不起讨论及公开的均非妥当。"无论怎样的法律推断过程,都应该在结论中予以公开详细的说明,对于其中的价值判断过程也应有公开的表述,强化裁判说明理由是证明结论正当的关键所在,也只有这样,司法人员的利益衡量才不致偏离正确的轨道。通过上述途径,将自律与他律相结合,并辅之以良好的法律环境和条件,可以促使法官实现利益衡量效果的最优化,从而作出公正的判决,最大限度地保障公正审判权的顺利实现。

主要参考文献

一、著作类

1. ［奥］曼弗雷德·诺瓦克:《〈公民权利和政治权利国际公约〉评注》(修订第二版),孙世彦、毕小青译,生活·读书·新知三联书店 2008 年版。

2. ［奥］曼弗雷德·诺瓦克:《国际人权制度导论》,柳华文译,北京大学出版社 2010 年版。

3. ［奥］曼弗雷德·诺瓦克:《民权公约评注:联合国〈公民权利和政治权利国际公约〉》,毕小青、孙世彦等译,生活·读书·新知三联书店 2003 年版。

4. ［德］汉斯·普维庭:《现代证明责任论》,吴越译,法律出版社 2000 年版。

5. ［德］卡尔·拉仑茨:《法学方法论》,陈爱娥译,商务印书馆 2003 年版。

6. ［德］康德:《法的形而上学原理》,商务印书馆 1991 年版。

7. ［德］鲁道夫·冯·耶林:《为权利而斗争》,法律出版社 2007 年版。

8. ［德］马克思、恩格斯:《马克思恩格斯全集》(第 16 卷),人民出版社 1964 年版。

9. ［法］保罗·利科:《论公正》,程春明译,法律出版社 2007 年版。

10. ［法］卢梭:《社会契约论》,商务印书馆 2003 年版。

11. ［法］孟德斯鸠:《论法的精神》(上册),张雁深译,商务印书馆 1997 年版。

12. ［法］孟德斯鸠:《论法的精神(下册)》,张雁深译,商务印书馆 1964 年版。

13. ［古希腊］柏拉图:《理想国》,郭斌和、张竹明译,商务印书馆 1957

年版。

14. ［古希腊］亚里士多德：《尼各马科伦理学》，苗力田译，中国社会科学出版社 1990 年版。

15. ［古希腊］亚里士多德：《政治学》，吴寿彭译，商务印书馆 1981 年版。

16. ［荷］亨利·范·马尔赛文、格尔·范·德·唐：《成文宪法的比较研究》，陈云生译，华夏出版社 1987 年版。

17. ［美］A.L.科宾：《科宾论合同》（下册），王卫国等译，中国大百科全书出版社 1998 年版。

18. ［美］E.博登海默：《法理学:法律哲学与法律方法》，邓正来译，中国政法大学出版社 1999 年版。

19. ［美］R.J.文森特：《人权与国际关系》，凌迪、黄列译，知识出版社 1998 年版。

20. ［美］艾伦·格维尔茨：《人权:关于正当理由和应用的文章》，芝加哥大学出版社 1982 年版。

21. ［美］本杰明·卡多佐：《司法过程的性质》，苏力译，商务印书馆 1998 年版。

22. ［美］波斯纳：《法律的经济分析》，蒋兆康译，中国大百科全书出版社 1997 年版。

23. ［美］布莱克：《法律的运作行为》，唐越、苏力译，中国政法大学出版社 1994 年版。

24. ［美］查尔斯·A.比尔德：《美国政府与政治》（上册），朱曾汶译，商务印书馆 1987 年版。

25. ［美］德沃金：《法律帝国》，李常青译，中国大百科全书出版社 1996 年版。

26. ［美］德沃金：《认真对待权利》，信春鹰、吴玉章译，中国大百科全书出版社 1998 年版。

27. ［美］罗科斯·庞德：《通过法律的社会控制——法律的任务》，沈宗灵、董世忠译，商务印书馆 1984 年版。

28. ［美］马丁·P.戈尔丁：《法律哲学》，齐海滨译，生活·读书·新知三联书店 1987 年版。

29. ［美］迈克尔·D.贝勒斯：《法律原则——一个规范的分析》，张文显等译,中国大百科全书出版社 1996 年版。

30. [美] 普拉诺等编:《政治学分析词典》,胡杰译,中国社会科学出版社 1986 年版。

31. [美] 斯东:《苏格拉底的审判》,董乐山译,生活·读书·新知三联书店 1998 年版。

32. [美] 托马斯·潘恩:《潘恩选集》,马清槐译,商务印书馆 1999 年版。

33. [美] 托马斯·雅诺斯基:《公民与文明社会》,柯雄译,辽宁教育出版社 2000 年版。

34. [美] 希尔斯曼:《美国是如何治理的》,曹大鹏译,商务印书馆 1986 年版。

35. [美] 小奥利弗·温德尔·霍姆斯:《普通法》,冉昊、姚中秋译,中国政法大学出版社 2006 年版。

36. [美] 约翰·V.奥尔特:《正当法律程序简史》,杨明成、陈霜玲译,商务印书馆 2006 年版。

37. [美] 约翰·杜威:《人的问题》,傅统先、邱椿译,上海人民出版社 1985 年版。

38. [美] 约翰·罗尔斯:《正义论》,何怀宏等译,中国社会科学出版社 1988 年版。

39. [日] 大须贺明:《生存权论》,林浩译,法律出版社 2001 年版。

40. [日] 谷口安平:《程序的正义与诉讼》,王亚新、刘荣军译,中国政法大学出版社 1996 年版。

41. [日] 棚濑孝雄:《纠纷的解决与审判制度》,王亚新译,中国政法大学出版社 1994 年版。

42. [日] 杉原泰雄:《宪法的历史——比较宪法学新论》,吕昶等译,社会科学文献出版社 2000 年版。

43. [日] 田口守一:《刑事诉讼法(第五版)》,于秀峰等译,中国政法大学出版社 2010 年版。

44. [日] 小岛武司:《司法制度的历史与未来》,汪祖兴译,法律出版社 2000 年版。

45. [瑞] 格德门德尔·阿尔弗雷德松、[挪] 阿斯布佐恩·艾德:《世界人权宣言:努力实现的共同标准》,中国人权研究会译,四川人民出版社

2000 年版。

46. [意] 莫诺·卡佩莱蒂:《比较法视野中的司法程序》,徐昕、王奕译,清华大学出版社 2005 年版。

47. [意] 莫诺·卡佩莱蒂等:《当事人基本程序保障权与未来的民事诉讼》,徐昕译,法律出版社 2000 年版。

48. [意] 莫诺·卡佩莱蒂等:《福利国家与接近正义》,刘俊祥译,法律出版社 2000 年版。

49. [英] A.J.M.米尔恩:《人的权利与人的多样性——人权哲学》,夏勇、张志铭译,中国大百科全书出版社 1995 年版。

50. [英] J.M.凯利:《西方法律思想简史》,王笑红译,法律出版社 2002 年版。

51. [英] 阿克顿:《自由与权力》,侯健等译,商务印书馆 2001 年版。

52. [英] 安托尼·奥斯特:《现代条约法与实践》,江国青译,中国人民大学出版社 2005 年版。

53. [英] 戴维·M.沃克:《牛津法律大词典》,北京社会与科技发展研究所编译,光明日报出版社 1988 年版。

54. [英] 戴维·M.沃克:《牛津法律大词典》,邓正来等译,光明日报出版社 1988 年版。

55. [英] 戴维·M.沃克:《牛津法律大词典》,李双元等译,法律出版社 2003 年版。

56. [英] 弗里德利希·冯·哈耶克:《自由秩序原理》(上),邓正来译,生活·读书·新知三联书店 1997 年版。

57. [英] 克莱尔·奥维、罗宾·怀特:《欧洲人权法:原则与判例》(第 3 版),何志鹏、孙璐译,北京大学出版社 2006 年版。

58. [英] 马丁·阿尔布劳:《全球时代》,高湘泽、冯玲译,商务印书馆 2001 年版。

59. [英] 梅因:《古代法》,沈景一译,商务印书馆 1959 年版。

60. [英] 韦恩·莫里森:《法理学:从古希腊到后现代》,李桂林等译,武汉大学出版社 2004 年版。

61. [英] 约翰·菲尼斯:《自然法与自然权利》,董娇娇等译,中国政法大学出版社 2005 年版。

62. [英] 詹宁斯、瓦茨修订:《奥本海国际法》,王铁崖等译,中国大百科全书出版社 1998 年版。

63. 陈光中、江伟主编:《诉讼法论丛》(第一卷),法律出版社 1998 年版。

64. 陈光中主编:《审判公正问题研究》,中国政法大学出版社 2002 年版。

65. 陈瑞华:《刑事审判原理论》,北京大学出版社 1997 年版。

66. 陈新民:《德国公法学基础理论》(下册),山东人民出版社 2000 年版。

67. 陈云生:《宪法监督司法化》,北京大学出版社 2004 年版。

68. 程燎原、王人博:《权利及其救济》,山东人民出版社 2002 年版。

69. 程味秋、〔加〕杨诚、杨宇冠主编:《〈公民权利和政治权利国际公约〉培训手册:公正审判的国际标准和中国规则》,中国政法大学出版社 2002 年版。

70. 董和平、韩大元、李树忠:《宪法学》,法律出版社 2000 年版。

71. 董云虎、刘武萍:《世界人权约法总览》,四川人民出版社 1991 年版。

72. 樊崇义等:《正当法律程序研究——以刑事诉讼程序为视角》,中国人民公安大学出版社 2005 年版。

73. 樊崇义、夏红主编:《正当程序文献资料选编》,中国人民公安大学出版社 2004 年版。

74. 甘文:《行政与法律的一般原理》,中国法制出版社 2002 年版。

75. 龚祥瑞等:《西方国家的司法制度》,北京大学出版社 1980 年版。

76. 关今华:《人权保障法学研究》,人民法院出版社 2006 年版。

77. 何怀宏:《公平的正义——解读罗尔斯〈正义论〉》,山东人民出版社 2002 年版。

78. 季卫东:《法律解释的真谛》,中国政法大学出版社 1998 年版。

79. 李步云:《法理学》,经济科学出版社 2000 年版。

80. 李道揆:《美国政府和美国政治》(上册),商务印书馆 1999 年版。

81. 李浩培:《条约法概论》,法律出版社 1988 年版。

82. 李浩培:《条约法概论》,法律出版社 2003 年版。

83. 梁慧星:《民法解释学》,中国政法大学出版社 2000 年版。

84. 梁慧星主编:《民商法论丛》(第 2 卷),法律出版社 1995 年版。

85. 林劲松:《刑事诉讼与基本人权》,山东人民出版社 2005 年版。

86. 林来梵:《从宪法规范到规范宪法:规范宪法学的一种前言》,法律出版社 2001 年版。

87. 林喆:《公民基本人权法律制度研究》,北京大学出版社 2006 年版。

88. 刘敏:《裁判请求权研究——民事诉讼的宪法理念》,中国人民大学出版社 2003 年版。

89. 刘善春、毕玉谦、郑旭:《诉讼证据规则研究》,中国法制出版社 2000 年版。

90. 吕世伦:《现代西方法学流派》(上卷),中国大百科全书出版社 2000 年版。

91. 莫纪宏:《国际人权公约与中国》,世界知识出版社 2005 年版。

92. 沈宗灵:《比较法总论》,北京大学出版社 1987 年版。

93. 沈宗灵:《法理学》,北京大学出版社 1997 年版。

94. 沈宗灵:《现代西方法理学》,北京大学出版社 1992 年版。

95. 宋英辉:《刑事诉讼目的论》,中国人民公安大学出版社 1995 年版。

96. 苏力:《法治及其本土资源(修订版)》,中国政法大学出版社 2004 年版。

97. 孙孝福:《刑事诉讼人权保障的运行机制研究》,法律出版社 2001 年版。

98. 孙笑侠:《法的现象与观念》,山东人民出版社 2001 年版。

99. 谭世贵:《刑事诉讼原理与改革》,法律出版社 2002 年版。

100. 万鄂湘等:《国际条约法》,武汉大学出版社 1998 年版。

101. 汪习根:《法治社会的基本人权——发展权法律制度研究》,中国人民公安大学出版社 2002 年版。

102. 王曦主编:《国际环境法与比较环境法评论》,法律出版社 2002 年版。

103. 王永福主编:《中国人权百科全书》,中国大百科全书出版社 1998 年版。

104. 王玉梁:《价值哲学新探》,陕西人民教育出版社 1993 年版。

105. 伍浩鹏:《贫弱被追诉人法律援助权研究》,中国法制出版社 2007 年版。

106.《西方法律思想史》编写组:《西方法律思想史资料选编》,北京大学出版社 1983 年版。

107. 夏勇:《人权概念的起源——权利的历史哲学》,中国政法大学出版社 2001 年版。

108. 夏勇:《中国民权哲学》,生活·读书·新知三联书店 2004 年版。

109. 夏勇:《走向权利的时代》,中国政法大学出版社 2000 年版。

110. 肖泽晟:《宪法学——关于人权保障与权力控制的学说》,科学出版社 2003 年版。

111. 徐静村主编:《刑事诉讼法学》(上册),法律出版社 1999 年版。

112. 徐显明:《人权建设三愿(代序)》,载《人权研究》(第 2 卷),山东人民出版社 2002 年版。

113. 徐显明主编:《国际人权法》,法律出版社 2004 年版。

114. 徐亚文:《程序正义论》,山东人民出版社 2004 年版。

115. 杨春福等:《自由·权利与法治——法治化进程中公民权利保障机制研究》,法律出版社 2007 年版。

116. 杨春福:《权利法哲学研究导论》,南京大学出版社 2000 年版。

117. 杨海坤主编:《宪法基本权利新论》,北京大学出版社 2004 年版。

118. 杨仁寿:《法学方法论》,中国政法大学出版社 1999 年版。

119. 杨日然:《法理学论文集》,台湾月旦出版社股份有限公司 1997 年版。

120. 杨宇冠:《人权法——〈公民权利和政治权利国际公约〉研究》,中国人民公安大学出版社 2003 年版。

121. 杨宇冠主编:《联合国人权公约机构与经典要义》,中国人民公安大学出版社 2005 年版。

122. 俞子清主编:《宪法学》,中国政法大学出版社 1999 年版。

123. 岳礼玲:《〈公民权利和政治权利国际公约〉与中国刑事司法》,法律出版社 2007 年版。

124. 张吉喜:《刑事诉讼中的公正审判权——以〈公民权利和政治权利国际公约〉为基础》,中国人民公安大学出版社 2010 年版。

125. 张乃根:《西方法哲学史纲》(增补本),中国政法大学出版社 2002 年版。

126. 张千帆:《宪法学导论:原理与应用》,法律出版社 2004 年版。

127. 张维迎:《博弈论与信息经济学》,上海人民出版社 2002 年版。

128. 张文显:《二十世纪西方法哲学思潮研究》,法律出版社 2006 年版。

129. 张文显:《法哲学范畴研究》,中国政法大学出版社 2001 年版。

130. 张文显主编:《法理学》,高等教育出版社 1999 年版。

131. 张文显主编:《法理学》,高等教育出版社 2003 年版。

132. 张文显主编:《马克思主义法理学——理论、方法和前沿》,高等教育出版社 2003 年版。

133. 张亚东:《经验法则——自由心证的尺度》,北京大学出版社 2012 年版。

134. 张毅:《刑事诉讼中的禁止双重危险规则论》,中国人民公安大学出版社 2004 年版。

135. 张志铭:《法理思考的印迹》,中国政法大学出版社 2003 年版。

136. 赵汀阳主编:《论证》,辽海出版社 1999 年版。

137. 朱立恒:《公正审判权研究——以〈公民权利和政治权利国际公约〉为基础》,中国人民公安大学出版社 2007 年版。

138. 朱晓青、柳华文:《〈公民权利和政治权利国际公约〉及其实施机制》,中国社会科学出版社 2003 年版。

139. 卓泽渊:《法的价值论》,法律出版社 2006 年版。

二、期刊类

1. 毕玉谦:《论经验法则在司法上的功能与应用》,载《证据科学》2011 年第 2 期。

2. 毕玉谦:《试论民事诉讼中的经验法则》,载《中国法学》2000 年第 6 期。

3. 蔡颖慧:《论经验法则在民事诉讼中的适用》,载《证据科学》2011 年第 2 期。

4. 曹盛、朱立恒:《公正审判权的宪法性论说》,载《当代法学》2009 年第 4 期。

5. 常怡、黄娟:《司法裁判供给中的利益衡量:一种诉的利益观》,载《中国法学》2003 年第 4 期。

6. 陈光中、张建伟:《联合国〈公民权利和政治权利国际公约〉与我国刑事诉讼》,载《中国法学》1998 年第 6 期。

7. 陈华:《税收条约解释方法的比较研究》,载《中外法学》1999 年第 6 期。

8. 陈金钊、焦宝乾:《中国法律方法论研究学术报告》,载《山东大学学报(哲学社会科学版)》2005 年第 1 期。

9. 陈林林:《从自然法到自然权利》,载《浙江大学学报(人文社会科学版)》2003 年第 2 期。

10. 陈瑞华:《程序正义的理论基础——评马修的"尊严价值理论"》,载《中国法学》2000 年第 3 期。

11. 陈瑞华:《程序正义论》,载《中外法学》1997 年第 2 期。

12. 陈瑞华:《通过法律实现程序正义——萨默斯"程序价值"理论评析》,载《北大法律评论》1998 年第 1 卷第 1 辑。

13. 陈卫东:《〈公民权利和政治权利国际公约〉评介》,载《山东法学》1998 年第 6 期。

14. 陈慰星:《现代司法技术与经验法则的运用》,载《南通大学学报(社会科学版)》2008 年第 1 期。

15. 董和平:《关于中国人权保障问题的若干思考》,载《法学》2012 年第 9 期。

16. 董茂云、徐吉平:《法官良知对于司法过程的意义——兼论法官良知与现代宪政体制及理念的关系》,载《复旦学报》2003 年第 6 期。

17. 樊长春、朱立恒:《论公正审判权的价值构造》,载《学海》2009 年第 5 期。

18. 樊崇义:《论联合国公正审判标准与我国刑事审判程序改革》,载《中国法学》1998 年第 2 期。

19. 龚廷泰、何晶:《司法公信力与良性司法》,载《江海学刊》2009 年第 2 期。

20. 郭道晖:《公民权与公民社会》,载《法学研究》2006 年第 1 期。

21. 韩大元:《国家人权保护义务与国家人权机构的功能》,载《法学论坛》2005 年第 6 期。

22. 韩文彦:《正确对待民事审判中的经验法则》,载《辽宁行政学院学报》2007 年第 10 期。

23. 胡平仁、李翔:《正当程序是公正审判的基石》,载《湖湘论坛》2009 年第 3 期。

24. 胡玉鸿:《利益衡量与"社会需求"——诉讼过程的动态分析之一》,载《法商研究》2001 年第 3 期。

25. 胡忠惠:《经验法则对法官自由心证的影响》,载《山东工商学院学报》2007 年第 5 期。

26. 蒋贞明:《论经验法则的适用与完善》,载《证据科学》2011 年第 2 期。

27. 黎晓武:《公正审判权入宪是实现司法公正的必然选择》,载《法学论坛》2003 年第 4 期。

28. 李江海:《经验法则及其诉讼功能》,载《证据法学》2008 年第 4 期。

29. 李庆钧、杨春福:《西方古典自然法的理性之维》,载《国家检察官学院学报》1999 年第 1 期。

30. 李晓峰:《略论西方法治理论的发展及其思想渊源》,载《法学评论》2000 年第 4 期。

31. 梁慧星:《电视节目预告表的法律保护与利益衡量》,载《法学研究》1995 年第 2 期。

32. 梁上上:《利益的层次结构与利益衡量的展开》,载《法学研究》2002 年第 1 期。

33. 廖诗评:《条约解释方法在解决条约冲突中的运用》,载《外交评论》2008 年第 5 期。

34. 刘春梅:《浅论经验法则在事实认定中的作用及局限性之克服》,载《现代法学》2003 年第 3 期。

35. 刘建军:《司法公正与基本权利》,载《齐齐哈尔大学学报(哲学社会科学版)》2012 年第 1 期。

36. 刘茂林、秦小建:《人权的共同体观念与宪法内在义务的证成——宪法如何回应社会道德困境》,载《法学》2012 年第 11 期。

37. 刘莘:《虔敬与苏格拉底审判的二重性》,载《重庆师范大学学报(哲学社会科学版)》2009 年第 3 期。

38. 宁立标:《论公民的受审权及其宪法保护》,载《法律科学》2004 年第 2 期。

39. 宁立标:《全球视野下公正审判权的宪法保障——外国宪法文本的比较及对中国的启示》,载《贵州社会科学》2008 年第 12 期。

40. 潘佳铭:《美国宪法正当程序原则及其人权纪录》,载《西南师范大学学报(哲学社会科学版)》1997 年第 6 期。

41. 齐延平:《论西塞罗理性主义自然法思想》,载《法学论坛》2005 年第

1 期。

42. 沈德咏：《中国刑事证据制度改革与发展需要处理好的几个关系》，载《中国法学》2011 年第 3 期。

43. 沈宗灵：《二战后西方人权学说的演变》，载《中国社会科学》1992 年第 5 期。

44. 苏力：《〈秋菊打官司〉案和邱氏鼠药案和言论自由》，载《法学研究》1996 年第 3 期。

45. 孙本鹏、王超：《公正审判权入宪初探》，载《法律适用》2006 年第 5 期。

46. 孙国华：《简论法的和谐价值》，载《东方法学》2006 年第 2 期。

47. 汪太贤：《西方中世纪的神学法治理论》，载《现代法学》2001 年第 4 期。

48. 王安异、毛卉：《论审判的自治与控制》，载《法律科学》2000 年第 1 期。

49. 王超：《分工负责、互相配合、互相制约原则之反思——以程序正义为视角》，载《法商研究》2005 年第 2 期。

50. 王进波、白洲红：《"无知之幕"下的正义优先——评罗尔斯的自由正义原则》，载《重庆科技学院学报（社会科学版）》2009 年版第 2 期。

51. 王源渊：《略论审判权的范围与限度》，载《法学评论》2005 年第 4 期。

52. 魏加科：《论经验法则在事实认定中的作用》，载《辽宁教育行政学院学报》2005 年第 9 期。

53. 文正邦、付子堂：《人权的宪法保障》，载《法律科学》1992 年第 3 期。

54. 吴洪淇：《从经验到法则：经验在事实认定过程中的引入与规制》，载《证据科学》2011 年第 2 期。

55. 吴鹭华：《论经验法则在民事诉讼事实认定中的适用》，载《经济研究导刊》2010 年第 14 期。

56. 吴献雅：《经验法则类型化研究——以民间借贷案件为中心的考察》，载《北京政法职业学院学报》2009 年第 4 期。

57. 夏勇：《中国宪法改革的几个基本理论问题》，载《中国社会科学》2003 年第 2 期。

58. 谢佑平、万毅：《关于审判公正的法哲学思考》，载《法学论坛》2002

年第 2 期。

59. 熊秋红:《解读公正审判权——从刑事司法角度的考察》,载《法学研究》,2001 年第 6 期。

60. 徐显明:《人权观念在中国的百年历程》,载《社会科学论坛》2005 年第 3 期。

61. 徐亚文:《欧洲人权公约中的程序正义条款初探》,载《法学评论》2003 年第 5 期。

62. 徐亚文、孙国东:《普遍性与特殊性:现代司法理念的法理建构》,载《武汉大学学报(哲学社会科学版)》2005 年第 3 期。

63. 徐友军:《中国刑事诉讼与人权》,载《中外法学》1992 年第 2 期。

64. 杨春福:《和谐社会构建与法治保障》,载《南京社会科学》2006 年第 3 期。

65. 杨春福:《论法治秩序》,载《法学评论》2011 年第 6 期。

66. 杨春福、王方玉:《利益多元化与公民权利保护论纲》,载《南京社会科学》2008 年第 3 期。

67. 杨思思:《再评〈世界人权宣言〉——暨国际人权运动之十年新发展》,载《经济与社会发展》2009 年第 4 期。

68. 杨寅:《普通法传统中的自然正义原则》,载《华东政法学院学报》2000 年第 3 期。

69. 杨宇冠、崔巍:《〈公民权利和政治权利国际公约〉保留问题研究——刑事司法角度》,载《人权》2009 年第 3 期。

70. 喻中:《从立法中心主义转向司法中心主义?——关于几种"中心主义"研究范式的反思、延伸与比较》,载《法商研究》2008 年第 1 期。

71. 岳礼玲、陈瑞华:《刑事程序公正的国际标准与修正后的刑事诉讼法》,载《政法论坛》1997 年第 3 期。

72. 曾裕华:《哲学与政治:论苏格拉底的审判》,载《贵州大学学报(社会科学版)》2006 年第 2 期。

73. 张吉喜:《〈公民权利和政治权利国际公约〉中公正审判权的保留问题探析》,载《时代法学》2010 年第 3 期。

74. 张建超、刘庆国:《经验法则在民事诉讼中对案件事实的认定作用》,载《山西省政法管理干部学院学报》2006 年第 2 期。

75. 张卫平:《认识经验法则》,载《清华法学》2008 年第 6 期。

76. 张伟涛：《从功利到道义：当代中国权利观念道德基础的构建》，载《法制与社会发展》2012年第1期。

77. 张中：《论经验法则的认识误区与实践困境》，载《证据科学》2011年第2期。

78. 张中秋：《论西方法治的理论与实践》，载《江苏社会科学》2006年第1期。

79. 章剑生：《论利益衡量方法在行政诉讼确认违法判决中的适用》，载《法学》2004年第6期。

80. 章兴鸣：《论法律正义观念的演变》，载《唯实》2008年第3期。

81. 赵建文：《〈公民权利和政治权利国际公约〉第14条关于公正审判权的规定》，载《法学研究》2005年第5期。

82. 郑永鹤、吴金水：《论行政审判中的利益衡量》，载《政治与法律》2001年第2期。

83. 周帼：《司法公正的制度伦理研究——基于制度善的视域》，载《江苏警官学院学报》2012年第3期。

84. 周利娜：《苏格拉底之死与民主——读斯东〈苏格拉底的审判〉》，载《民主与科学》2005年第2期。

85. 朱立恒、彭曦宏：《公正审判权的适用范围及其限制》，载《南昌大学学报（人文社会科学版）》2007年第4期。

三、学位论文类

1. 邓玲娜：《与公正审判权相关的权利冲突研究——欧洲人权法院判例考察》，山东大学2011年硕士学位论文。

2. 范雪：《论公正审判权》，吉林大学2005年硕士学位论文。

3. 付悦余：《国际人权法中的公正审判权》，武汉大学2006年博士学位论文。

4. 黎晓武：《司法救济权研究》，苏州大学2005年博士学位论文。

5. 李奕：《法官自由裁量权论》，吉林大学2005年博士学位论文。

6. 梁芙蓉：《国际人权法中公正审判权初探》，中国政法大学2005年硕士学位论文。

7. 刘义勇：《犯罪新闻报道侵权的限制研究——以被追诉人的公正审判

权为视角》,中国政法大学 2010 年硕士学位论文。

8. 邱志国:《论刑事诉讼中的公正审判权》,浙江工业大学 2012 年硕士学位论文。

9. 沈明笃:《国际人权两公约在国内立法实施中的保留》,华东政法大学 2009 年硕士学位论文。

10. 王莉丽:《公正审判权——刍议〈公民权利与政治权利公约〉第 14 条》,外交学院 2006 年硕士学位论文。

11. 吴星:《论公正审判权的确立——从宪法和刑事诉讼法双重角度》,华东政法学院 2007 年硕士学位论文。

12. 肖宏开:《公平审判权的国际标准与中国司法改革研究》,武汉大学 2006 年博士学位论文。

13. 严景阳:《司法正义研究》,华中师范大学 2008 年博士学位论文。

14. 杨丹丹:《论公正审判权及在我国刑事审判中的实现途径》,东北师范大学 2010 年硕士学位论文。

15. 张曙:《刑事司法公正论》,中国政法大学 2007 年博士学位论文。

16. 郑薇:《〈公民权利和政治权利国际公约〉克减条款初探》,中国政法大学 2006 年硕士学位论文。

四、外文文献类

1. Andrew Clapham, *Human Rights, A Very Short Introduction* (Oxford University Press, 2007).

2. Alison Brysk and Gershon Shafir (eds.), *People Out of Place: Globalization, Human Rights, and the Citizenship Gap* (Taylor & Francis Books, Inc, 2004).

3. Aril Kohen, *In Defense of Human Rights, A Non-religious Grounding in a Pluralistic World* (Taylor & Francis Group, 2007).

4. Bryan A. Garner, *Black's Law Dictionary* (West Group, 2001).

5. Christoph J. M. Safferling, *Toward an International Criminal Procedure* (Oxford University Press, 2001).

6. Constance Jean Schwindt, "Interpreting the United National Charter from Treaty to World Constitution," *Davis Journal of*

International Law & Policy, 2000(Spring).

7. David Harris, "The Right to a Fair Trial in Criminal Proceedings as a Human Right," *International and Comparative Law Quarterly*, Vol.16 (April 1967).

8. David Miller, *Principles of Social Justice* (Harvard University Press, 1999).

9. David J. Bodenhamer, *Fair Trial: Rights of the Accused in American History* (Oxford University Press, 1992).

10. David J. *Bodenhamer*, *Fair Trial: Rights of the Accused in American History* (Oxford University Press, 1992).

11. David Weissbrodt, *The Right to a Fair Trail under the Universal Declaration of Human Rights and the International Covenant on Civil and Political Rights* (Martinus Nijhoff Publishers, 2001).

12. European Commission for Democracy through Law, *The Right to a Fair Trial* (Council of Europe Publishing, 2000).

13. Gudmundur Alfredsson and Asbjorn Eide(eds.), *The Universal Declaration of Human Rights: A Common Standard of Achievement* (Martinus Nijhoff Publishers, 1999).

14. Hersch Lauterpacht, *International Law: Collected Papers* (Cambridge, 1970).

15. Ian Sinclair, *The Vienna Convention on the Law of Treaties* (Manchester University Press, 1984).

16. Isabelle Buffard and Karl Zemanek, "The 'Object and Purpose' of a Treaty: An Enigma," *Austrian Review of International & European Law*, 1998(3).

17. James Griffin, *On Human Rights* (Oxford University Press, 2008).

18. John Rawls, *A Theory of Justice* (Harvard University Press, 1971).

19. J. F. Hartman, "Derogation from Human Rights Treaties in Public Emergencies—A Critique of Implementation by the European Commission and Court of Human Rights and the Human Rights

Committee of the United Nations," *Harvard International Law Journal*, 1981(2).

20. Kennedy. *Judicial Ethics and the Rule of Law* (St. Louis U.L., 1996).

21. Maarten Bos, "Theory and Practice of Treaty Interpretation," *Netherland International Law Review*, 1980.

22. Malgorzata Wasek-Wiaderek, *The Principle of "Equality of Arms" in Criminal Procedure under Article 6 of the European Convention on Human Rights and its Function in Criminal Justice of Selected European Countries: A Comparative View* (Leuven University Press, 2000).

23. Manfred Nowak . U. N. *Covenant on Civil and Political Rights: CCPR Commentary* (N.P. Engel Publisher, 1993).

24. M. Cherif Bassiouni, *The Protection of Human Rights in the Administration of Criminal Justice: A Compendium of United Nations Norms and Standards* (Transnational Publishers, Inc., 1994).

25. Michael D.Bayles, *Procedural Justice—Allocation to Individuals* (Kluwer Academic Publishers, 1990).

26. Rhonak. M. Smith, *Textbook on International Human Rights* (Oxford University Press, 2003).

27. Richard Clayton and Hugh Tomlinson, *Fair Trial Rights* (Oxford University Press, 2001).

28. Richard Falk, *Achieving Human Rights*, Taylor & Francis e-Library, 2008.

29. Ronald Banaszak, Sr. (ed.), *Fair Trial Right of the Accused: A Documentary History* (Greenwood Press, 2002).

30. Ronald Dworkin, *Taking Rights Seriously* (Cambridge: Harvard University Press, 1977).

31. Sarah Joseph, Jenny Schnltz, &Melissa Castan, *The International Covenant on Civil and Political Right: Cases, Materials, and Commentary* (2nd ed.)(Cambridge University Press, 2004).

32. Stefan Trechsel, *Human Rights in Criminal Proceedings* (Oxford University Press, 2005).

33. Stephanos Stavros, *The Guarantees for Accused Persons under Article 6 of the European Convention on Human Rights*：*An Analysis of the Application of the Convention and a Comparison with Other Instruments*(Martinus Nijhoff Publishers,1993).

后 记

　　"天将晓，莫道君行早。"终于在电脑上修改完本书的最后一个字符，晨曦微露，心中感慨万千。文字反复修改，内容不断整合，结构趋向优化，一分耕耘，一分收获，面对这份沉甸甸的收获，感激之情油然而生。

　　感谢我的博士生导师杨春福教授。恩师学识渊博、思想精湛、学风严谨，本书的选题得益于恩师的点拨与启迪，他对我的浅见拙识始终给予不倦不弃的教诲。恩师严谨的治学精神和丰厚的学术思想将是我最为珍惜的宝贵财富。感谢我的硕士生导师蔡虹教授。恩师不弃浅陋，将我引入法学的殿堂，悉心教导，关怀备至，以授人以渔的方式充分发挥学生潜力。恩师正直宽容、淡泊名利的精神品格深深影响着我。感谢我的博士后导师程永波教授。恩师在繁重的教学与行政事务之余，时常询问本书的写作进度，对于其中所存在的问题，都严肃耐心地给予指正，使我深深体会到为人师者之负责、学问修习之严肃。祈愿在今后继续得到各位恩师的指点与帮助，在严谨与踏实中更上一层楼！

　　感谢王太高教授、张仁善教授、赵娟教授、孙国祥教授、周安平教授、肖冰教授、单锋教授，他们在学习上给了我热情的支持和帮助。感谢南大法学院的诸位老师们，为我的学习生活提供了诸多便利。感谢我的同乡、博士同学胡杰，在本书撰写过程中给予的大量帮助。感谢郑晓剑博士等好友为我的学习生活所提供的方便和支持。

　　感谢国家保密局周晖国副局长为我学习深造所提供的精神上、政策上的支持；感谢南京市中级人民法院领导为我顺利完成学业所给予的鼓励、关怀；特别要感谢时任中央纪委副书记、现在最高人民检察院任职的张军检察长，在我到中央协助工作期间，专门抽出时间指导并与我交流写作中的有关问题，给本书提供了诸多有益的启发和建议。

　　还应当感谢加拿大温莎大学法学院的 Christopher Water 副院长和我访学的指导老师 Bill Conklin 教授，他们对本书的进展情况十分关心，经常通过邮件向我提供他们认为对本书主题写作有帮助的学术资料。

最后要感谢我的家人,是父母的关爱和支持,让我顺利完成学业。特别要感谢我的爱人陈洪转博士后,感谢她的分担与宽容,在繁重的教学科研工作之余,将烦琐的家庭事务打理得井井有条。感谢我的孩子昱潼、昱澄,稚语童声总是给处于紧张工作与艰苦写作过程中的我以莫大的慰藉,让我精神饱满,重焕青春活力,带着健康的疲倦,最终完成本书的撰写。

"雄关漫道真如铁,而今迈步从头越。"本书只是漫长学习过程中的阶段性总结,我将坚持"终身学习"的理念,在法学理论研究和司法实践的道路上不忘初心,继续探索,奋力前行。

羊 震

2018 年 12 月